पूजा की पोथी

पूजा की पोथी

(दैनिक और वार्षिक पूजन कैसे करें)

सम्पादक

पूरनचन्द्र जोशी

वाणी प्रकाशन

वाणी प्रकाशन

4695, 21-ए, दरियागंज, नयी दिल्ली 110 002

शाखा

अशोक राजपथ, पटना 800 204

फ़ोन: +91 11 23273167 फ़ैक्स: +91 11 23275710

www.vaniprakashan.in
vaniprakashan@gmail.com

POOJA KI POTHI
by Pooran Chandra Joshi

ISBN : 81-7055-907-3
Culture

संस्करण 2002
आवृत्ति 2011

मूल्य : ₹ 395

आर. टेक ऑफ़सेट, दिल्ली-110095 में मुद्रित

वाणी प्रकाशन का लोगो मक़बूल फ़िदा हुसेन की कूची से

अनुक्रम

यह पुस्तक क्यों?

जब 20वीं सदी में मेरी पीढ़ी आधुनिक हो रही थी तब ऐसा समझा जा रहा था कि 20वीं सदी के अन्त तक पूजा-पाठ और कर्मकाण्ड का भी हर कहीं अन्त हो जायेगा। अपने कर्मकाण्डी पूर्वजों के मानकों के अनुसार मैं स्वयं 'नास्तिक' रहा हूँ और सयाना हो जाने के बाद से मैंने कभी स्वयं पूजा-पाठ करने की कोई आवश्यकता नहीं समझी है। मैं सदा आध्यात्मिकता को कर्मयोग, चिन्तन और ध्यान से जोड़ता रहा हूँ। इसलिए पूछा जा सकता है कि 21वीं सदी के आरम्भ में मुझ-जैसा व्यक्ति सनातनी हिन्दुओं की दैनिक पूजा और वार्षिक पूजाओं के बारे में यह पुस्तक क्यों सम्पादित कर और प्रकाशित करा रहा है?

इसका सबसे बड़ा कारण तो यह है कि तमाम आधुनिकता के बावजूद हर कहीं जनसाधारण में कर्मकाण्ड के प्रति आस्था घटने के बजाय उल्टे कुछ बढ़ती चली जा रही है। इसके चलते एक विचित्र-सी स्थिति प्रस्तुत हुई है। जहाँ एक ओर कर्मकाण्ड जानने वाले तेजी से कम होते चले जा रहे हैं और पूजा-पाठ करानेवाले ब्राह्मणों के घरों तक में नयी पीढ़ी में कर्मकाण्ड के संस्कार नहीं पड़ रहे हैं, वहाँ दूसरी ओर कुछ पूजा-पाठ भी कर-करा लेने की ललक कुछ वैसे ही बढ़ रही है जैसे कुछ 'योगा' या 'रेकी' कर लेने की। नई पीढ़ी के इस तरह के लोग स्वयं पूजा करना जानते नहीं। उन्हें पूजा कराने वाले पण्डित भी बड़ी मुश्किल से मिल पाते हैं और मिलते भी हैं तो बहुधा वे ऐसे होते हैं जो कुछ भी उल्टी-सीधी पूजा कराकर तगड़ी दक्षिणा वसूल कर लेते हैं। पूजा करवाने वाले यजमान को कर्मकाण्ड का ककहरा भी नहीं मालूम होता इसलिए वह अज्ञानी पण्डित को टोक भी नहीं सकता।

पूजा करने-कराने की बढ़ती हुई इच्छा, ठीक से पूजा करा सकने वालों का अभाव और स्वयं पूजा न कर सकने की यह असमर्थता भारत के बड़े शहरों और कस्बों के नागरिक तथा विदेश में बसे भारतीय इधर बहुत तीव्रता से अनुभव करते रहे हैं। दैनिक और वार्षिक पूजाएँ करने की इच्छुक इस नई पीढ़ी के लिए बाजार में ऐसी कोई पुस्तक भी उपलब्ध नहीं है जिसमें पूजा करने की विधि और पूजा में आनेवाले प्रमुख श्लोकों के अर्थ समझा दिये गये हों। इस अभाव की ओर मेरा ध्यान हरिद्वार में मेरी बड़ी बेटी रेणु ने खींचा। उसके लिए मैंने हमारे समाज में चली आ रही पूजन-विधि पर निर्देशिका-सी बनाकर दे दी। फिर अमेरिका में बसे मेरे भतीजे अनुपम ने उस निर्देशिका की फोटो-प्रति माँगी। जब उसे फोटो प्रति भेजी तब अन्य लोग भी माँगने लगे। कुछ लोगों ने सुझाव दिया कि विधिवत् कोई पूजा-पुस्तक ही छपवा दूँ।

अब इस बात का उत्तर देना जरूरी हो जाता है कि स्वयं पूजा-पाठ में विश्वास न करने के बावजूद मैंने दूसरों के अनुरोध पर ही सही, यह दायित्व अपने ऊपर क्यों लिया? सफाई में दो बातें कहना चाहूँगा। पहली यह कि अब वृद्धावस्था में मैं ऐसा अनुभव करने लगा हूँ कि भले ही "धर्म अवाम की अफीम हो", आम आदमी तो आज 20वीं सदी में भी उसे अपने लिए आवश्यक और उपयोगी दोनों ही मान और पा रहा है। इसीलिए तो अभी हाल तक कम्युनिस्ट रह चुके देशों में भी धर्म की बहुत तेजी से वापसी सम्भव हुई है। दूसरी यह कि जहाँ मैं अब भी यही मानता हूँ कि कर्मकाण्ड धर्म का सार नहीं है, वहाँ अब मुझे लगने लगा है कि हर धर्म में उसकी एक आवश्यकता है, एक उपादेयता है। इस सन्दर्भ में रामकृष्ण परमहंस की बात याद आती है जिन्होंने समस्त बाह्याचार, कर्मकाण्ड आदि की उपमा धान के बाहर के छिलके से दी है। यह छिलका एक दृष्टि से बहुत कम उपयोगी वस्तु है किन्तु अगर यह छिलका न रहे तो चावल के दाने अर्थात् धर्म के वास्तविक तत्त्व की समाज में रक्षा नहीं हो सकती। श्री रविशंकर महाराज ने यही बात केले का गूदा तथा उसके छिलके के दृष्टान्त से समझायी है। निस्संदेह आध्यात्म की रक्षा किसी-न-किसी बाह्याचार के बिना होना दुष्कर ही है।

हिन्दुओं में व्रत पूजादि सामान्यतः चार प्रकार के होते हैं—1. दैनिक

पूजन, इसके अन्तर्गत पंचदेवों का पूजन, इष्ट पूजन, मन्त्र जप आदि प्रतिदिन अनिवार्यतः किये जाने वाले कर्म आते हैं। 2. वार्षिक व्रत-उत्सव पूजन। 3. व्यक्ति का अभीष्ट कोई विशेष पूजन जैसे—पूर्णिमा को सत्यनारायण कथा, सोमवार को पार्थिव पूजन। 4. षोडश संस्कार सम्बन्धी पूजन, जैसे—छठी, नामकरण, विवाह आदि।

प्रस्तुत पुस्तक का विषय है—दैनिक और वार्षिक पूजन। यों केक काट कर ही हैपी बर्थडे मनाने को विवश हो चली नई पीढ़ी के हित के लिए मैंने इसमें जन्मोत्सव की परम्परागत पूजा भी दे दी है ताकि वह चिरायु मार्कण्डेय को भी याद कर ले उस दिन। इसी तरह सत्यनारायण पूजा की लोकप्रियता को ध्यान में रखते हुए उसे भी इसमें स्थान दे दिया है। पूजा करने की सारी विधि हिन्दी में समझा दी है और दैनिक पूजन करने वालों के लिए अलग-अलग देवी-देवताओं की अच्छी स्तुतियाँ और आरतियाँ संकलित कर दी हैं। न मैं पण्डित हूँ, और न मैंने यह पुस्तक पण्डितों के लिए लिखी है, लेकिन अगर मेरे इस तुच्छ प्रयास से जनसाधारण को सन्तोष मिल सका और उनका काम चल सका तो मैं अपना परिश्रम सार्थक समझूँगा।

पूजा क्यों की जाती है?

इंसान की एक खासियत यह है कि वह हर बात में यह जानना चाहता है कि इससे मुझे क्या लाभ होगा? पूजा के सन्दर्भ में भी यह प्रश्न उठना बिल्कुल स्वाभाविक है। अब अगर आप लोगों से यह पूछें कि आप पूजा क्यों करते हैं तो उनमें से अधिकतर यही कहेंगे कि मैं प्रभु को या अपने इष्ट देवता को प्रसन्न करना चाहता हूँ। आध्यात्मिक दृष्टि से देखने पर यह उद्देश्य बहुत गरिमावान तो नहीं प्रतीत होता लेकिन अगर सांसारिक दृष्टि से देखें तो यह उद्देश्य भी उचित और पर्याप्त दोनों लगता है। आखिर प्रसन्न करने की कोशिश उसी की की जाती है जिसे आप अपने से बड़ा और कहीं अधिक शक्तिशाली समझते हैं ओर इसलिए उसके अप्रसन्न होने से डरते हैं। तो मात्र प्रसन्न करने के उद्देश्य से की गई पूजा भी इस बात का प्रमाण देती है कि आप अपने मन में कहीं ईश्वर का सर्वशक्तिशाली होना स्वीकार करते हैं। यही नहीं, अगर आप ईश्वर से डरते होंगे तो आप पूजा-पाठ करने के साथ-साथ इस बात का भी कुछ तो ध्यान रखते ही होंगे कि ऐसा कुछ न कर बैठें जिससे ईश्वर के अप्रसन्न हो जाने की आशंका हो। सभी धर्म नैतिकता का आग्रह करते हैं और यह मानकर चलते हैं कि ईश्वर भले का भला और बुरे का बुरा करता है। इसलिए ईश्वर से डरना और नैतिकता से जुड़ना पर्यायवाची बन जाते हैं।

इसी से जुड़ी हुई एक और बात यह है कि अगर आप प्रभु को प्रसन्न करने के लिए पूजा करेंगे तो नियम से ही करेंगे। प्रभु का भय आपको नियम का पाबन्द होने के लिए मजबूर करता रहेगा। इसका मतलब यह है कि आप नियम से बँधना सीखेंगे। आप में अनुशासन की भावना बढ़ेगी। जैसे आप रोज सुबह-शाम अथवा केवल सुबह या शाम पूजा करने का संकल्प लें तो

चाहे जैसे हो, पूजा तो करनी ही होगी, उसके लिए समय तो निकालना ही होगा। या फिर आप कोई व्रत लें तो उसे रखना ही पड़ेगा। नहीं रखेंगे तो शनि देवता, सन्तोषी माता आदि-आदि में से जिन्हें भी आप प्रसन्न करना चाह रहे होंगे वे उल्टे अप्रसन्न हो जायेंगे। इस तरह प्रभु-कृपा से या कहूँ प्रभु-भय से आप व्रत लेना और उसे पूरा कर डालना भी सीख पायेंगे।

प्रभु को प्रसन्न रखने और उनके कोप से बचने के सीमित उद्देश्य से की गई पूजा में एक राज यह भी है कि उससे समय कटता है। समय काटना इंसान के लिए हमेशा एक बड़ी समस्या रही है। खासकर बड़े-बूढ़ों और औरतों के लिए। इसीलिए हमारे यहाँ ज्यादातर परिवारों में व्रत-पूजा-पाठ करने की जिम्मेदारी घर में बैठे बुजुर्गों या स्त्रियों की ही रहती आयी है। अब भले ही इस वर्ग के लोगों के लिए समय काटने के अन्यतम साधन के रूप में टेलिवीजन उपलब्ध है तो भी आखिर कोई कितना टेलिवीजन देख सकता है! समय काटने की समस्या उनकी भी रही है जो अकेले हों। आज के समाज में पड़ोसी तक आपके लिए अजनबी होते हैं और परिवार मियाँ-बीबी-बच्चे तक सीमित होकर रह गये हैं। अस्तु, हर कोई अपने को किसी-न-किसी हद तक अकेलेपन का शिकार पाता है। इसीलिए नयी पीढ़ी के लोग तक पूजा-पाठ को अपना समय काटने का अच्छा साधन मानने लगे हैं।

पूजा करने से आपका समय तो कटता ही है साथ ही आप अपने समाज के परम्परागत कलैण्डर से, कालबोध से, भी जुड़ते हैं। अलग-अलग ऋतुओं में अलग-अलग तरह की पूजाएँ हमारे यहाँ होती आयी हैं। पर्वों और उत्सवों से जुड़ी इस तरह की पूजाओं को करके आप बाकी समाज से जुड़ते हैं। आपको यह एहसास भी होता है कि यह पूजा हमारा समाज सदियों-सदियों पहले से करता चला आया है और इसे करके हम अपने इतिहास से भी जुड़ रहे हैं। यही नहीं, ज्यादातर पूजाएँ अपने समाज के महान पौराणिक अथवा ऐतिहासिक व्यक्तियों से जुड़ी हुई होती हैं इसलिए पूजा करके हम उन्हें याद कर पाते हैं और उनसे एक सजीव सम्बन्ध स्थापित करते हैं।

इस तरह पूजा हमारे सामाजिक बन्धन मजबूत करने का बहुत बड़ा काम अंजाम देती है। पूजन से पारिवारिक और घरेलू सम्बन्ध भी सुदृढ़ होता

है। घर में अगर पूजा होती है तो परिवार के सभी लोग कम-से-कम कुछ समय के लिए तो उसमें बैठते ही हैं। एक वह अंग्रेजी कहावत है न, "जो परिवार साथ खाता है वह हमेशा मिलकर रहता है।" तो उसी के वजन पर कहा जा सकता है कि 'जो परिवार पूजा का प्रसाद एक साथ ग्रहण करता है, वह मिलकर रहता है।' घर में पूजा होने से नई पीढ़ी में अपनी परम्परा का बोध जागता है और धर्म के संस्कार पड़ते हैं।

मैं आपका ध्यान इस ओर भी दिलाना चाहता हूँ कि हमारे यहाँ पूजाओं का सांस्कृतिक पक्ष बहुत ही प्रबल रहा है। कई पूजाएँ ऐसी हैं जिनके लिए लोककला शैली में चित्र बनाये जाते हैं, अल्पनाएँ आँकी जाती हैं और गोबर-मिट्टी की मूर्तियाँ गढ़ी जाती है। इसके अतिरिक्त मन्दिरों में और कई-कई बार घरों में भी धातु या पत्थर की सुन्दर-सुन्दर मूर्तियाँ रखी जाती हैं। दीपदान-जैसे उपकरण भी बहुत कलात्मक ढंग से बने हुए होते हैं। इसी तरह पूजाओं में संगीत का भी भरपूर उपयोग होता है—आरती और भजन-कीर्तन में ही नहीं, परम्परागत ढंग से श्लोक पढ़ने में भी।

पाक कला भी संस्कृति का एक विशिष्ट अंग है और पूजाएँ उसे भी आगे बढ़ाती हैं। व्रत-पूजा-त्यौहार के अवसरों पर तरह-तरह के पकवान और शरबत वगैरह बनाने का रिवाज रहा है। अलग-अलग पर्वो की ओर अलग-अलग देवी-देवताओं की पूजाओं के साथ अलग-अलग किस्म के पकवान और फल जोड़ दिये गये हैं। इसके चलते हमें रोजमर्रा के भोजन से कुछ अलग बनाने और परिवार तथा पड़ोसियों के साथ मिल कर खाने का सुअवसर मिलता है।

हर पूजा में दान-पुण्य का भी एक अंग होता है जो हमें समाज के जरूरतमन्दों को भोजन कराने और उनकी आर्थिक सहायता करने के लिए प्रेरित करता है। साथ ही हमारे मन में यह भाव भी पैदा करता है कि हमारे पास जो कुछ भी है वस्तुतः हमारा नहीं, उस ऊपर वाले का ही है। इसीलिए पूजा के बाद दक्षिणा देते समय यह कहा जाता रहा है कि "ॐ तत्सत न मम" सब कुछ भगवान का है, मेरा कुछ नहीं। रिवाज यह रहा है कि पूजा कराने वाला स्वयं कभी यह न कहे के इतनी दक्षिणा लूँगा और यजमान भी इस बात का कोई ढोल न पीटे कि इतनी दक्षिणा दे रहा हूँ। वह श्रद्धा और सामर्थ्य के अनुसार जो भी दे, मुट्ठी बन्द करके दे ओर लेने वाला भी फौरन अपनी

मुट्ठी बन्द करके दक्षिणा जेब में डाल ले। देवताओं को भी कुछ चढ़ाया जाता है तो यह कहते हुए ही चढ़ाया जाता है कि यह देवता का ही है, मेरा नहीं।

इस प्रकार हम देखते हैं कि प्रभु को प्रसन्न करने के सीमित उद्देश्य से की गई पूजा भी स्वयं व्यक्ति के लिए और उसके समाज के लिए कई दृष्टियों से लाभप्रद सिद्ध होती है। अब मैं आपका ध्यान इस ओर खींचना चाहूँगा कि यह पूछे जाने पर कि आप पूजा क्यों करते हैं, कुछ लोग आपसे यह भी कहेंगे कि मन की शान्ति और मन की शक्ति पाने के लिए। आध्यात्मिक दृष्टि से यही पूजा का उद्देश्य भी है। यह मन की शक्ति, यह मन की शान्ति जो भी है तभी मिल सकती है जब आप अपने मन के सबसे गहरे तल तक पहुँचें। उस गहरे तल का नाम ही अन्तरतम है। शायद वही वह आत्मा भी है जो हमें परमात्मा से जोड़ने वाली कड़ी है।

साधारण-से-साधारण मनुष्य भी कभी-न-कभी यह अनुभव करता है कि मैं महज हाड़-मांस का पुतला नहीं हूं। अंगों-अवयवों, हड्डियों और मांस-पेशियों के अतिरिक्त भी मुझमें कुछ है। कई बार साधारण मनुष्यों के जीवन में भी ऐसे अवसर आते हैं कि वे उस 'कुछ' की शक्ति से प्रेरित होकर कुछ असाधारण कर दिखाते हैं, या फिर उन्हें ऐसी शान्ति अनुभव होती है जो शब्दों में समा ही नहीं पाती।

इस शक्ति और शान्ति का सम्बन्ध 'आत्मा' से जोड़ा जाता है। इसीलिए हर धर्म और सम्प्रदाय में पूजा को परमेश्वर तक पहुँचने और उसके आशीर्वाद से शान्ति और शक्ति पाने का उपाय ठहराया गया है। हर धर्म में ध्यान लगाने की तरह-तरह की विधियाँ विकसित की गयी हैं, और जप करके चित्त को एकाग्र करने की महिमा बखानी गयी है।

तो हम कह सकते हैं कि पूजा-पाठ से व्यक्ति को आध्यात्मिक शान्ति और शक्ति प्राप्त होती है। यह सही है कि विज्ञान 'आत्मा'-जैसी किसी चीज का अस्तित्व स्वीकार नहीं करता—भले ही वह अब तक यह बता सकने में असमर्थ रहा हो कि जिसे वह 'सैल्फ' यानी 'स्व' पुकारता है, वह चीज शरीर के किस अंग में स्थित है—लेकिन विज्ञान भी अब इतना तो मानने ही लगा है कि मन का तन पर और तन का मन पर असर पड़ता है। चिकित्सा विज्ञान कहने लगा है कि 'मैडिटेशन' (ध्यान) और 'प्रेयर'

(प्रार्थना) हमारे मस्तिष्क के जैव-रसायन तथा विद्युत तरंगों पर बड़ा जबरदस्त प्रभाव डालते हैं। यह प्रभाव हमारे स्वास्थ्य की रक्षा और कई रोगों के उपचार में सहायक होता है। इसीलिए कहा जा सकता है कि पूजा से आपके, आध्यात्मिक और सांसारिक, दोनों हाथों में लड्डू आ जाने की सम्भावना प्रबल होती है।

इतने ढेर लाभ प्राप्त करने के लिए अगर आप सनातन हिन्दू पद्धति से पूजा करना चाहते हैं तो यह पुस्तक आपके लिए बहुत काम की सिद्ध होगी क्योंकि इसमें यथासम्भव हिन्दी भाष्य भी दिया गया है। यहाँ सवाल उठाया जा सकता है कि अब जब कोई संस्कृत जानता ही नहीं, तब पूजा संस्कृत में ही क्यों की जाती है? इसका जवाब यह है कि हजारों वर्ष पूर्व जब हमारे कर्मकाण्ड की नींव पड़ी थी तब ज्यादातर लोग संस्कृत जानते थे या उसे समझ लेते थे। उस जमाने में पूजाएँ कण्ठस्थ करनी पड़ती थीं और संस्कृत एक ऐसी भाषा है जिसके शब्द और छन्द बहुत मधुर और सरलता से स्मरण करने योग्य हैं। तरह-तरह की भाषाओं और बोलियों वाले हिन्दू समाज में इसीलिए संस्कृत को पूजा-अर्चना की भाषा बना लिया गया। इससे आपसी एकता बढ़ी। जब किसी भाषा को लाखों-करोड़ों लोग प्रभु की पूजा करने में सदियों तक प्रतिदिन इस्तेमाल करते रहते हैं तब उसमें कहे गये वाक्यों में एक विशेष ऊर्जा आ जाती है और उनके प्रति मन में विशेष श्रद्धा उत्पन्न होती है। वे वाक्य मात्र न रहकर हमारे लिए मन्त्र बन जाते हैं।

यों अगर किसी ने हमारे यहाँ धार्मिक सुधार के अन्तर्गत सारा कर्मकाण्ड हिन्दी में ही कर दिया होता तो वह भी धीरे-धीरे हमें मान्य हो जाता और उसके वाक्य भी हमें मन्त्र प्रतीत होने लगते। जब हम लोग छोटे थे तब हमारे समाज में हनुमान चालीसा अथवा रामचरित मानस को धार्मिक ग्रन्थ के रूप में वैसी स्वीकृति प्राप्त नहीं हुई थी जैसी कि आज हो चली है। समय के साथ किसी भी बोली के वाक्य मन्त्र-सामर्थ्य अर्जित कर ही लेते हैं। सिख गुरुओं ने 16वीं-17वीं शताब्दी में प्रचलित पंजाबी अपनायी और दो सौ वर्षों से श्रद्धापूर्वक पूजन कार्य में प्रयुक्त वह बोली भी अब मन्त्र-शक्ति-युक्त हो गयी है। खैर, जब तक हिन्दी में ही कोई कर्मकाण्ड तैयार न कर दे तब तक आपकी सहायता के लिए यह पुस्तक

प्रस्तुत है।

मैं यहाँ आपसे एक निवेदन जरूर करना चाहूँगा। वह यह कि पूजा करने वाले हर व्यक्ति को कुछ बातों का ध्यान जरूर रखना चाहिए। उनकी अनदेखी कर देने से पूजा से व्यक्ति या समाज को लाभ पहुँचने की बजाय असीम हानि पहुँचती है और पहुँच भी रही है। पहली बात तो यह ध्यान रखें कि अगर पूजा करनी ही है तो मन लगाकर करें। जल्दबाजी में ज्यों-त्यों पूजा कर डालना यही दिखाता है कि आपको उसमें वास्तविक आस्था नहीं है। बिना श्रद्धा से किया गया पूजन महज दिखावा है और ऐसे ढोंग के प्रसार से समाज को हानि ही पहुँचती है।

आप न केवल श्रद्धा से पूजा में बैठें बल्कि पुरोहित को भी उस दौरान श्रद्धा का ही पात्र मानें। उसे अपना ऐसा दक्षिणा-भोगी चाकर न समझें जिसकी आप हँसी उड़ाते रह सकते हों या जिसे "तूफान मेल चला देने" का आदेश दे सकते हों। एक बात और—भले ही कोई भी सामाजिक कार्य करते हुए मन में थोड़ा प्रदर्शन-भाव आ जाना मनुष्य की जानी-मानी कमजोरी है लेकिन पूजा के संदर्भ में अपनी प्रदर्शनप्रियता की बानगी देना मेरी दृष्टि में एक अक्षम्य अपराध है। तो पूजा में अपनी सम्पन्नता या अपनी पवित्रता या अपनी देवनिष्ठा का सार्वजनिक प्रदर्शन करने से पूरा परहेज बरतें। पूजा परमसत्ता के सामने विनीत भाव से की जाने की चीज है, समाज में अपने वैभव या अपनी श्रद्धा का ढोल पीटने की नहीं। ढोल पीटने की बात से याद आया कि प्रदर्शनप्रियता के अंतर्गत कई लोग अपने पूजन-कार्य में लाउडस्पीकर का प्रयोग करके सारे मुहल्ले को अपनी श्रद्धा-भक्ति की सूचना देते रहना आवश्यक समझने लगे हैं। सारे मुहल्ले की नींद हराम करने वाली ऐसी श्रद्धा समाज-विरोधी ही हो सकती है, समाजोपयोगी नहीं।

पूजा के प्रकार और दैनिक पूजन

हिन्दुओं में पूजा के मुख्य रूप से चार प्रकार हैं—पार्विक, नैमित्तिक, संस्कार-सम्बन्धी और दैनिक। पार्विक—जैसा कि नाम से ही स्पष्ट है किसी पर्वविशेष पर की जाने वाली पूजा है। दीवाली पर लक्ष्मी-पूजन, शिवरात्रि पर शिव-पूजन, इसी तरह की पूजा के उदाहरण हैं। जैसा कि पहले संकेत दे चुका हूँ, इस तरह की पार्विक पूजाएँ किसी खास ऋतु या माह के आगमन पर या किसी विशेष देवता, अवतार, या महापुरुष से जुड़ी हुई किसी तिथि पर की जाती हैं। इस तरह की पूजा में सम्बन्धित देवता का ही प्रधानतः पूजन किया जाता है। उस देवता को उसके प्रिय समझने जाने वाले विशेष पकवान और विशेष फूल-फल निवेदित किए जाते हैं। उसका गुणगान करने वाली स्तुतियाँ पढ़ी जाती हैं।

दूसरे प्रकार की पूजा है—नैमित्तिक। नैमित्तिक यानी वो जो किसी खास निमित्त से की जाय। कई बार ऐसी पूजाएँ किसी कष्ट का निवरण कराने के लिए या किसी आशंकित दुर्घटना से बचने के लिए की जाती हैं। जैसे यह कि आपको सन्तान न हो और आप उसके लिए यज्ञ करवाएँ, जैसे यह कि आपको अपने पर शनि-जैसे किसी पाप ग्रह का प्रकोप लगता हो और आप उसे शान्त कराने के लिए पूजा करवाएँ, जैसे यह कि आप बहुत ज्यादा बीमार हों और मौत के मुँह से निकलने के लिए मृत्युंजय जप करायें। नैमित्तिक पूजाएँ कोई मनौती पूरी होने पर और किसी खास खुशी के मौके पर भी की जाती हैं। जैसे आपके यहाँ कोई विवाह कार्य हुआ हो तो सत्यनारायण की पूजा करवा दी। अखण्ड रामायण वाचन और भगवती जागरण आदि भी इसी तरह की नैमित्तिक पूजाएँ हैं। सभी नैमित्तिक पूजाएँ या तो किसी अच्छे फल की आकांक्षा से की जाती हैं या

अच्छा फल मिलने पर की जाती हैं।

तीसरे प्रकार की पूजा किसी संस्कार से सम्बन्धित होती है। जैसे नामकरण संस्कार की पूजा, विवाह की पूजा, जन्मोत्सव की पूजा आदि। पूजा का अन्तिम प्रकार है—दैनिक। जाहिर है कि ऐसी पूजा रोजाना करनी होती है। इसमें यह छूट नहीं है कि किसी और दिन कर लेंगे। साथ ही ऐसी मान्यता भी है कि इस तरह की पूजा किसी विशेष फल की आकांक्षा से नहीं की जाती बल्कि उसे अपना कर्तव्य समझकर, अपना एक नित्य कर्म मानकर ही करना होता है।

दैनिक पूजा भी कई प्रकार से हो सकती है। सबसे आसान तो यह है कि आप नहा-धोकर अपने इष्ट देवता की मूर्ति के सामने बैठ जायें। धूप-दीप-नैवेद्य करें, फूल चढ़ायें, कोई स्तुति कर दें या आरती या फिर दोनों ही। भेंट-स्वरूप कोई सिक्का किसी गुल्लक वगैरह में डाल दें और इस तरह जमा हुआ पैसा किसी सुपात्र की सहायता के लिए अलग रखते रहें। या फिर आप थाली में जल, पुष्प, रोली, चन्दन, अक्षत तथा प्रसाद लेकर पास के किसी मन्दिर में नित्य नियम से जा सकते हैं और वहीं संक्षिप्त पूजा करके आ सकते हैं। मूर्ति पर जल चढ़ाते समय याद रखिए कि वह शिवलिंग के ऊपर चढ़ाया जाता है मगर अन्य सभी देवताओं के चरणों पर। मन्दिर में पूजन के बाद पुरोहित से टीका लगवाया जाता है और देवता का चढ़ा हुआ फूल लेकर अपने सिर पर रखा जाता है। घर में पूजा करने के बाद स्वयं अपने श्रद्धानुसार तिलक, चन्दन या भस्म लगायी जाती है।

घर में हों या मन्दिर में मूर्ति की पूजा करते समय ऐसा माना जाता है कि इष्ट देवता उसके भीतर विराजमान है। इसीलिए मूर्ति को नहलाया और पोछा जाता है, उसका साज-सिंगार किया जाता है, उस पर चढ़ावा चढ़ाया जाता है आदि-आदि। जिन घरों या क्षेत्रों में वैष्णव प्रभाव बहुत गहरा है उनमें तो मूर्ति को बाकायदा सुबह उठाया, दिन में आराम कराया और रात को सुलाया जाता है। एक बहुत रोचक तथ्य यह है कि भले ही हम लोग मूर्ति को देवता मानकर ही पूजते हों, हमारी पूजनविधि यह भी बताती है कि मूर्ति में भगवान सदा सर्वदा विद्यमान नहीं होते, पूजा करते हुए उसमें उन्हें लाना होता है।

हमारे शास्त्र और हमारी पूजन पद्धति हमें याद दिलाती रहती है कि

मूर्ति देवता नहीं है, देवत्व उसमें आरोपित किया जाता है। प्राण प्रतिष्ठा करने से ही मूर्ति प्राणवान बनती है।

देवता "स्तुति-सम्भव" यानी स्तुति करने पर ही जन्म लेने अथवा प्रगट होने वाले होते हैं। एक और दिलचस्प बात यह है कि हमारी पूजा-पद्धति में कहीं-कहीं ऐसा आग्रह भी है कि देवता की पूजा करने के लिए स्वयं अपने में भी देवता उतारना होता है। संस्कृत उक्ति के अनुसार देवता बनकर ही देवता पूजे जा सकते हैं। जिस तरह आह्वान और प्राण-प्रतिष्ठा करके मूर्ति में देवता को अवतरित किया जाता है, उसी तरह पहले अंगन्यास करके यानी मन्त्र बोल-बोलकर अपने विभिन्न अंगों को छूकर अपने में देवता को उतारा जाता है, फिर पूजा की जाती है। पूजा समाप्त होने पर विसर्जन किया जाता है और देवता से कहा जाता है कि अब वह मूर्ति से उठकर अपने उच्च स्थान पर पहुँच जाये।

हिन्दू घरों में छोटा ही सही, अलग से कोई पूजा-कक्ष बनाने की परम्परा रही है। वहीं अपने इष्ट देवी-देवता रखे जाते हैं। आप भी ऐसा पूजा कक्ष बनवा सकते हैं या वह सम्भव न हो तो घर के किसी कमरे का एक कोना लीप-पोतकर देवताओं के लिए अलग कर सकते हैं। देवताओं को रखने के लिए बड़े कलात्मक पात्र और पात्र को रखने के लिए कलात्मक चौकियाँ या हिंडोले और पात्रों में अलग-अलग देवताओं को रखने के लिए अलग-अलग आसन होते हैं।

अगर ऐसा कुछ भी न हो तो आप देवताओं को किसी थाली में रख सकते हैं। कुछ लोग केवल अपने सम्प्रदाय के देवता ही दैनिक पूजा में रखते हैं और उसी की मूर्ति या उसी का प्रतीक अपने पूजा-कक्ष में रख लेना पर्याप्त समझते हैं। जो लोग 'स्मार्त' सम्प्रदाय के हैं वे पूजे जाने वाले सभी प्रमुख पाँच देवताओं को अपने पूजा-कक्ष में स्थान देते हैं और उनकी पूजा करते हैं। शिव के प्रतीक-स्वरूप नर्मदेश्वर कहलाया जाने वाला सफेद पत्थर, विष्णु के स्वरूप में शालिग्राम कहलाया जाने वाला काला पत्थर, गणेश के प्रतीक-स्वरूप लाल पत्थर और देवी के प्रतीक-स्वरूप उनकी मूर्ति या कोई यन्त्र या सिन्दूर लगा पत्थर पूजा-कक्ष में रखा जाता है। सूर्य का पूजन बिना मूर्ति के होता है।

देवताओं को रखने के पात्र के अतिरिक्त पूजाघर में दीपदान, धूपदान,

पंच पात्र और आचमनी, अर्घ्य पात्र, फूल रखने की डलिया, चन्दन घिसने का चकला, आरती, शंख और घण्टी रखी जाती है। चढ़ाने की सामग्री में पुष्प, अक्षत, चन्दन, रोली, नैवेद्य और पंचामृत सामग्री की आवश्यकता पड़ती है। रोजाना की भेंट जमा करते रहने के लिए कोई गुल्लक भी रखी जा सकती है। गुल्लक में जो पैसा जमा हो उससे किसी जरूरतमन्द की मदद कर दिया करें।

पूजा के सोपान

दैनिक पूजन हो या वार्षिक पूजन, पूजा के कुछ खास सोपान होते हैं और लगभग सभी पूजाओं में वे उसी क्रम में आते हैं। सबसे पहले आप दीया जलायेंगे, आचमन करेंगे, विघ्नहर्ता गणेश से प्रार्थना करेंगे, फिर उसके बाद आप अर्घ्य स्थापित करेंगे, फिर सूर्य का ध्यान करके उसको अर्घ्य देंगे, फिर भूतोत्सादन करेंगे। भूत नाम से जो दुष्ट व्यक्ति हर सत्कार्य में विघ्न डालने के लिए सदा तैयार बैठे रहते हैं उन्हें भूतोत्सादन के मन्त्र से भगाया जाता है। इसके बाद बारी आती है संकल्प की।

संकल्प–जैसा कि नाम से ही स्पष्ट है इसमें पूजा करने वाला पूजा करने का संकल्प लेता है। संकल्प लम्बा चौड़ा होता है क्योंकि उसमें विस्तार से बताया जाता है कि भौगोलिक दृष्टि से इस समय आप कहाँ स्थित हैं आप किस गोत्र और राशि के हैं, आपका नाम क्या है और आप किस सम्वत्सर में, किस ऋतु में, किस मास के, किस पक्ष की, किस तिथि में, कौन-सी पूजा करने का संकल्प ले रहे हैं।

संकल्प का मंत्र इसीलिए 'ॐ विष्णुर्विष्णुर्विष्णुः नमः परमात्मने' से शुरू होकर 'पूजनं च करिष्ये।' पर समाप्त होता है। यानी पहले भगवान को याद किया और फिर बताया कि मैं यहाँ कब और क्या करने बैठा हुआ हूँ हमारा पौराणिक भूगोल और हमारी काल-गणना कुछ भिन्न प्रकार की है। उसके दिलचस्प ब्यौरे के लिए देखिए परिशिष्ट संख्या तीन।

प्रतिष्ठा : संकल्प के बाद बारी आती है प्रतिष्ठा की। इसके द्वारा पूजक मूर्ति को प्राण-सम्पन्न करता है। ऐसी कल्पना करता है कि वह देवता हमारी ही तरह अपने प्राण, जीव, मन, इन्द्रिय तथा शरीरावयव लेकर हमारे समक्ष उपस्थित हो रहा है।

इस प्रसंग में इस ओर ध्यान ले जाना आवश्यक है कि यद्यपि हिन्दू समाज घोर मूर्तिपूजक है तथापि पूजन-पद्धति उसे बराबर यह याद दिलाती रहती है कि मूर्ति देवता नहीं है; देवत्व उसमें आरोपित होता है। देवता ''स्तुति सम्भव'' यानी स्तुति से जन्म लेने वाले हैं। प्रतिष्ठा किए जाने पर ही मूर्ति प्राणयुक्त होती है।

अंगन्यास : मूल पूजाओं में अंगन्यास भी होता है। यह मान्यता भी है कि स्वयं देवता होकर ही देवता का पूजन हो सकता है। अतः पूजक अपने शरीर के एक-एक उपांग में इष्ट के अवयवों के न्यास (गिराना, रखना) की कल्पना करता है।

स्वागत : अब देवता विशेष का स्वागत किया जाता है। उसे पाँव धोने को जल (पाद्य) देते हैं, पीने को जल देते हैं (आचमनीयकम्), बैठने को आसन देते हैं। जल से या पंचामृत से स्नान कराते हैं, पहनने को नए वस्त्र देते हैं, श्रृंगारार्थ चन्दन, पुष्पमाला, सुगन्ध तथा विशेष आदरसूचक अर्घ्य जल देते हैं।

अंगपूजा : पूजक कल्पना करता है कि उसका इष्ट देवता उसके सामने उपस्थित है। अतः इष्ट के पाँवों से आरम्भ कर उसके सिर तक प्रत्येक अंग का पूजन किया जाता है।

आह्वान आदि : इसके बादे देवता का आह्वान किया जाता है कि मैं आपको पूजा के लिए बुला रहा हूँ, यहाँ सुप्रतिष्ठित होइए और मेरे लिए भला करने वाले, वरदान देने वाले साबित होइए। इसी के साथ कई बार कई पूजाओं में उस देवी-देवता विशेष का ध्यान भी किया जाता है।

दिशा-पूजन, भूतोत्साधन : कुछ पूजाओं में सारी दिशाओं को नमस्कार करने और किसी भी प्रकार का विघ्न डाल सकने वाले भूतों को भगा देने के मन्त्र पढ़े जाते हैं।

आसन या पीठ पूजा : पूजा के लिए बुलाये गये देवी-देवता विशेष के बैठने की जगह की अब पूजा की जाती है।

धूप, दीप, नैवेद्य : इष्ट का सत्कार करने तथा इष्ट दर्शन द्वारा प्राप्त अपनी प्रसन्नता व्यक्त करने के लिए पूजक, धूप, दीप जलाता है, पकवान, मिठाई फल तथा मेवा खिलाता है।

स्तुति, अष्टोत्तर : इसके बाद देवता का गुणगान किया जाता है,

अक्सर उसके एक सौ आठ नाम गिनाये जाते हैं, जिसे अष्टोत्तर कहते हैं। इष्ट-का प्रत्येक नाम उसके रूप, रंग, वाहन, अस्त्र, आभूषण, वस्त्र, ध्वनि तथा स्वभावजन्य गुणों का स्मरण करता है।

आरती : एक सीमित प्रकाश पूजक के हृदय में है (अन्तस्तेजः); एक असीम ब्रह्माण्ड में व्याप्त है (बहिस्तेजः)। यह भगवत्प्रकाश अमित (जिसकी नाम या सीमा नहीं है।) आरती द्वारा पूजक अपने छोटे प्रकाश को असीम प्रकाश से मिलाता है (एकीकृत्य) मानो एक बल्ब का पावरहाउस से सम्पर्क जुड़ रहा है। क्षण-भर के लिए ही सही, पूजक का हृदय उल्लास से, कृतज्ञता से, महदानुभूति से व्याप्त हो जाता है।

पाप स्वीकार : पूजक ईमानदारी से मानता है कि वह लोभ, मोह, क्रोधादि पापों से भरा है। इसी से पूजा के अन्त में वह इष्ट से प्रार्थना करता है कि वह उन पापों से उसकी रक्षा करें। 'त्राहिमाम'।

दक्षिणा : हर समाज में कुछ लोग पूजन विधि के कर्म के अंग-उपांगों की विधि तथा क्रम याद रखने के लिए नियुक्त होते हैं। प्राचीन काल में लिखित या मुद्रित पुस्तकों की दुर्लभता के कारण इस पुरोहित वर्ग को सभी पूजाएँ विस्तार से तथा शुद्धतः कण्ठस्थ रखनी होती थीं। इस सब कार्य के लिए समाज उस वर्ग के जीवनयापन का उत्तरदायित्व अपने ऊपर लेता है। इसी उत्तरदायित्व का प्रतीक है दक्षिणा।

पुरोहित दक्षिणा मात्र के लिए पूजन नहीं कराता। उसका मेहनताना निश्चित नहीं है। वह मोलभाव नहीं करता। पूजक अपनी सामर्थ्यानुसार अधिक-से-अधिक देने का इच्छुक होता है। दक्षिणा बन्द मुट्ठी से देता है क्योंकि दक्षिणा का सार्वजनिक प्रदर्शन नहीं होता। देते समय वह "ॐ तत्सत न मम" (सब कुछ भगवान का है, मेरा कुछ नहीं) ऐसा विनम्रतापूर्वक कहता है। वह दक्षिणा को पुष्प सहित तथा गीला करके देता है यानी पूर्ण श्रद्धा से, कृतज्ञता से देता है।

विसर्जन : देवता मूर्ति में था नहीं, उसे तो बुलाया गया था। अतः पूजनोपरान्त अब उसे जाने की प्रार्थना करते हैं (गच्छ गच्छ सुरश्रेष्ठ)। इस सोपान को कहते हैं विसर्जन। यह सोपान भी हिन्दू-जैसे घोर मूर्तिपूजकों को मूर्ति की सीमा बतलाता है।

दैनिक पूजा का मन्त्रों सहित प्रारूप

अगर आपके पास समय हो और आप इतने श्रद्धालु हों कि दैनिक पूजा में भी हर काम बाकायदा मन्त्र बोलकर करना चाहते हों तो आपकी सुविधा के लिए 'स्मार्त' सम्प्रदाय के दैनिक पूजन का प्रारूप यहाँ मन्त्रों सहित दिया जा रहा है।

दीप जलाना

आचमन–ऋग्वेदाय स्वाहा, यजुर्वेदाय स्वाहा, सामवेदाय स्वाहा बोल कर आचमनी से जल मुँह में डालें। **अथर्ववेदाय नमः** कह कर एक बार जल भूमि पर छोड़ दें।

गणेश स्तवन

हाथ में पुष्प लेकर निम्न स्तुति पढ़ें–

सुमुश्चैकदन्तश्च कपिलो गजकर्णकः। लम्बोदरश्च विकटो विघ्ननाशो विनायकः॥ धूम्रकेतुर्गणाध्यक्षो भालचन्द्रो गजानन। द्वादशैतानि नामानि यः पठेत् शृणुयादपि ॥ विद्यारम्भे विवाहे च प्रवेशे निर्गमे तथा। संग्रामे संकटे चैव विघ्नस्तस्य न जायते ॥ पुष्प चढ़ा दें।

निम्न नमस्कार बोलें तथा पुष्प चढ़ाते जावें–

श्री गणाधिपतये नमः। लक्ष्मीनारायणाभ्याम् नमः। उमामहेश्वराभ्याम् नमः। वाणीहिरण्यगर्भाभ्यां नमः। शचीपुरन्दराभ्यां नमः। मातृपितृचरण

कमलेभ्यो नमः। इष्टदेवताभ्यो नमः। कुलदेवताभ्यो नमः। ग्रामदेवताभ्यो नमः। वास्तुदेवताभ्यो नमः। स्थानदेवताभ्यो नमः। सर्वेभ्यो देवेभ्यो नमः। सर्वेभ्यो ब्राह्मणेभ्यो नमः।

संकल्प–दाहिनी अंजुली में जल लें। उसमें रोली, अक्षत्, पुष्प लेकर निम्न संकल्प बोलें–

ॐ विष्णुः विष्णुः विष्णुः। ॐ अद्य ब्रह्मणे अह्नि द्वितीय परार्धे श्री श्वेतवाराहकल्पे वैवस्वत मन्वन्तरे अष्टाविंशतितमे कलियुगे कलिप्रथमचरणे बौद्धावतारे भूः लोके जम्बू द्वीपे भरतखण्डे भारतवर्षे...क्षेत्रे...नगरे...नाम सम्वत्सरे...मासे...पक्षे...तिथौ...वासरे...गोत्र...अहम् श्रुति स्मृति पुराणोक्त फल प्राप्त्यर्थं (प्रातः/मध्याह्न/सायं) देवपूजन कर्म करिष्ये।)

प्रोक्षण–बायें हाथ में शंख लें जिसके खाली स्थान में जल डालें अथवा अंजुलि में जल लें। दाहिने हाथ में कुशपत्र अथवा दूर्वादल लेकर, निम्न मंत्र बोलते हुए, जल को अपने शरीर पर तथा समस्त पूजा सामग्री पर डालें।

ॐ अपवित्रः पवित्रो वा सर्वावस्थां गतोऽपि वा। यः स्मरेत पुण्डरीकाक्षं स बाह्याभ्यन्तरं शुचिः॥

कुम्भ पूजन–अपने सामने कोई पात्र रखे। इसमें जल, अक्षत्, चन्दन, पुष्पादि डालें। निम्न बोलें।

ॐ कलशस्य मुखे विष्णुः कण्ठे रुद्र समाश्रितः। मूले त्वस्य स्थितो ब्रह्मा मध्ये मातृगणाः स्मृताः॥ कुक्षौ तु सागराः सर्वे सप्तद्वीपा वसुन्धरा। ऋग्वेदोऽथ यजुर्वेदः सामवेदो ह्यथर्वणः॥ अंगैश्च सहिता सर्वे कलशं तु समाश्रिंता। अत्र गायत्री सावित्री शान्तिः पुष्टिकरी तथा॥ सर्वे समुद्रा सरितस्तीर्थानि जलदा नदाः आयान्तु देवपूजार्थं दुरितक्षय कारकाः॥ गंगे च यमुने चैव गोदावरि सरस्वती। नर्मदे सिन्धु कावेरी जलेऽस्मिन् सन्निधिं कुरु॥

देवता ध्यानम्

गणेश ध्यानम्–

खर्वं स्थूलतनुं गजेन्द्रवदनं लम्बोदरं सुन्दरम् । प्रस्यन्दन् मधुगन्धलुब्धमधुप व्यालोलगण्डस्थलम् ॥ दन्ताघात विदारितारिरुधिरैः सिन्दूरशोभाकरं। वन्दे शैलसुतासुतं गणपतिं सिद्धिप्रदं कामदं ॥ ॐ गणेशाय नमः ॥ पुष्प चढ़ावें।

सूर्य ध्यानम्–

रक्ताम्बुजासन् अशेषगुणैक सिन्धुं। भानुं समस्त जगतामधिवं भजामि। पद्मद्वयाभयवरान् दधतं कराब्जैः माणिक्यमौलि अरुणांगरुचिं त्रिनेत्रम्॥ ॐ सूर्याय नमः। पुष्प चढ़ा दें।

विष्णु ध्यानम्–

उद्यत कोटि दिवाकराभमनिशं शंखं गदां पंकजं। चक्रं विभ्रतमिन्दीवरा वसुमति संशोभिपार्श्वद्वयम् ॥ कोटीरांगदहारकुण्डलधरं पीताम्बरं कौस्तुभैः। दीप्तं विश्वधरं स्ववक्षसि लसत् श्रीवत्सचिह्नं भजे॥ ॐ विष्णवे नमः।

शिवध्यानम्–

ध्यायेत् नित्यं महेशं रजतगिरिनिभं चारु चन्द्रावतंसं। रत्नाकल्पौज्ज्वलांगं परशुमृगवराभीति हस्तं प्रसन्तम् ॥ पद्मासीनं समन्तात् स्तुतममरगणैः व्याघ्रकृत्तिं वसानं। विश्वाद्यं विन्नश्ववीजं निखिलभयहरं पंचवक्त्रं त्रिनेत्रं ॥ ॐ शिवाय नमः। पुष्प चढ़ावें।

देवीध्यानम्–

सिंहस्था शशिशेखरा मरकतप्रख्यैः चतुर्भिर्भुजैः। शंखं चक्रधनुः शरांश्च दधती नेत्रैः त्रिभिः शोभिताः॥ आमुक्तांगदहारकंकणरणत् कांचीरणन् नूपुराः। दुर्गा दुर्गतिहारिणी भवतु नो रत्नोल्लसत् कुण्डलाः ॥ ॐ दुर्गायै नमः। पुष्प चढ़ा दें।

आवाहन–दोनों चित हथेलियों को मिलाकर उपर्युक्त देवताओं का पूजार्थ स्वागत करे।

आगच्छन्तु सुरश्रेष्ठाः भवन्तु अत्रि स्थिरा समे। यावत् पूजां करिष्यामि तावत् तिष्ठन्तु संनिधौ ॥ आवाहनार्थे पुष्पं समर्पयामि। पुष्प चढ़ा दें।

आसन–देवताओं के बैठने के लिए, निम्न स्तुति कर, निवेदन करें।

अनेक रत्न संयुक्तं नानामणिगणान्वितम्। कार्तस्वरमयं दिव्यम् आसनं परिगृह्यताम् ॥ तुलसीदल या पुष्प चढ़ा दें।

पाद्यम्–निम्न स्तुति बोलते हुए चरण धोने को जल दें।

गंगादि सर्वतीर्थेभ्यः आनीतं तोयमुत्तमम्। पाद्यार्थं सम्प्रदास्यामि गृह्णन्तु परमेश्वराः ॥ आचमनी से जल चढ़ावें।

अर्घ्यं–निम्न स्तुति बोलते हुए, अर्घ्यपात्र से रोली, अक्षत् और पुष्प मिला जल चरणों में चढ़ावें।

गन्धपुष्पाक्षतैः युक्तं अर्घ्यं सम्पादितं मया। गृह्णन्तु अर्घ्यं महादेवाः प्रसन्नाश्च भवन्तु मे ॥

आचमनम्–आचमनी से एक बार जल चढ़ावें। निम्न बोलें।

कर्पूरेण सुगन्धेन वासितं स्वादु शीतलम्। तोयम् आचमनीयार्थं गृह्णन्तु परमेश्वराः ॥

स्नानम्–निम्न बोलिए। घण्टी बजाते हुए आचमनी से जल चढ़ावें।

मन्दाकिन्याः समानीतैः कर्पूरागुरुवासितैः। स्नानं कुर्वन्तु देवेशाः जलैः एभिः सुगन्धिभिः ॥

पंचामृत स्नानम्–पंचामृत से देवताओं को स्नान कराते हुए निम्न बोलें–

पयो दधि घृतं चैव मधु च शर्करयान्वितम्। पंचामृतं मयाऽऽनीतं स्नानार्थं प्रतिगृह्यताम् ॥

शुद्धोदक स्नानम्–अब, निम्न बोलते हुए, देवताओं को शुद्ध जल से नहलावे।

मलयाचल सम्भूत चन्दनाऽगरुमिश्रितम्। सलिलं देवदेवेश! शुद्ध स्नानाय गृह्यताम्। स्नानान्ते आचमनीयम्। आचमनीय जलं समर्पयामि। आचमनी से जल चढ़ावें।

वस्त्रम्–एक वस्त्र से देवताओं के विग्रहों को पोछ कर उन्हें वस्त्र पहनावे। निम्न बोलें–

शीतवातोष्णसंत्राणे लोकलज्जा निवारणे। देहालंकरणे वस्त्रे भवद्भ्यो वाससी शुभे॥

आचमनम्–

यज्ञोपवीत–तागे का तिहरा किया एक टुकड़ा चढ़ावे और बोलें–

नवभिस्तन्तुभिर्युक्तं त्रिगुणं देवतामयम्। उपवीतम् मया दत्तम् गृह्णन्तु परमेश्वराः॥

आचमनम्–

चन्दनम्–देवताओं के माथे पर, अपनी अनामिका से, रोली, चन्दन लगावें। निम्न बोलें।

श्रीखण्डं चन्दनं दिव्यं गन्धाढ्यं सुमनोहरम्। विलेपनं सुरश्रेष्ठ चन्दनं प्रतिगृह्यताम्॥

पुष्पम्–निम्न बोलते हुए पुष्प तथा तुलसीदल चढ़ावें।

माल्यादीनि सुगन्धीनि मालत्यादीनि भक्तितः
मयाहृतानि पुष्पाणि पूजार्थं प्रतिगृह्यताम्।

धूप, दीप–हथेली से धूप के धूम को देव विग्रहों की ओर ले जावें। जलते दीप की ओर संकेत करें। बोलें–

वनस्पति रसोद्भूतो गन्धोढ्यो गन्ध उत्तमः।
आघ्रेय सर्वदेवानां धूयोऽयं प्रतिगृह्यताम्॥
साज्यं च वर्तिसंयुक्तं वह्निना योजितं मया।
दीपं गृह्णन्तु देवेशः त्रैलोक्य तिमिरापहम्॥

नैवेद्य–फल, मिठाई आदि जो नैवेद्य के लिए प्रस्तुत है उसे देवताओं के सम्मुख रख उस पर पुष्प चढ़ावें और बोलें–

शर्कराखण्ड खाद्र्यानि दधिक्षीरघृतानि च। आहारं भक्ष्य भोज्यं च नैवेद्यं प्रतिगृह्यताम ॥

आचमनं–आचमनी से जल चढ़ावें।

फलम्– इदम् फलं मया देव स्थापितं पुरतस्तव।
तेन मे सफलावाप्तिः भवेज्जन्मनि जन्मनि ॥

आरती–आरती घुमावें। घण्टी और शंख बजावें। बोलें–

कदलीगर्भ सम्भूतं कर्पूरं तु प्रदीपितम्।
आरार्तिकमहं कुर्वे पश्य मां वरदो भव।
अन्तस्तेजो वहिस्तेजः एकीकृत्यामितप्रभम्।
आरार्तिकमिदं देव गृहाण मदनुग्रहात् ॥

प्रदक्षिणा–अपने आसन पर ही घूमते हुए निम्न बोलें–

यानि कानि च पापानि जन्मान्तर कृतानि च। तानि सर्वाणि नश्यन्तु प्रदक्षिण पदे पदे ॥

नमस्कार–बोलें–

नमोऽस्त्वनन्ताय सहस्रमूर्तये सहस्रपादाक्षिशिरोरुबाहेव।
सहस्रनाम्ने पुरुषाय शाश्वते सहस्रकोटीयुगधारिणे नमः ॥

विसर्जन– गच्छ गच्छ सुरश्रेष्ठ स्वस्थान परमेश्वर।
यत्र ब्रह्मादयो देवास्तत्र गच्छ सुरेश्वर ॥

अब देवताओं को थाली से उठाकर आसन पर सजा दें। उन पर पुष्प चढ़ा दें। स्नान किए जल का एक आचमन करें तथा कुछ शरीर पर डालें। बोलें–

ॐ पञ्चायतन देवताभ्यो नमः। ॐ हरि ॐ तत्सत्।

अंगन्यास, प्राणायाम, ध्यान और जप

वार्षिक या पार्विक पूजाओं का ब्यौरा देने से पहले कुछ ऐसी क्रियाएँ आपको समझा देना जरूरी समझता हूँ, जो कहीं-कहीं उनके अन्तर्गत आपको करनी पड़ सकती हैं और जिन्हें आप दैनिक पूजा में भी कर सकते हैं। इनमें से पहली है—अंगन्यास जिसकी मैं पहले भी चर्चा कर चुका हूँ। जैसा कि मैंने बताया था इसके अन्तर्गत मन्त्र बोलते हुए विभिन्न अंगों को छूआ जाता है और अपने में उस देवता को उतारा जाता है, जिसका पूजन करना हो। न्यास का शाब्दिक अर्थ है—डालना। जब व्यक्ति अपने शरीर के अलग-अलग अंगों में किसी देवता विशेष या उसकी शक्ति विशेष का न्यास करता है, तब शास्त्रों की मान्यता के अनुसार उसमें वह देवता उतर आता है।

पूछा जा सकता है कि देवता को अपने में उतारने की आवश्यकता क्या है? इसका उत्तर यह है कि देवता बनकर ही देवता की पूजा की जा सकती है। इसके लिए हमारे यहाँ कहा गया है, "देवो भूत्वा देवं यजेत्"। आप जिसके स्तर के हैं ही नहीं, उससे भला आप क्या बात कर सकेंगे! जब मूर्ति में भी देवता उतारा जा चुका हो और आप में भी उतर चुका हो, तभी तादात्म्य और सायुज्य की स्थिति में कोई संवाद सम्भव है। यह मान्यता हमारी पूजाओं में तांत्रिक सम्प्रदाय के प्रभाव से आई बतायी जाती है।

न्यास के भी कई प्रकार होते हैं—ऋष्यादिन्यास, करन्यास, हृदयादिन्यास, अक्षरन्यास और दिङन्यास। साधारण पूजाओं में इनमें से दूसरे और तीसरे का ही उपयोग होता है। करन्यास के दौरान मन्त्र पढ़ते हुए पहले दोनों हाथों की उँगलियों को अँगूठे से एक के बाद एक स्पर्श किया जाता है और फिर अन्त में हथेलियों और उनके पीछे के भागों का परस्पर स्पर्श किया जाता है। हृदयादिन्यास में दाहिने हाथ की पाँचों उँगलियों को मिलाकर मन्त्र पढ़ते

हुए उनसे विभिन्न अंगों से छुआया जाता है और अन्त में दाहिना हाथ पीछे ले जाकर मन्त्र पढ़ते हुए ताली बजाई जाती है। इस क्रिया को समझाने के लिए देवी के पाठ में किये जाने वाले करन्यास और हृदयादिन्यास का ब्यौरा नीचे दिया जा रहा है।

करन्यास

ॐ एं अंगुष्ठाभ्याँ नमः (कहते हुए दोनों हाथों की तर्जनी अँगुलियों से अँगूठों का स्पर्श करें।)

ॐ ह्रीं तर्जनीभ्याँ नमः (कहते हुए दोनों हाथों के अँगूठों से दोनों तर्जनी अँगुलियों का स्पर्श करें।)

ॐ क्लीं मध्यमाभ्याँ नमः (कहते हुए अँगूठों से मध्यमा अंगुलियों का स्पर्श करें।)

ॐ चामुण्डाये अनामिकाभ्याँ नमः (कहते हुए अँगूठों से अनामिका अँगुलियों का स्पर्श करें।)

ॐ विच्चे कनिष्ठिकाभ्याँ नमः (कहते हुए अँगूठे से कनिष्ठिका अँगुलियों का स्पर्श करें।)

ॐ ऐं ह्रीं क्लीं चामुण्डाये विच्चे करतलकरपृष्ठाभ्याँ नमः (कहते हुए हथेलियों और उनके पृष्ठभागों का परस्पर स्पर्श करें।)

हृदयादिन्यास

ॐ ऐं हृदयाय नमः (कहते हुए दाहिने हाथ की पाँचों अंगुलियों से हृदय का स्पर्श करें।)

ॐ ह्रीं शिरसे स्वाहा (कहते सिर का स्पर्श करें।)

ॐ क्लीं शिखाये वषट् (कहते हुए शिखा का स्पर्श करें।)

ॐ चामुण्डाये कवचाय हुम् (कहते हुए दाहिने हाथ की अँगुलियों से बायें कंधे का और बायें हाथ की अँगुलियों से दाहिने कन्धे का स्पर्श करें।)

ॐ विच्चे नेत्रत्रयाय वौषट् (कहते हुए दाहिने हाथ की अँगुलियों के अग्रभाग से दोनों नेत्रों और ललाट के मध्य भाग का स्पर्श करें।)

ॐ ऐं ह्रीं क्लीं चामुण्डाये विच्चे अस्त्राय फट् (कहते हुए दाहिने हाथ को सिर के ऊपर से बायीं ओर से पीछे की ओर ले जाकर दाहिनी ओर

से आगे की ओर ले आयें और तर्जनी तथा मध्यमा अँगुलियों से बायें हाथ की हथेली पर ताली बजायें।)

प्राणायाम

हम साँस लेते हैं और छोड़ते हैं और साँस लेने और छोड़ने के इसी क्रम से हमारा जीवन चलता है। प्राणायाम के पीछे सैद्धान्तिक मान्यता यह है कि बाहरी वायु को भीतर लेने और भीतरी वायु को बाहर निकालने की इस क्रिया से ही, प्राणशक्ति पैदा और नियंत्रित होती है। दुनिया-भर का सोच-विचार और जमाने-भर की दौड़-धूप करते रहने से शरीर के भीतर वायु का आना-जाना न सम रह पाता है, न सहज। प्राणायाम का उद्देश्य वायु-प्रवाह को ऐसे और इतना नियंत्रित करना है कि वह सम ओर सहज हो जाये। ऐसा होने पर "दम में दम" तो आता ही है यानी शरीर को आराम मिलता ही है लेकिन साथ ही सदा इधर-उधर दौड़ते रहते मन को एकाग्रता की ओर ले जाने में सहायता भी मिलती है। पूजा ऐसी चीज है जो एकाग्र मन से ही की जानी चाहिए। इसीलिए पूजन के अन्तर्गत प्राणायाम को आवश्यक बताया गया है। जो लोग शंख-घण्टी बजाने वाली दैनिक पूजा में विश्वास नहीं करते और मन की शक्ति ओर शान्ति के लिए केवल ध्यान जरूरी समझते हैं उनके लिए तो प्राणायाम करना और भी आवश्यक हो जाता है।

प्राणायाम में एक नथुने को बन्द करके दूसरे नथुने से ही साँस ली जाती है, फिर उसे भी बंद करके साँस को रोके रखा जाता है और अन्त में दूसरे नथुने को खोलकर उससे साँस निकाल दी जाती है। साँस धीमे-धीमे ही भरी और छोड़ी जाती है। साँस भरने की क्रिया को 'पूरक' कहा जाता है, साँस रोके रहने की क्रिया को 'कुम्भक' और साँस छोड़ने की क्रिया को 'रेचक'। प्राणायाम करने के लिए पद्मासन में बैठें, बायें हाथ को ज्ञानमुद्रा में रखें यानी तर्जनी और अँगूठे के पोरों को मिला लें। फिर दायें हाथ में अँगूठे के बाद की दोनों उँगलियों को मोड़ कर अँगूठे की गद्दी से चिपका लें, शेष अँगुलियाँ फैला दें और अब अँगूठे से दाहिने नथुने को बन्द कर लें। फिर बायें नथुने से साँस धीरे-धीरे भरें। उसके बाद अनामिका यानी अँगूठी पहनने वाली उँगली से बायाँ नथुना भी बन्द

कर लें। साँस भीतर ही रोके रहें। अन्त में अँगूठा हटाकर दाहिने नथुने से साँस बाहर निकाल दें। इसके बाद दाहिने नथुने से साँस धीरे-धीरे भीतर भरें, फिर अँगूठे से दाहिने नथुने को बन्द करके साँस को रोके रहें और अन्त में अनामिका को हटाकर बायें नथुने से साँस धीरे-धीरे बाहर निकाल दें। इस तरह एक आवृत्ति पूरी होती है।

अपनी श्रद्धानुसार आप चाहें जितनी आवृत्तियाँ कर सकते हैं। लेकिन शुरू से ही उनकी संख्या बहुत ज्यादा न रखें। धीरे-धीरे बढ़ायें। ध्यान के लिए पाँच और साधारण पूजा के लिए एक या तीन आवृत्तियाँ पर्याप्त होती हैं। प्राणायाम कई तरह के हैं और उनमें से प्रत्येक के अपने-अपने लाभ हैं। यहाँ जिस प्राणायाम की मैं चर्चा कर रहा हूँ उसे योग-विज्ञान में नाड़ी-शोधन प्राणायाम कहा जाता है। यह बहुत ही सरल प्राणायाम होते हुए भी प्राणायामों का सिरमौर समझा जाता है। पूजन-कार्य में इसी का उपयोग होता है। नाड़ी-शोधन प्राणायाम करते हुए शुरू में आप साँस लेने, रोकने और छोड़ने की अवधि बिल्कुल बराबर रख सकते हैं। लेकिन सही विधि में 'कुम्भक' और 'रेचक' की अवधि पूरक की अवधि से कम-से-कम दुगनी रखनी होती है। आगे चलकर कुम्भक की अवधि को रेचक की अवधि से भी कहीं ज्यादा कर देना होता है।

अवधि का हिसाब रखने के लिए आप मन ही मन गिनती करते रह सकते हैं जैसे यह कि पाँच की गिनती तक साँस भरा, दस की गिनती तक रोका और दस की गिनती तक ही छोड़ा। ज्यों-ज्यों अभ्यास होता जाए त्यों-त्यों अवधि बढ़ाते जाएँ। जैसे यह कि सात की गिनती तक साँस खींचा 14 की गिनती तक रोका और 14 की गिनती तक ही छोड़ा। जब ओर भी अभ्यास हो जाए तो कुम्भक की अवधि को रेचक की अवधि से दुगना कर डालें। जैसे यह कि 12 की गिनती तक साँस खींचा, 48 की गिनती तक साँस भरे रखा और 24 की गिनती तक उसे बाहर छोड़ा। सो इसलिए कि योग में प्राणायाम के अन्तर्गत आन्तरिक कुम्भक यानी साँस भीतर भरकर रोके रहने की और बाह्य कुम्भक यानी साँस छोड़ देने के बाद तुरन्त साँस न भरने को प्राण-शक्ति बचाये रखने की दृष्टि से बहुत उपयोगी बताया गया है।

आप सबसे पहले यह तय करें कि कितनी गिनती तक साँस लेना, रोकना और छोड़ना आप अपने को बिना किसी कष्ट में डाले कर सकते हैं।

फिर आप साँस भरने से दुगने मात्रा में उसे रोकने और छोड़ने का कम-से-कम 15 दिन तक अभ्यास करें। उसके बाद अवधि में एक-एक मात्रा बढ़ाते चले जायें। अवधि का अनुमान गिनती कर-करके लगाने की जगह किसी मन्त्र को पढ़कर भी किया जाता है। बिना मन्त्र वाले प्राणायाम को निगर्भ कहते हैं और मन्त्र वाले को सगर्भ। सगर्भ प्राणायाम में आपको मन्त्र की आवृत्तियों से अवधि का अनुमान लगाना होता है। जैसे यह कि एक बार मन्त्र पढ़ते हुए साँस खींचा फिर दो बार मन्त्र पढ़ते हुए साँस रोका और दो ही बार मन्त्र पढ़ते हुए साँस छोड़ा। इसके लिए आप अपनी श्रद्धानुसार कोई मन्त्र चुन सकते हैं, गायत्री पर आधारित प्राणायाम का एक मन्त्र इस प्रकार है—

ॐ भूः। ॐ भुवः। ॐ स्वः। ॐ महः। ॐ जनः। ॐ तपः। ॐ सत्यम्। ॐ तत्सवितुर्वरेण्यम्। भर्गो देवस्य धीमहि। धियो यो नः प्रचोदयात्।

ध्यान

प्राणायाम चित्त को शान्त करता है इसलिए ध्यान पर बैठने की उचित भूमिका बना देता है। ध्यान की हमारे यहाँ कई प्राचीन पद्धतियाँ हैं। आप अपनी पसन्द की कोई भी विधि किसी अच्छे गुरु से सीख लें। मोटे तौर पर हम कह सकते हैं कि ध्यान का उद्देश्य अपने मस्तिष्क को सभी विचारों-भावनाओं से मुक्त कर देना है, ताकि हम अपने को भूलकर उस परमशक्तिशाली और परमशान्त को अनुभव कर सकें। इसके लिए आप सबसे पहले किसी शान्त, स्वच्छ और सुन्दर स्थान में पद्मासन या कोई अन्य सुविधाजनक आसन साध कर बैठ जाएँ। रीढ़ और गर्दन बिल्कुल सीधी रखें। हाँ, उन्हें सीधी रखते समय इस बात का ध्यान जरूर रखें कि आप स्वाभाविक ढंग से ही बैठे हों, अकड़ कर नहीं। दोनों हाथ अपने घुटनों पर ज्ञानमुद्रा में रख दें। आप चाहें तो अपनी बायीं हथेली पर दायीं हथेली अपनी गोद में रख लेने की वह मुद्रा भी अपना सकते हैं जिसे ब्रह्मांजलि कहा जाता है। उसके बाद गहरा साँस भरकर अपने ओंठ गोल करके 'ओम' का 'ओ' बोलें। फिर जितनी देर में उसे बोलें हों उससे आधी देर में बंद ओठों से बाकी ध्वनि निकालें। तीन बार ऐसा करें। इसके बाद साँस के

आने-जाने पर ध्यान लगायें। देखें कि साँस दायें नथुने से बाहर जा रही है या बायें नथुने से या दोनों ही नथुनों से। इस तरह ध्यान लगाये रखने पर साँसें-धीमी होती जायेगी और आपको उनके आने और जाने का आभास ही नहीं रह जायेगा।

यहाँ याद दिला दूँ कि ध्यान का उद्देश्य अपने को एक ऐसी अवस्था में पहुँचाना है, जिसमें आपको किसी चीज का ध्यान ही न रहे। आप गोया वहाँ पहुँच जाएँ, जहाँ आप को अपनी खबर नहीं आती। ध्यान में आप जागते हुए भी सो जाते हैं। कुछ लोग वास्तव में ऊँघ जाते हैं, सो ठीक नहीं है। कुछ पद्धतियों में साँस के आने-जाने पर नहीं, विचारों के आने-जाने पर बड़ी तटस्थता से ध्यान दिया जाता रहता है। तटस्थता से मतलब है उनमें बगैर उलझे हुए। अगर आप उलझ गये तो वही कर रहे होंगे जो अपनी रोजमर्रा की उधेड़बुन में करते हैं। लेकिन अगर आप विचारों को आने देंगे और जाने देंगे तो उनकी निस्सारता का अनुभव होगा और आप अपने को उनसे मुक्त करना सीख सकेंगे। कुछ पद्धतियों में किसी अच्छे भाव पर किसी अच्छे गुण पर, सारा ध्यान केन्द्रित कर दिया जाता है। जैसे आनन्द, जैसे साहस, जैसे करुणा। इस तरह से ध्यान लगाने पर आपका चित्त एकाग्र होता है और वह भावविशेष आपमें समाहित होता है। ध्यान लगाने का सबसे सुगम और प्रचलित तरीका है—कोई मन्त्र जपते रहना।

जप विधि

ध्यान लगाने के लिए मन्त्रजाप करने की तीन विधियाँ हैं, या कहिए कि तीन स्तर हैं। सबसे साधारण स्तर वह है, जिसे वैखरी या वाचिक पुकारा जाता है। इसमें साधक मन्त्र धीमे स्वर में बाकायदा बोलता है। उसके आस-पास बैठे हुए लोग उसका मन्त्रोच्चार सुन सकते हैं। इससे ऊपर का स्तर है उपांशु। इसमें मन्त्र बोलने के लिए साधक के ओंठ हिलते-डुलते तो जरूर हैं लेकिन कोई आवाज निकलती नहीं कि पास में बैठा हुआ व्यक्ति सुन सके। वह तो यही अनुमान कर सकता है कि यह मन ही मन कुछ बड़बड़ा रहा है और जो भी बड़बड़ा रहा है बार-बार बड़बड़ा रहा है। तीसरा और सबसे ऊँचा स्तर वह है जिसे मानसिक अथवा अजपाजप पुकारा जाता है। इसमें ओंठ

बिल्कुल बन्द रहते हैं और मन्त्र मन ही मन जपा जाता है।

तो आप वाचिक से शुरू करें और धीरे-धीरे अभ्यास होने पर उपांशु पद्धति अपना लें। जब उस विधि से जप पक्का हो जा तभी अजपाजप की विधि अपनायें। शुरू से ही अजपाजप की विधि अपनायेंगे तो आप पायेंगे कि आपका मन मन्त्र से भटक कर कहीं और चला गया है। जप के लिए मन्त्र या तो आए अपने किसी गुरु से विधिवत् ग्रहण करें या फिर अपने इष्ट देवी-देवता का कोई मन्त्र स्वयं ही चुन लें। अजपाजप करते समय आप अपने मन्त्र को साँस के आने-जाने से जोड़ने के लिए दो हिस्सों में तोड़ते हुए उचारें। फर्ज कीजिए कि आप शिवभक्त हैं और "ॐ नमः शिवाय" का जप करते हैं। तो साँस लेते हुए 'ओ' कहें और साँस छोड़ते हुए 'म्'।

जप ध्यान-साधना से जुड़ा हुआ है लेकिन उसकी एक अपनी अलग हस्ती भी है। जैसे पूजा में अक्सर आता है कि 'क्षणम् ध्यात्वा जपम् विधाय" इसका मतलब यह है कि थोड़ी देर के लिए पूजे जा रहे देवता का ध्यानपूर्वक जप करें। इसी तरह कई लोग किसी कष्ट के निवारण के लिए या किसी ग्रह की शान्ति के लिए, या किसी सिद्धि के लिए कोई मन्त्र जपने की सलाह देते हैं। सभी धर्मों में माला फेरते हुए प्रभु का नाम जपने की बड़ी महिमा बखानी गयी है। जब भी जप इस तरह केवल जप के लिए किया जाता है तब उसमें मन्त्र को एक निश्चित संख्या में दोहराने का आग्रह रहता है। हमारे यहाँ 108 सबसे ज्यादा प्रचलित और मान्य संख्या है। यों कुछ मन्त्र ऐसे भी हैं जो इससे कहीं अधिक या कहीं कम संख्या में जपने के लिए दिये जाते हैं। जैसे देवी के कुछ मन्त्र हैं जिन्हें सात बार जप लेना ही पर्याप्त समझा जाता है और उधर ग्रह शान्ति के कुछ जप हैं जिन्हें 1008 बार जपे बिना बात नहीं बनती।

कितनी बार मन्त्र जपा जा चुका है इसका हिसाब रखने में माला के मनके आपके सहायक होते हैं, जिनकी संख्या 108 होती है। जप करते हुए माला को अँगूठी पहनने वाली उँगली अनामिका पर लटकाएँ। मनके अँगूठे से स्पर्श करते हुए मध्यमा अँगुली से फेरें। सुमेरु (प्रारम्भ के स्थान पर लगा बड़ा मनका) का उल्लंघन न करें। तर्जनी न लगायें। सुमेरु के पास से माला को घुमाकर दूसरी बार जपें। जप करते समय हिलना-डुलना या

बोलना मना है। जप करने वाले हाथ या माला को वस्त्र से ढक कर रखें।

अगर माला न हो तो उँगलियों की पोरों से संख्या की गिनती की जा सकती है। हमारी चार उँगलियों में बारह पोरें हैं। उनमें से दो छोड़ दी जायें तो दस की संख्या बनती है। तो अँगूठे से दाहिने हाथ की पोरों को गिनते जायें, जब दस की संख्या पूरी हो जाये तो बायीं हथेली के अँगूठे से एक गिन लें। इस तरह होते-होते बायीं हथेली पर दस से लेकर सौ तक गिन लेंगे। फिर दाँयी हथेली पर आठ तक गिन लें, लीजिए हो गये एक सौ आठ। तो दायीं हथेली की हर पोर इकाई बनती है और बायीं हथेली की हरपोर एक दहाई। जो दो पोरें छोड़ देनी होती हैं उन पर चित्र में मेरु-मेरु लिख दिया गया है।

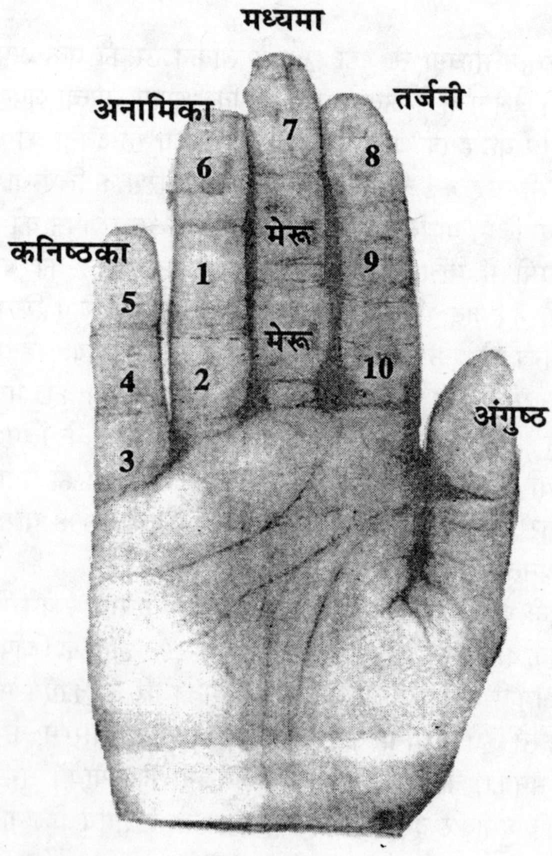

दैनिक हवन

यज्ञ, जिसे हम लोग साधारण बातचीत में हवन पुकारते हैं, हमारा प्राचीनतम् कर्मकाण्ड है। सभी महत्वपूर्ण पूजाओं के साथ हवन भी करवाया जाता है। हमारे यहाँ अग्नि पवित्र मानी जाती रही है। पहले पीढ़ी-दर-पीढ़ी घरों में उसे कहीं प्रज्ज्वलित रखा जाता था। अग्निपूजक होने के नाते हमलोग विशेष अवसरों पर ही नहीं, हर रोज हवन करते थे। आर्य समाजियों में अब भी दैनिक देव यज्ञ का, जिसे अग्निहोत्र भी कहा जाता है, विधान है और बड़ा माहात्म्य है। यज्ञ के लिए वेदी बनायी जाती है और उसमें अग्नि प्रज्ज्वलित की जाती है। फिर घी और समिधा से उसमें अग्नि और अन्य देवताओं के निमित्त मन्त्र पढ़ते हुए आहुति दी जाती है। हर आहुति के साथ यह कहा जाता है कि यह देवता का है, मेरा नहीं। जैसे यह कि 'इदं सोमाय–इदं न मम।' अर्थात् यह सोम का है, मेरा नहीं। प्रसंगवश मैत्रेयी पुष्पा के बहुचर्चित उपन्यास का शीर्षक भी 'इदं न मम' है। हम अपनी परम्परा को कितना भूल चुके हैं, इसका प्रमाण मुझे तब मिला जब कई युवा पाठकों ने मुझसे इस विचित्र शीर्षक का अर्थ जानना चाहा

नीचे दैनिक अग्निहोत्र की विधि के तमाम सोपान दिये जा रहे हैं–

अग्निहोत्र विधि

1. आचमन : जलपात्र से दायें हाथ की अंजलि पर थोड़ा-थोड़ा जल लेकर नीचे लिखे मन्त्रों से तीन आचमन करें।

ॐ अमृतोपस्तरणमसि स्वाहा। ॐ अमृतापिधानमसि स्वाहा। ॐ सत्यं यशः श्रीर्मयि श्रीः श्रयतां स्वाहा।

2. अङ्गस्पर्श : आचमन करने के बाद बायें हाथ की हथेली से जल लेकर दायें हाथ की बीच की दो अंगुलियों से नीचे लिखे छः मन्त्रों से अंग स्पर्श और सातवें से मार्जन करें।

ॐ वाङ्म आस्येऽस्तु ॥1॥ (मुँह का स्पर्श करें) **ॐ नसोर्मे प्राणोऽस्तु॥2॥** (इससे नाक का स्पर्श करें) **ॐ अक्ष्णोर्मे चक्षुरस्तु ॥3॥** (इससे दोनों आँखों का स्पर्श करें) **ॐ कर्णयोर्मे श्रोत्रमस्तु ॥4॥** (इससे दोनों कान का स्पर्श करें) **ॐ बाह्वोर्मे बलमस्तु ॥5॥** (इससे दोनों बाहों का स्पर्श करें) **ॐ ऊर्वोर्म ओजोऽस्तु ॥6॥** (इससे दोनों जांघों का स्पर्श करें) **ॐ अरिष्टानि मेऽङ्गानि तनूस्तन्वा मे सह सन्तु ॥7॥** (इससे सारे शरीर पर मार्जन करें अर्थात् शरीर को पोछें फिर यज्ञवेदी में समिधा चयन करें)।

3. अग्न्याधान : ॐ भूर्भुवः स्वः। इस मन्त्र का उच्चारण करके कड़छी में रखे कपूर में अग्नि प्रज्ज्वलित करें। फिर कहें–

ॐ भूर्भुवः स्वर्द्यौरिव भूम्ना पृथिवीव वरिम्णा।
तस्यास्ते पृथिवी देवयजनि पृष्ठेऽग्निमन्नादमन्नाद्यायादधे ॥

4. अग्नि प्रदीपन : ॐ उद्‌बुध्यस्वाग्ने प्रति जागृहि त्वमिष्टापूर्त्ते सꣳसृजेथामयं च। अस्मिन्त्सधस्थे अध्युत्तरस्मिन् विश्वे देवा यजमानश्च सीदत ॥

इस मन्त्र से अग्नि पर छोटी-छोटी लकड़ियाँ रखकर अग्नि को तेज करें।

5. त्रिसमिधाधानम् : अब तीन समिधाओं से आहुतियाँ दें।

अयन्त इध्म आत्मा जातवेदस्तेनेध्यस्व वर्द्धस्व चेद्ध वर्द्धय चास्मान् प्रजया पशुभिर्ब्रह्मवर्चसेनान्नाद्येन समेधय स्वाहा। इदमग्नये जातवेदसे-इदं न मम ॥1॥

यह मन्त्र पढ़कर प्रथम समिधा की आहुति दें।

ॐ समिधाग्निं दुवस्यत घृतैर्बोधयतातिथिम्। अस्मिन् हव्या जुहोतन स्वाहा ॥ इदमग्नये–इदं न मम ॥2॥

सुसमिद्धाय शोचिषे घृतं तीव्रं जुहोतन। अग्नये जातवेदसे स्वाहा ॥

इदमग्नये जातवेदसे–इदं न मम ॥3॥

इन मन्त्रों से दूसरी समिधा की आहुति दें।

तन्त्वा समिद्भिरङ्गिरो घृतेन वर्द्धयामसि। बृहच्छोचा यविष्ठ्य स्वाहा ॥ इदमग्नयेऽङ्गिरसे–इदं न मम ॥4॥

इस मन्त्र से तीसरी समिधा की आहुति दें।

6. **पंचघृताहुति** : इसके बाद घी को अच्छी तरह तपाकर नीचे लिखे मन्त्र से पाँच बार घी की आहुति दें।

ॐ अयन्त इध्म आत्मा जातवेदस्तेनेध्यस्व वर्द्धस्व चेद्ध वर्द्धय चास्मान् प्रजया पशुभिर्ब्रह्मवर्चसेनान्नाद्येन समेधय स्वाहा ॥ इदमग्नये जातवेदसे–इदं न मम।

वेदी के पूर्व, पश्चिम और उत्तर दिशाओं आदि में जल-प्रसेचन यानी सिंचाई करें और चारों ओर निम्न मन्त्रों से जल-प्रोक्षण यानी छिड़काव करें।

7. **जल-प्रसेचन : ॐ अदितेऽनुमन्यस्व।** (इससे पूर्व दिशा में) **ॐ अनुमतेऽनुमन्यस्व।** (इससे पश्चिम दिशा में) **ॐ सरस्वत्यनुमन्यस्व।** (इससे उत्तर दिशा में)।

इस प्रकार तीन दिशाओं में जल प्रसेचन करके नीचे दिये मन्त्र का पाठ करके, चारों दिशाओं में जल छिड़कें। दक्षिण दिशा से प्रारम्भ करें।

ॐ देव सवितः प्र सुव यज्ञं प्र सुव यज्ञपतिं भगाय। दिव्यो गन्धर्वः केतपूः केतं नः पुनातु वाचस्पतिर्वाचं नः स्वदतु ॥

7. **आघारावाज्याहुतिमन्त्रः** : इन दोनों मन्त्रों से वेदी के पहली उत्तर भाग में तथा दूसरी दक्षिण भाग में घी की आहुति दें।

ॐ अग्नये स्वाहा। इदमग्नये–इदं न मम ॥

ॐ सोमाय स्वाहा। इदं सोमाय–इदं न मम ॥

8. **आज्यभागाहुतिमन्त्रः** : नीचे दिये दो मन्त्र पढ़कर वेदी के मध्य भाग में दो आहुति दें।

ॐ प्रजापतये स्वाहा। इदं प्रजापतये–इदं न मम ॥

ॐ इन्द्राय स्वाहा। इदमिन्द्राय–इदं न मम॥

9. व्याहृत्याहुतिमन्त्रा : इसके बाद उसी घृतपात्र में से स्रुवा को भर के प्रज्ज्वलित अग्निदेव पर व्याहृति की चार आहुति दें। व्याहृति का अर्थ है 'कहा हुआ'। गायत्री मन्त्र की तीन व्याहृतियों–भूः, भुवः और स्वः–के आधार पर आहुति देने के मन्त्र नीचे दिये जा रहे हैं। यों कुछ लोग गायत्री का सात व्याहृतियाँ मानते हैं–भूः, भुवः, स्वः, महः, जनः, तपः और सत्य।

1. ॐ भूरग्नये स्वाहा। इदमग्नये–इदं न मम ॥1॥

2. ॐ भुवर्वायवे स्वाहा। इदं वायवे–इदं न मम ॥2॥

3. ॐ स्वरादित्याय स्वाहा। इदमादित्याय–इदं न मम ॥3॥

4. ॐ भूर्भुवः स्वरग्निवाय्वादित्येभ्यः स्वाहा। इदमग्निवाय्वादित्येभ्यः–इदं न मम ॥4॥

10. प्रातःकालीन आहुति : अगर सुबह हवन कर रहे हों तो चार आहुतियाँ इन मन्त्रों के साथ भी दें।

ॐ सूर्यो ज्योतिर्ज्योतिः सूर्यः स्वाहा ॥1॥

ॐ सूर्यो वर्चो ज्योतिवर्चः स्वाहा ॥2॥

ॐ ज्योतिः सूर्यः सूर्यो ज्योतिः स्वाहा ॥3॥

ॐ सजूर्देवेन सवित्रा सजूरुषसेन्द्रवत्या। जुषाणः सूर्योः वेतु स्वाहा ॥4॥

11. सायंकालीन आहुति : अगर शाम को हवन कर रहे हों, तो मन्त्र इस प्रकार रहेंगे।

ॐ अग्निर्ज्योतिर्ज्योतिरग्निः स्वाहा ॥1॥

ॐ अग्निर्वर्चो ज्योतिर्वर्चः स्वाहा ॥2॥

मौन आहुति

ॐ अग्निर्ज्योतिर्ज्योतिरग्निः स्वाहा ॥3॥

इस मन्त्र का मन से उच्चारण कर आहुति देवें।

ॐ सजूर्देवन सवित्रा सजूरात्र्येन्द्रवत्या। जुषाणो अग्निर्वेतु स्वाहा ॥4॥

12. दोनों समय की आहुति : ये मन्त्र दोनों समय की आहुतियों में प्रयुक्त होते हैं—

1. ॐ भूरग्नये प्राणाय स्वाहा। इदमग्नये प्राणाय–इदं न मम ॥

2. ॐ भुवर्वायवेऽपानाय स्वाहा। इदं वायवेऽपानाय। इदं न मम॥

3. ॐ स्वरादित्याय व्यानाय स्वाहा। इदमादित्याय व्यानाय। इदं न मम।

ॐ भूर्भुवः स्वरग्निवाय्वादित्येभ्यः प्राणापानव्यानेभ्यः स्वाहा। इदमग्निवाय्वादित्येभ्यः प्राणापानव्यानेभ्यः–इदं न मम ॥4॥

1. ॐ आपो ज्योती रसोऽमृतं ब्रह्म भूर्भुवः स्वरों स्वाहा ॥5॥

2. ॐ यां मेधां देवगणाः पितरश्चोपासते। तया मामद्य मेधयाऽग्ने मेधाविनं कुरु स्वाहा ॥6॥

ॐ विश्वानि देव सवितर्दुरितानि परा सुव। यद् भद्रं तन्न आ सुव स्वाहा ॥7॥

ॐ अग्ने नय सुपथा रायेऽअस्मान् विश्वानि देव वयुनानि विद्वान्। युयोध्यस्मज्जुहुराणमेनो भूयिष्ठां ते नमऽ उक्तिं विधेम स्वाहा ॥8॥

दैनिक हवन समाप्ति पर आ पहुँचा है। अब बस यही बच रहता कि सु+इष्ट+कृते=स्विष्टकृते को अर्थात् अपनी अच्छी कामनाओं को पूरा करने वाले अग्निदेव को और प्रजापति को प्रणाम करते हुए दो और आहुतियाँ दें। साथ के मन्त्र इस प्रकार हैं—

13. स्विष्टकृदाहुति : ॐ यदस्य कर्मणोऽत्यरीरिचं यद्वा न्यूनमिहाकरम्। अग्निष्टत्स्विष्टकृद्विद्यात्सर्वं स्विष्टं सुहुतं करोतु मे। अग्नये स्विष्टकृते सुहुतहुते सर्वप्रायश्चित्ताहुतीनां कामनां समर्द्धयित्रे सर्वान्नः कामान्त्समर्द्धय स्वाहा। इदमग्नये स्विष्टकृते–इदं न मम ॥

ॐ भूर्भुवः स्वः। अग्नऋर्षिः पवमानः पाञ्चजन्यः पुरोहितः। तमीमहे महागयं स्वाहा ॥ इदमग्नये पवमानाय–इदन्न मम ॥2॥

ॐ भूर्भुवः स्वः। अग्ने पवस्व स्वपा अस्मे वर्चः सुवीर्यम्। दधद्रयिं मयि पोषं स्वाहा ॥ इदमग्नये पवमानाय–इदन्न मम ॥3॥

ॐ भूर्भुवः स्वः। प्रजापते न त्वदेतान्यन्यो विश्वा जातानि परिता

बभूव। यत्कामास्ते जुहुस्मस्तन्नो अस्तु वयं स्याम पतयो रयीणां स्वाहा ॥
इदमग्नये पवमानाय–इदन्न मम ॥4॥

[अष्टाज्याहुतिमन्त्राः]

ॐ त्वं नोऽअग्ने वरुणस्य विद्वान् देवस्य हेलोऽव यासिसीष्ठाः। यजिष्ठो वह्नितमः शोशुचानो विश्वा द्वेषांसि प्र मुमुग्ध्यस्मत् स्वाहा ॥
इदमग्नीवरुणाभ्याम्–इदं न मम ॥1॥

श्रीगणेश पूजन

दीप जलाना–पूजा स्थान पर दिया जलावें।

आचमन–निम्न बोल कर तीन बार जल मुँह में डालें–

ॠग्वेदाय नमः, यजुर्वेदाय नमः, सामवेदाय नमः। एक आचमनी छोड़ दें। **अथर्ववेदाय स्वाहा।**

वन्दना–हाथ में पुष्प लेकर वन्दना बोलें–

सुमुश्चैकदन्तश्च कपिलो गजकर्णकः लम्बोदरश्च विकटो विघ्ननाशो विनायकः। धूम्रकेतुर्गणाध्यक्षो भालचन्द्रो गजाननः द्वादशैतानि नामानि यः पठेत् शृणुयादपि विद्यारम्भे विवाहे च प्रवेशे निर्गमे तथा संग्रामे संकटे चैव विघ्नस्तस्य न जायते। विघ्नवल्लीकुठाराय श्री गणाधिपतये नमः। श्री महामंगल मूर्तये नमः। पुष्प चढ़ा दें।

अर्घ्यस्थापन–भूमि पर रोली से पहले त्रिकोण, उसके बाहर षट्कोण, उसके बाहर चौकोर और उसके बाहर गोल आकृति बना कर एक यंत्र बनावें। इस पर अक्षत, पुष्प, रखें। उसके ऊपर अर्घ्यपात्र रखें। अर्घ्यपात्र में एक कुशपत्र (पवित्र) डालें–

पवित्रस्थो वैष्णव्यो सवितुर्वः प्रसवऽउत्पुनामि अछिद्रेण पवित्रेण रश्मिभिः।

अब पात्र में जल डालें–

ॐ शं नो देवीरभीष्टय आपो भवन्तु पीतये शंय्योरभिस्रवन्तु नः।

गंगे च यमुने चैव गोदावरि सरस्वति नर्मदे सिन्धु कावेरी जलेस्मिन् सन्निधिं कुरु।

जल में रोली पुष्प तथा अक्षत डालें। कुशपत्र से जल को सारी पूजा सामग्री पर और अपने शरीर पर छिड़कें। कुछ क्षण प्राणायाम करें। बोलें–

पुण्डरीकाक्षाय नमः। पुण्डरीकाक्षाय नमः। पुण्डरीकाक्षाय नमः।

सूर्य्यध्यानम्–हाथों में पुष्प लेकर बोलें–

अरुणोरुण पंकजे निषण्णः कमले अभीतिवरो करैर्दधानः। स्वरुचाहित मण्डलस्त्रिनेत्रो रविराकल्पशता कुलोवतान्नः।

अर्घ्यदान–घण्टी बजाते हुए तथा निम्न स्तुति बोलते हुए अर्घ्यपात्र से जल छोड़ें–

ॐ एहि सूर्य्य सहस्रांशो तेजोराशे जगत्पते। अनुकम्पय माम् भक्त्या गृहाणार्घ्यं दिवाकर॥ ॐ नमोस्तु सूर्याय नमोस्तु भानवे नमोस्तु वैश्वानर जातवेदसे। ममेतदर्घ्यं प्रतिगृह्ण देव देवाधिदेवाय नमो नमस्ते।
ॐ नमस्सवित्रे जगदेकचक्षुषे जगत्प्रसूति स्थितिनाशहेतवे। त्रयीमयाय त्रिगुणात्मधारिणे विरञ्चि नारायण शंकरात्मने नमः।
ॐ आकृष्णेन रजसा वर्त्तमानो निवेशयन्नमृतं मर्त्यंच। हिरण्ययेन सविता रथेना देवो याति भुवनानि पश्यन्॥

भूतोत्सादनं–चारों दिशाओं में पीली सरसों तथा अक्षत बिखेरते हुए बोलें–

अपसर्पन्तु ते भूताः ये भूताः भुविमाश्रिताः। ये भूताः विघ्नकर्तारास्तेनश्यन्तु शिवाज्ञया॥ ॐ अपक्रामन्तु भूतानि पिशाचाः सर्वतो दिशम्। सर्वेषाम् अविरोधेन ब्रह्मकर्म समारभेत॥ पाषण्डकारिणो भूताः भूमौ ये चान्तरिक्षगाः। दिविलोके स्थिता ये च ते नश्यन्तु शिवाज्ञया। निर्गच्छताञ्च भूतानां वर्त्मदद्यात स्ववामतः। (हाथों से बायीं तरफ जाने का संकेत करें)।

आसन पूजनम्–जहाँ गणेश मूर्ति या चित्र रखेंगे उस स्थान पर

पुष्पाक्षत डालें।

आधारशक्तये पृथिव्यै नमः। कमलासनाय नमः॥

पुनः अर्घ्य संस्थापन–अर्घ्य में नया जल आदि डालें।

संकल्प–दाहिनी खुली मुट्ठी में जल, रोली, अक्षत तथा पुष्प रखें तथा बोलें–

ॐ विष्णुर्विष्णुर्विष्णुः। नमः परमात्मने श्री पुराण् पुरुषोत्तमाय अत्र पृथिव्यां जम्बूद्वीपे भरतखण्डे आर्यावर्ते पुण्यक्षेत्रे...देशे ब्रह्मणो द्वितीय परार्द्धे श्री श्वेत बाराहकल्पे कृतत्रेता द्वापरान्ते वैवस्वत् नाम मन्वन्तरे अष्टाविंशतितमे कलियुगे कलियुगस्य प्रथम चरणे बौद्धावतारे...नाम सम्वत्सरे...अयने...ऋतौ...मासे...पक्षे...तिथौ...गोत्र...अहम् श्रुतिस्मृतिपुराणोक्त फलावाप्तये करिष्यमाण निर्विघ्नतासिद्धये भगवतो गणेशस्य पूजनं करिष्ये। (जल छोड़ दें।)

पीठ पूजा–देवता के विराजने के स्थान का अक्षत पुष्प से पूजन करें। निम्न बोलें–

ॐ तीव्रायै नमः। ॐ ज्वालिन्यै नमः। ॐ नन्दायै नमः। ॐ भोगदायै नमः। ॐ कामरूपिण्यै नमः। ॐ उग्रायै नमः। ॐ तेजोवत्यै नमः। ॐ सत्यायै नमः। ॐ विघ्ननाशिन्यै नमः। ॐ सर्वशक्ति कमलासनाय नमः॥

ध्यानम्–हाथों में पुष्प लेकर ध्यान करें। निम्न बोलें–

एकदन्तं सूर्पकर्णं गजवक्त्रं चतुर्भुजम्। पाशांकुशधरं देवं ध्यायेत् सिद्धिविनायकम्।

आवाहनम्–अक्षत चढ़ावें। दोनों हथेलियाँ खोल कर स्वागत करें। निम्न बोलें–

विनायक नमस्तेस्तु उमामलसमुद्भव। इमाम्मया कृतां पूजां गृहाण सुरसत्तम्।

आसनम्–आसन के लिए पुष्प रखते हुए निम्न स्तुति बोलें–

नानारत्नसमायुक्तं मुक्ताहारविभूषितम्। स्वर्ण सिंहासनं चारु प्रीत्यर्थं प्रतिगृह्यताम्॥

पाद्यम्–आचमनी से पाँव धोने को जल दें। निम्न बोलें–

गौरीप्रिय नमस्तेस्तु शंकर प्रियसर्वदा। भक्त्या पाद्यं मया दत्तं गृहाण प्रणतप्रिय॥

अर्घ्यम्–घण्टी बजाते हुए अर्घ्यपात्र से जल चढ़ावें। निम्न बोलें–

व्रतमुद्दिश्य देवेश गन्धपुष्पाक्षतैर्युतम्। गृहाणार्घ्यं मया दत्तम् सर्वसिद्धिप्रदोभव॥

स्नानम्–आचमनी से दूध, दही, घी, मधु तथा तुलसीदल का मिश्रण मूर्ति पर चढ़ावें। निम्न बोलें–

स्नानम् पञ्चामृतैर्देव गृहाण गणनायक। अनाथनाथ सर्वज्ञ गीर्वाण परिपूजित॥

ॐ गणानान्त्वा गणपति ꣳ हवामहे प्रियाणांत्वा प्रियपति ꣳ हवामहे। निधीनान्त्वा निधिपति ꣳ हवामहे व्वसोमम। आहमजानि गर्भधमात्वमजासि गर्भ्भधम्॥

स्नानांगमाचमन–आचमनी से जल छोड़ें।

वस्त्रम्–लाल रंग का कोई वस्त्र अथवा दो वस्त्र खण्ड चढ़ावें। निम्न बोलें–

रक्तवस्त्रयुगं देव देवांग सदृशप्रभम्। भक्त्या दत्तं गृहाणेदं लम्बोदर हरप्रिय।

वस्त्रांगमाचमनीयं–आचमनी से एक बार जल छोड़ें।

यज्ञोपवीतम्–एक यज्ञोपवीत अथवा तागे का टुकड़ा चढ़ावें। निम्न बोलें–

राजतं ब्रह्मसूत्रञ्च काञ्चनस्योत्तरीयकम् गृहाण चारु सर्वज्ञ भक्तानां

सिद्धिदायक॥

यज्ञोपवीतांगं आचमनीयम्–आचमनी से एक बार जल छोड़ें।

गन्धम्–रोली, चन्दन चढ़ावें। निम्न बोलें–

गन्धं कर्पूरसंयुक्तं दिव्यं चन्दनमुत्तमम्। विलेपनं सुरश्रेष्ठ प्रीत्यर्थम्प्रतिगृह्यताम्॥

अक्षत्–अक्षत चढ़ावें। निम्न बोलें–

अक्षतान् धवलान् देव सुर गन्धर्व पूजित। सर्वदेव नमस्कार्य गृहाणमदनुग्रहात्॥

पुष्पाणि–फूल चढ़ावें। निम्न बोलें–

सुगन्धीनि सुपुष्पाणि मालत्यादीनि वै प्रभो। मयानीतानि पूजार्थं पुष्पाणि प्रतिगृह्यताम्।

धूपम्–निम्न बोलते हुए धूप का धुवाँ देवता की ओर ले जावें।

दशांगं गुग्गुलं धूपं सुगन्धिं सुमनोहरम्। उमासुत नमस्तुभ्यं धूपम्मे प्रतिगृह्यताम्॥

दीपम्–दीप की लौ की ओर संकेत करें। निम्न बोलें–

गृहाण मंगलं दीपं घृतवर्ति समन्वितं। दीपं ज्ञानप्रदं देव रुद्रप्रिय नमोस्तुते॥

नैवेद्यम्–नैवेद्य पर पुष्प डालें। निम्न बोलें–

सगुडं सघृतांश्चैव मोदकान् घृतपाचितान। नैवेद्यं सफलं दत्तं गृह्यताम् विघ्ननाशन॥

नैवेद्यांगमाचनम्–आचमनी से जल चढ़ावें।

जपम्–एक क्षण भगवान का स्मरण कर दस बार जप करें–ॐ **सिद्धिविनायकाय नमः**। जप के उपरान्त बोलें–

गुह्याति गुह्यगोप्ता त्वं गृहाणास्मत्कृतं जपम्। सिद्धिर्भवतु मे देव त्वत्प्रसादात् सुरेश्वर॥

ताम्बूलम्—पान का बीड़ा चढ़ावें। निम्न बोलें—

पूगीफल समायुक्तं नागवल्ली दलैर्युतम्। कर्पूरादि समायुक्तं ताम्बूलं प्रतिगृह्यताम्॥

आभूषण—निम्न बोलते हुए आभूषण या द्रव्य चढ़ावें।

हिरण्यगर्भ गर्भस्थं हेमवीजं विभावसोः। अनन्तपुण्यफलदम् अतः शान्तिं प्रयच्छ मे॥

फलम्—फलों पर पुष्प डालें। निम्न बोलें—

इदं फलं मया देव स्थापितं पुरतस्तव। तेन मे सफलावाप्तिः भवेत जन्मनि जन्मनि॥

अर्घ्यदान—निम्न बोल कर ब्राह्मण को अर्घ्य से जल दें—

भूमिदेवाः अग्रजन्मासि त्वं विप्र पुरुषोत्तम। प्रत्यक्षो यज्ञपुरुषो अर्घ्योयं प्रतिगृह्यताम्॥

ब्राह्मण को टीका—निम्न बोलते हुए टीका लगावें—

नमो ब्राह्मणदेवाय गो ब्राह्मण हिताय च। जगत् हिताय कृष्णाय गोविन्दाय नमो नमः॥

मोदक दान संकल्प तथा दान—दाहिनी खुली मुट्ठी में जल, रोली, अक्षत तथा पुष्प लेकर बोलें—

अद्येह...गोत्र...राशि...शर्मा/देवी अहम् निर्विघ्नतया कार्य सिद्धये इमान् दश मोदकान् सदक्षिणान् गणपति प्रीतये ब्राह्मणाय दास्ये। ॐ तत्सत्। अर्चनविधेः सर्वपरिपूर्णतास्तु अस्तु परिपूर्णम्। विघ्नेश विप्ररूपेण गृहाण दशमोदकान। दक्षिणा घृत ताम्बूल गुडयुक्तान ममेष्टदम्॥ दाता विघ्नेश्वरो देवो गृहीता सर्वविघ्नराट्। तस्मादिदं मया दत्तं परिपूर्णं तदस्तु मे॥

विनायक स्तवन–निम्न स्तुति बोलें–(दस लड्डू ब्राह्मण को दें।)

विनायक नमस्तुभ्यं सततं मोदकप्रिय। अविघ्नं कुरुमेदेव सर्व्वकार्येषु सर्वदा।

(गणेश-मूर्ति पर पुष्प चढ़ावें।)

दूर्वांकुर पूजा–निम्न को पढ़ते हुए दूब के दो पत्ते तथा अक्षत् गणेश पर चढ़ाते जावें।

ॐ गणाधिपनमस्तेस्तु। ॐ उमापुत्र नमस्तेस्तु। ॐ अघनाशन नमस्तेस्तु। ॐ एकदन्त नमस्तेस्तु। ॐ विनायक नमस्तेस्तु। ॐ ईशपुत्र नमस्तेस्तु। ॐ सर्वसिद्धिप्रदायक नमस्तेस्तु। ॐ इभवक्त्र नमस्तेस्तु। ॐ मूषकवाहन नमस्तेस्तु। ॐ चतुर्थीश नमोस्तुते। ॐ कुमारगुरो तुभ्यं नमस्तेस्तु। ॐ काण्डात्काण्डात् प्ररोहन्ति परुषः परुषस्परि एवानो दूर्वे प्रतनु सहस्रेण शतेन च।

नीराजनम्–घण्ट, शंख बजाते हुए, आरती करें–

अंतस्तेजो बहिस्तेजः एकीकृत्यामितप्रभम्। आरार्तिक मिदं देव गृहाण मदनुग्रहात्॥

दक्षिणा संकल्प–पूजान्त में ब्राह्मण को टीका करें, उसके चरण स्पर्श करें तथा निम्न संकल्प बोल कर अपनी सामर्थ्यानुसार, पर पूर्ण श्रद्धा और आदर के साथ, उसे दक्षिणा दें।

अद्येह अहम् निर्विघ्नता प्राप्तये भगवतो गणेश्वरस्य पूजनकर्म्मणः सादगुण्यार्थ सिद्धये इमां दक्षिणां ब्राह्मणाय दास्ये। ॐ तत्सत् न मम॥

मातृक पूजन

मातृक पूजन के लिए एक चित्र बनाया जाता है। इसमें दाहिनी तरफ गणेश और बायीं तरफ लक्ष्मी, सिद्धि तथा बुद्धि (या ऋद्धि, सिद्धि) बनाई जाती है। एक तरफ जोड़-जोड़कर सोलह त्रिभुजाकार आकृतियाँ बनाई जाती हैं। ये षोडष मातृकों की प्रतीक हैं।

दीप जलाना–

आचमन–आचमनी से तीन बार निम्न बोल कर आचमन करें–ऋग्वेदाय स्वाहा। यजुर्वेदाय स्वाहा। सामवेदाय स्वाहा।

एक बार **'अथर्ववेदाय नमः'** कह कर जल नीचे छोड़ दें।

अर्घ्यस्थापन–भूमि पर रोली से पहले त्रिकोण, उसके बाहर षट्कोण, उसके बाहर चौकोर तथा गोल आकृतियाँ मिलाकर एक यन्त्र बनावें–

इस पर अक्षत पुष्प रखें। इनके ऊपर अर्घ्यपात्र रखें। पात्र में कुशपत्र या दूर्वादल डालते हुए बोलें–

ॐ पवित्रस्थो वैष्णव्यो सवितुर्वः प्रसव उत्पुनामि अछिद्रेण पवित्रेण सूर्य्यस्य रश्मिभिः।

जल डालना–निम्न बोलते हुए अर्घ्यपात्र में जल डालें–

ॐ शं नो देवीः अभीष्टय आपो भवंतु पीतये। शं योरभिस्रवन्तु नः॥ गंगे च यमुने चैव गोदावरि सरस्वती। नर्मदे सिन्धु कावेरी जलेऽस्मिन् सन्निधिं कुरु॥

इस जल को **'ॐ पुण्डरीकाक्षाय नमः'** बोलते हुए पूजा सामग्री पर तथा अपने शरीर पर डालें।

सूर्य का ध्यान–पुष्पयुक्त हाथ जोड़कर, निम्न स्तुति बोलते हुए सूर्य भगवान का ध्यान करें–

ध्येयः सदा सवितृमण्डल मध्यवर्ती नारायणः सरसिजासन सन्निविष्टः। केयूरवान मकर कुण्डलवान किरीटी हारी हिरण्मयवपुः धृत शंख चक्रः। ध्यानम् समर्पयामि। (पुष्प चढ़ा दें।)

सूर्य्यार्घ्यदान–घण्टी बजाते हुए तथा निम्न स्तुति बोलते हुए अर्घ्यपात्र से सूर्य को जल चढ़ावें।

एहि सूर्य्य सहस्रांशों तेजोराशे जगत्पते। अनुकम्पय मां भक्त्या गृहाणार्घ्यं दिवाकर॥

नमोस्तु सूर्याय नमोस्तु भानवे नमोस्तु वैश्वानर जातवेदसे। ममैतदर्घ्यं प्रतिगृहण देव देवाधिदेवाय नमो नमस्ते॥

पुनः अर्घ्य स्थापन–अर्घ्य में नया जल डालें।

संकल्प–दाहिनी खुली मुट्ठ में जल, रोली, अक्षत तथा पुष्प डाल कर निम्न संकल्प बोलिए–

ॐ विष्णुः विष्णुः विष्णुः। नमः परमात्मने श्री ब्रह्म पुराण पुरुषोत्तमाय अत्र पृथिव्यां जम्बू द्वीपे भरतखण्डे आर्य्यावर्ते पुण्यक्षेत्रे...देशे विष्णु प्रजापति क्षेत्रे ब्रह्मणो द्वितीय परार्द्धे श्री श्वेतवाराह कल्पे वैवस्वत नाम मन्वन्तरे अष्टाविंशतितमे कलियुगे कलियुगस्य प्रथम चरणे बौद्धावतारे षष्ट्यब्दानां मध्ये...नाम सम्वत्सरे दक्षिणायने...ऋतुः...मासे...पक्षे...वासरे...तिथौ...गोत्रोत्पन्न. ..अहम्...कर्मणः पूर्वाङ्गत्वेन सर्वाभ्युदय प्राप्तये पीठे लिखितानां गणपति सहित गौर्य्यादि षोडश मातृणां पूजनं करिष्ये। (जल छोड़ दें।)

प्रतिष्ठा–जौ अथवा अक्षत छिड़क कर तथा निम्न बोल कर चित्र रखने के स्थान की प्रतिष्ठा करें।

ॐ एतन्ते देव सवितर्य्यज्ञं प्राहुर्वृहस्पतये ब्रह्मणे तेन यज्ञमव तेन यज्ञपतिं तेन मामव। मनो जूर्तिर्जुषतामाज्यस्य वृहस्पतिर्यज्ञमिमं तनोत्वरिष्टं यज्ञं समिमं दधातु विश्वेदेवा स इह मादयन्तामों प्रतिष्ठ ॐ भूर्भुवः स्वः गणपति सहित गौर्य्यादि षोडश मातरः इहागच्छन्तु इह तिष्ठन्तु सुप्रतिष्ठिताः वरदा भवन्तु।

ध्यानम्–निम्न स्तुति बोलते हए हाथ में पुष्प लेकर मातृकों, गणेश तथा कुलदेवता का ध्यान करें–

गौरी पद्मा शची मेधा सावित्री विजया जया। देवसेना स्वधा स्वाहा मातरो लोकमातरः॥

धृतिः पुष्टिः तथा तुष्टिः आत्मनः कुलदेवता। गणेशेनाधिका ह्येता वरदा अभयपाणयः॥

नाममंत्र पूजन–निम्न नाम बोलते हुए पुष्प चढ़ाते जावें।

ॐ गणपतये नमः। ॐ गौर्ये नमः। ॐ पद्मायै नमः। ॐ शच्यै नमः। ॐ मेधायै नमः। ॐ सावित्र्यै नमः। ॐ विजयायै नमः। ॐ जयायै नमः। ॐ देवसेनायै नमः। ॐ स्वधायै नमः। ॐ स्वाहायै नमः। ॐ मातृभ्यो नमः। ॐ लोकमातृभ्यो नमः। ॐ धृत्यै नमः। ॐ पुष्ट्यै नमः। ॐ आत्मनः कुल-देवतायै नमः।

आसनम्–निम्न बोल कर आसनार्थ पुष्प रखें–

नानारत्न समायुक्तं मुक्ताहार विभूषितम्। स्वर्ण सिंहासनं चारु प्रीत्यर्थं प्रतिगृह्यताम्॥

पाद्यम्–निम्न बोलते हुए आचमनी से चरण धोने को जल दें।

गौरीप्रिय नमस्तेस्तु शंकरप्रिय सर्वदा। भक्त्या पाद्यम् मया दत्तं गृहाण प्रणतप्रिय॥

अर्घ्यम्–निम्न बोलते हुए तथा घण्टी बजाते हुए गणेश तथा मातृकों को अर्घ्य दें।

व्रतमुद्दिश्य देवि त्वम् गन्धपुष्पाक्षतैर्युतम्। गृहाणार्घ्यं मया दत्तम्

सर्वसिद्धिप्रदा भव॥

स्नानम्–निम्न बोलते हुए आचमनी से जल डालें–

नर्मदा चन्द्रभागादि गङ्गासङ्गमजैर्जलैः स्नापितोसि मया देवि प्रीत्यर्थं प्रतिगृह्यताम्।

आचमन–घण्टी बजाते हुए आचमनी से जल छोड़ें।

गङ्गाजलं समानीतं सुवर्ण कलशे स्थितम्। आचमनम् मातृकाः देव्यः प्रीत्यर्थं प्रतिगृह्यताम्।

वस्त्र–निम्न बोलते हुए वस्त्र चढ़ावें–

तंतुसंतान संयुक्तं कलाकौशेय कल्पितम्। स्नानांगावरणम् श्रेष्ठा वस्त्रम् परिधीयताम्॥

आचमनीय–आचमनी से एक बार जल छोड़ें।

गन्धम्–रोली चन्दन चढ़ाते हुए निम्न बोलें–

मलयाचल सम्पन्नं नानापन्नगरक्षितम्। शीतलम् बहुलामोदम् चंदनं प्रतिगृह्यताम्॥

अक्षत–चित्र पर अक्षत डालें–

अक्षतान् समर्पयामि नमः।

पुष्पाणि–निम्न स्तुति बोलते हुए चित्र पर पुष्प चढ़ावें–

सुगन्धीनि सुपुष्पाणि देशकालोद्भवानि च। मयानीतानि पुष्पाणि प्रीत्यर्थं प्रतिगृह्यताम्॥

धूपम्–धूप के धुएँ को चित्र की ओर ले जाते हुए बोलें–

धूपम् वनस्पति रसो दिव्यो गन्धाढ्यो गन्धमुत्तम। आघ्रेय सर्वदेवानां धूपोयं प्रतिगृह्यताम्॥

दीपम्–जलते हुए दीप की ओर संकेत करते हुए बोलें–

सद्वर्ति घृतसंयुक्तं अन्धकार विनाशनम्। मया निवेदितम् देवि गृहाण परमेश्वरि।

नैवेद्यम्–सत्पात्रसिद्धं सुहविः विविधानन्द लक्षणम्। भोजनार्थं मया दत्तम् नैवेद्यम् प्रतिगृह्यताम्॥

नैवेद्य के ऊपर पुष्प डालें।

द्रव्यम्–चरणों में द्रव्य चढ़ाते हुए बोलें–

द्रव्यम् समर्पयामि नमः।

वसोर्द्धारा संकल्प–दाहिनी हाथ की मुट्ठी में जल, पुष्प, रोली तथा अक्षत लेकर बोलें–

अद्येह...अहम्...कर्मणि सर्वाभ्युदय प्राप्तये गणपति गौर्यादिषोडशमातृणामुपरि गुडसर्पिर्भ्यां वसोद्र्धारा पातयिष्ये। जल छोड़ दें।

वसोर्द्धारा–कुछ घी लेकर उसमें गुड़ मिलावें। एक चम्मच से इस घी की तीन, पाँच या सात धाराएँ मातृकों के प्रतीक पर डालें। निम्न बोलें–

आज्यं यतोस्ति देवानामशनं मंगलात्मकं। ततो मातृनूः समुद्दिश्य घृतधारा ददाम्यहम्॥ वसोः पवित्रमसि शतधारं वसोः पवित्रमसि सहस्रधारं देवस्त्वा सविता पुनातु वसोः पवित्रेण शतधारेण सुप्वा कामधुक्षः॥

शेष घृत अपने ललाट पर लगावें।

नीराजन–घण्टी बजाते हुए मातृकों की आरती करें।

पुष्पांजलि–हाथ में पुष्प लेकर शिव, गणेश, लक्ष्मी सरस्वती तथा मातृकों के प्रति की गई निम्न स्तुतियाँ पढ़ें। प्रत्येक को पुष्प चढ़ावें।

हरात्मज चतुर्बाहो वारणास्य महोदरः प्रसन्नो भव मह्य त्वं गौरीपुत्र

नमोस्तुते ॥1॥ चन्द्रास्ये चन्द्रकलया विभूषितकपालके। प्रसन्नाभव मह्य त्वम् शिवगौरि नमोस्तुते ॥2॥ दुग्धोद संभवे भव्ये सरोजोपरि संस्थिते। प्रसन्ना भव मह्यं त्वं हरिपद्मे नमोस्तुते ॥3॥ सदा सौभाग्य संयुक्ते मन्दार कुसुमार्चिते। प्रसन्ना भव मह्यं त्वमिन्द्रकान्ते नमोस्तुते ॥4॥ शुक्लाम्बरधरे देवि वीणा पुस्तक धारिणि। प्रसन्ना भव मह्य त्वं विजये ते नमोस्तुते ॥5॥ सौभाग्ययुक्ते सौभाग्यदायिके दुःखवर्जिते। प्रसन्ना भव मह्य त्वं विजये ते नमोनमः ॥6॥ चारुणा शुभपद्मेन राजमानेर्क सन्निभे। प्रसन्ना भव मह्य त्वं भो जये ते नमोस्तुते ॥7॥ अनेक वर्णसंयुक्ते नानाशस्त्रसमन्विते। प्रसन्ना भव मह्यं त्वं देवसेने नमोस्तुते ॥8॥ पितृणां वल्लभे शान्ते शान्तियुक्ते शुभङ्करि। प्रसन्ना भव मह्यं त्व स्वधे देवि नमोस्तुते ॥9॥ सप्तार्चिः वल्लभे सप्तस्वरसन्तानसंस्तुते। प्रसन्ना भव मह्यं त्वं स्वाहे देवि नमोस्तुते ॥10॥ वराभयकरा भव्याः प्रसन्नमुखपंकजा। सुप्रसन्नाः प्रजायन्तां मह्यं ताभ्यो नमोनमः ॥11॥ रक्षिका सर्वलोकानां नितरां लोकमातरः। सुप्रसन्नाः प्रजायन्तां मह्यं ताभ्यो नमो नमः॥12॥ धृतिसंजनिके धैर्ययुक्ते सर्वसमर्चिते। प्रसन्ना भव मह्यं त्वं धृतिदेवि नमोस्तुते ॥13॥ सर्वेषां पुष्टिजनिके पूर्णकाम समन्विते। प्रसन्ना भव मह्यं त्वं पुष्टिदेवि नमोस्तुते ॥14॥ सर्व सन्तोषजनिके सन्तोषेण समन्विते। प्रसन्ना भव मह्यं त्वं सृष्टिदेवि नमोस्तुते ॥15॥ कुलदेवि महाभागे कुलाद्रि कृतकेतने। प्रसन्ना भव मह्यं त्वं कुलदेवि नमोस्तुते ॥16॥ गौरी पद्मा शची मेधा सावित्री विजया जया। देवसेना स्वधा स्वाहा मातरो लोकमातरः ॥17॥ धृतिः पुष्टिः तथा तुष्टिः आत्मनः कुलदेवता। गणेशेनाधिका ह्येता वृद्धौ पूज्याश्च षोडश ॥18॥ ब्रह्माणी कमलेन्दु सौम्यवदना माहेश्वरी लीलया। कौमारी रिपुदर्पनाशनकरी चक्रायुधा वैष्णवी॥ वाराही घनघोरघर्घरमुखी चैन्द्री च वज्रायुधा। चामुण्डा गणनाथरुद्रसहिता रक्षन्तु नो मातरः ॥19॥

दक्षिणा संकल्प—दाहिनी मुट्ठी में जल, पुष्प तथा अक्षत लेकर निम्न बोल कर संकल्प लें—

अद्य...गोत्रो...राशि...शर्मा/वर्मा/गुप्त/देवी अहम्...कर्म...निमित्तकम् सर्वाभ्युदय प्राप्तये गणपति सहित गौर्यादि षोडशमातृणां पूजाकर्मणः सादगुण्यार्थं इमां दक्षिणां ब्राह्मणाय दास्ये। ॐ तत्सत्।

संकल्प छोड़ कर ब्राह्मण के दक्षिणा दें। उसके चरण छुएँ।

आशिर्वचन–ब्राह्मण परिवार के सभी सदस्यों को गन्धाक्षत करें। आशीष दें तथा बोलें–

ॐ समख्ये देव्या धिया संदक्षिणयो उरुचक्षसा मा मऽआयुः प्रमोषीर्म्मोऽअहं तव व्वीरं विदेय तव देवि संदृशि॥ ॐ अम्बेऽअम्बिके अम्बालिके न मा नयति कश्चन। ससस्त्यश्वकः सुभद्रिकां काम्पीलवासिनीम्॥

रामनवमी व्रत-पूजा

आचमन–निम्न बोलकर आचमनी से जल मुँह में डालें–**ऋग्वेदाय स्वाहाः यजुर्वेदाय स्वाहाः। सामवेदाय स्वाहाः। अथर्ववेदाय नमः।** (चौथे का जल भूमि पर डालें)

प्रार्थना–ॐ शुक्लाम्बरधरं विष्णुं शशिवर्णं चतुर्भुजम्। प्रसन्नवदनं ध्यायेत् सर्वविघ्नोपशान्तये। (पुष्प चढ़ावें)

अर्घ्यस्थापन–भूमि पर रोली से एक के बाहर दूसरा बनाकर त्रिकोण, षटकोण, वर्ग तथा वृत्त से एक यन्त्राकृति बनावें। उस पर अक्षत पुष्प डालें। उस पर अर्घ्यपात्र रखें। निम्न मंत्र बोलकर अर्घ्य में पवित्र (कुशपत्र) रखें।

पवित्र रखना–ॐ पवित्रस्थो वैष्णव्यो सवितुर्वः प्रसव उत्पुनामि अछिद्रेण पवित्रेण सूर्य्यस्य रश्मिभिः।

जल डालना–निम्न बोलते हुए अर्घ्य में जल डालें–

ॐ शं नो देवी अभीष्टय आपो भवन्तु पीतये शं योरभिस्रवन्तु नः।
गंगे या यमुने चैव गोदावरि सरस्वति।
नर्मदे सिन्धु कावेरी जलेऽस्मिन सन्निधिं कुरु॥
पुण्डरीकाक्षाय नमः। पुण्डरीकाक्षाय नमः। पुण्डरीकाक्षाय नमः।
(अपने शरीर तथा पूजा-सामग्री पर यह जल छिड़कें।)

सूर्य्य ध्यान–हाथ में पुष्प लेकर सूर्य का ध्यान करें। निम्न बोलें–

ध्येयः सदा सवितृमंडल मध्यवर्ती नारायणः सरसिजासन सन्निविष्टः। केयूरवान मकर कुंडलवान किरीटी हारी हिरण्मयवपुर्धृत शंख चक्रः। ध्यान समर्पयामि। (पुष्प चढ़ावें)

सूर्य्यार्घ्यदान–घण्टी बजाते हुए सूर्य के लिए अर्घ्य से जल छोड़े। निम्न बोलें–

एहि सूर्य्य सहस्रांशो तेजोराशे जगत्पते। अनुकम्पय मां भक्त्या गृहणार्घ्यं दिवाकर॥ नमोस्तु सूर्य्याय नमोस्तु मानवे नमोस्तु वैश्वानर जातवेदसे ममैतदर्घ्यं प्रतिगृह्ण देव देवधिदेवाय नमो नमस्ते॥

गंधाक्षत पुष्पाणि समर्पयामि नमः।

(सूर्य को रोली, अक्षत तथा पुष्प चढ़ावें)

संकल्प–दाहिनी मुट्ठी में रोली, अक्षत तथा जल लेकर बोलें–

ॐ विष्णुः विष्णुः विष्णुः। नमः परमात्मने श्री ब्रह्मपुराण पुरुषोत्तमाय अत्र पृथिव्यां जम्बूद्वीपे विष्णुप्रजापति क्षेत्रे ब्रह्मणो द्वितीय परार्द्धे श्री श्वेतवाराहकल्पे वैवस्वत नाम मन्वन्तरे अष्टाविंशति तमे कलियुगे कलियुगस्य प्रथम चरणे बौद्धावतारे षष्टचब्दानां मध्ये...नाम सम्वत्सरे...उत्तरायणे वसन्त ऋृतौ चैत्र मासे शुक्ल पक्षे...वासरे नवम्यां तिथौ...गोत्रोत्पन्न...राशि... शर्म्मा/देवी अहम् श्रुतिस्मृति पुराणोक्तफलावाप्तये सकल मनसेप्सित कामना सिद्धि द्वारा श्री रामनवमी, व्रतं करिष्ये तदंगत्वेन चित्रे/शालग्राम शिलायां सपरिवारस्य श्री रामचन्द्रदेवस्य षोडशोपचारै पूजनं च करिष्ये।

पीठपूजा–राम-विग्रह के रखने के स्थान पर अक्षत पुष्प डालते हुए निम्न बोलें–

ॐ विमलायै नमः। ॐ उत्तकर्षिण्यै नमः। ॐ ज्ञानायै नमः। ॐ क्रियायै नमः। ॐ योगायै नमः। ॐ सत्यायै नमः। ॐ प्रसिद्ध्यै नमः। ॐ प्रकृत्यै नमः। ॐ अनुग्रहायै नमः। ॐ नमो भगवते सकलशक्तियुक्ताय अनन्ताय योगपीठात्मने नमः।

अब इस स्थान पर राम-जानकी का चित्र या विग्रह रखें।

प्रतिष्ठा–जौ या अक्षत डालते हुए बोलें–

ॐ एतन्ते देव सवितर्य्यज्ञं प्राहुर्वृहस्पतये ब्रह्मणे तेन यज्ञमव तेन यज्ञपतिं तेन मामव मनोजूतिर्जुषतामाज्यस्य वृहस्पतिः यज्ञमिमम् तनोत्वरिष्टम् यज्ञ समिमं दधातु विश्वेदेवा स इहमादयन्ताम्। ॐ प्रतिष्ठ। ॐ भूर्भुवः स्वः प्रतिमायाम् श्री रामजानकी देवौः इहागच्छ इह तिष्ठ सुप्रतिष्ठितौ वरदौ भवतम्॥

ध्यानम्–हाथ में पुष्प लेकर श्री रामचन्द्र का ध्यान करें। निम्न बोलें–

यः पृथिवी भरवारणाय दिग्विजैः सम्प्रार्थितः चिन्मयः, संजातः पृथिवीतले रविकुले मायामनुष्योऽव्ययः। निश्चक्रं हतराक्षसं पुनरगाद्‌ ब्रह्मत्वमाद्यं स्थिराम्, कीर्तिं पापहरां विधाय जगतीं तं जानकीशं भजे। श्री रामचन्द्राय नमः।

आवाहनं–दोनों हथेली फैलाते हुए 'आइए' कहने का संकेत करते हुए बोलें–

श्री राघवेन्द्र समागच्छ सीता सह जगत्पते। इमां मयां कृतां पूजां गृहाण सुरसत्तम ॥ आवाहनं समर्पयामि। (पुष्प चढ़ावें)

आसनम्–निम्न बोलकर एक पुष्प चढ़ावें–

नानारत्न समायुक्तं कार्तस्वर विभूषितम्। आसनम् देवदेवेश गृहाण पुरुषोत्तम ॥

पाद्यम–आचमनी से पैर धोने के लिए पानी दें। निम्न बोलें–

यद्‌भक्तिलेश सम्पर्कात्‌ परमानन्द सम्भवः। तस्मै ते चरणाब्जाय पाद्यं देवाय कल्पये ॥

अर्घ्यम्–घण्टी बजाकर अर्घ्यपात्र से जल छोड़ें। निम्न बोलें–

तापत्रयहरं दिव्यं परमानन्द लक्षणम्। तापत्रय विनिर्मुक्त्यै तवार्घ्यं कल्पयाम्यहम् ॥

आचमनीयम्–आचमनी से जल छोड़ें। निम्न बोलें–

देवानामपि देवाय देवानां देवात्मने। आचमनम् कल्पयामि ईश शुद्‌धीनां

शुद्धिहेतवे ॥

स्नानम्–आचमनी से जल चढ़ावें। निम्न बोलते जावें–

गङ्गा च यमुना चैव नर्मदा च सरस्वती, कृष्णा च गौतमी वेणी क्षिप्रा सिन्धु तथैवच। ताप्ती पयोष्णी रेवा च ताभ्यो नीरं समाहृतम्, प्रसन्नो भव देवेश प्रसीद मधुसूदन ॥

वस्त्रम्–वस्त्र चढ़ावें। निम्न बोलें–

वेदसूत्र समायुक्तं यज्ञ साम समन्वितं। सर्ववर्णप्रदे देव वाससी ते विनिर्मिते ॥

वस्त्रांगमाचमनीयम्–आचमनी से जल छोड़ें।
गंधम्–रोली अक्षत, प्रतिमा पर लगावें। निम्न बोलें–

परमानन्द सौरभ्यं परिपूर्ण दिगन्तरम्। गृहाण परमं गन्धं कृदया परमेश्वर ॥

पुष्पाणि–निम्न बोलकर पुष्प चढ़ावें–

त्वदीयवनसम्भूतं नानागुण मनोहरम्। अनन्त सौरभं पुष्पं गृहाण परमेश्वर ॥

आवरण पूजा–पुष्प चढ़ाते जावें और निम्न बोलते जावें।

ॐ हनुमते नमः। ॐ सुग्रीवाय नमः। ॐ भरताय नमः। ॐ विभीषणाय नमः। ॐ लक्ष्मणाय नमः। ॐ अङ्गदाय नमः। ॐ शत्रुघ्नाय नमः। ॐ जाम्बवते नमः। ॐ धृष्टये नमः। ॐ जयन्ताय नमः। ॐ विजयाय नमः। ॐ सुराष्ट्राय नमः। ॐ राष्ट्र वर्धनाय नमः। ॐ अकोपाय नमः। ॐ धर्मराजाय नमः। ॐ सुमन्ताय नमः। ॐ इन्द्राय नमः। ॐ अग्नये नमः। ॐ यमाय नमः। ॐ निऋतये नमः। ॐ वरुणाय नमः। ॐ वायवे नमः। ॐ कुवेराय नमः। ॐ ईशानाय नमः। ॐ ब्रह्मणे नमः। ॐ अनन्ताय नमः। ॐ वज्राय नमः। ॐ शक्तये नमः। ॐ कालदण्डाय नमः। ॐ खड्गाय नमः। ॐ पाशाय नमः। ॐ अंकुशाय नमः। ॐ गदायै नमः। ॐ त्रिशूलाय नमः। ॐ पद्माय नमः। ॐ चक्राय नमः।

धूपम्–निम्न बोलते हुए धूप का धुआँ मूर्ति की ओर उड़ावें–

वनस्पति रसो दिव्यो गन्धाढयः सुमनोहरः। आघ्रेय सर्वदेवानां धूपोऽयं प्रतिगृहताम् ॥

दीपम्–दीपक की ओर संकेत करते हुए निम्न बोलें–

आज्यं च वर्ति सयुक्तं वह्निना योजितम् मया। दीपं गृहाण देवेश त्रैलोक्य तिमिरापहा ॥

नैवेद्यम्–नैवेद्य के ऊपर पुष्प डालकर बोलें–

ॐ सत्पात्रसिद्धं सुहविर्विविधानन्द लक्षणम्। निवेदयामि भवते सानुगाय जुषाण तत् ॥ नैवेद्यं समर्पयामि नमः।

नैवेद्यांगमाचमनीयम्–आचमनी से एक बार जल छोड़ें–

क्षणम् ध्यात्वा जपम्–दस बार, मन-ही-मन 'श्री रामचन्द्राय नमः' जपें। जप के उपरान्त बोलें–

गुह्याति गुह्य गोप्ता त्वम् गृहाणास्मत् कृतं जपं। सिद्धिर्भवतु मे देव त्वत्प्रसादात् सुरेश्वर ॥

ताम्बूलम्–पान का बीड़ा चढ़ावें।
फलम्–फल अर्पण करें।
भूषणार्थे द्रव्यम्–द्रव्य अर्पण करें।
नीराजनम्–निम्न बोलते एक तथा घण्टी बजाते हुए आरती घुमावें–

ॐ अन्तस्तेजो बहिस्तेज एकीकृत्यामितप्रभम्। आरार्तिक मिदं देव गृहाण ममसिद्धये ॥

प्रदक्षिणा–स्थान हो तो मूर्ति को दाहिनी ओर रखते हुए उसका चक्कर लगावें। स्थान न हो तो अपने स्थान पर घूमें। निम्न बोलते जावें–

यानि कानि च पापानि जन्मान्तर कृतानि च। तानि सर्वाणि नश्यन्तु प्रदक्षिण पदे पदे ॥

प्रार्थना–पुष्प हाथ में लेकर प्रार्थना बोलें–

अपराध सहस्राणि क्रीयन्ते अहर्निशं मया। दासोऽयमिति मां ज्ञात्वा क्षमस्व परमेश्वर ॥ भूमौ स्खलित पादानां भूमिरेवावलम्बनम्। त्वयि जातापराधानां त्वमेव शरणं विभो ॥ (पुष्प चढ़ा दें)

अर्घ्यदानम्–शंख में जल भरें। उस पर पुष्प तथा फल रखकर देवता को अर्घ्य से जल चढ़ावें।

दशानन वधार्थाय धर्मसंस्थापनाय च। दानवानां विनाशाय दैत्यानां निधनाय च ॥ परित्राणाय साधूनाम् जातो रामः स्वयं हरिः। गृहाणार्घ्यं मया दत्तं भ्रातृभिः सहितो हरे ॥

ब्राह्मण गन्धाक्षत–ब्राह्मण को टीका लगाएँ। चरण छुएँ।

दक्षिणादान–अपनी सामर्थ्यानुसार तथा श्रद्धा और आदर सहित ब्राह्मण को दक्षिणा दें। ब्राह्मण यजमान के परिवार के सदस्यों को गन्धाक्षत करें और आशीर्वाद दें।

वटसावित्री-पूजा

गणेश स्तवन–हाथ में पुष्प लेकर प्रार्थना करें।

सुमुखश्चैकदन्तश्च कपिलो गजकर्णकः। लम्बोदरश्च विकटो विघ्ननाशो विनायक। धूम्रकेतुर्गणाध्यक्षो भाल चन्द्रो गजानन। द्वादशैतानि नामानि यः पठेत शृणुयादपि विद्यारम्भे विवाहे च प्रवेशे निर्गमे तथा संग्रामे संकटे चैव विघ्नस्तस्य न जायते। विघ्नवल्ली कुठाराय श्री गणाधिपतये नमः। पुष्पं समर्पयामि नम।

अर्घ्य स्थापन–भूमि पर रोली से पहले त्रिकोण, उसके बाहर षट्कोण, उसके बाहर मण्डलाकृति तथा बाद में वर्गाकृति बनाइए। इस यंत्र पर अक्षत् पुष्प रखिए। इस पर अर्घ्यपात्र रखिए। अर्घ्यपात्र पर कुशपत्र या दूर्वादल रखिए। निम्न बोलिए–

ॐ पवित्रस्थो वैष्णव्यो सवितुर्वः प्रसव उत्पुनामि अछिद्रेण पवित्रेण सूर्य्यश्च रश्मिभिः।

जलापूरणम–अर्घ्य में जल डालिए। निम्न बोलिए–

ॐ शं नो देवि अभीष्टय आपो भवन्तु पीतये शं योः अभिस्रवन्तु नः। गंगे च यमुने चैव गोदावरि, सरस्वती। नर्मदे सिन्धु कावेरी जलेस्मिन् सन्निधिं कुरु।

अर्घ्य का जल समस्त पूजन सामग्री पर तथा अपने शरीर पर छिड़कें–

पुण्डरीकाक्षाय नमः। ॐ विष्णवे नमः, विष्णवे नमः, विष्णवे नमः।

सूर्य्यध्यानम्–हाथ जोड़कर सूर्य भगवान का ध्यान, निम्न बोलते हुए, करें।

ध्येयः सदा सवितृमण्डल मध्यवर्ती नारायणः सरसिजासन सन्निविष्टः। केयूरवान मकरकुण्डलवान किरीटी हारी हिरण्मयवपुः धृतशंखचक्रः।

सूर्य्यार्घ्य दान–घण्टी बजाते हुए निम्न बोलते हुए अर्घ्यं का जल तश्तरी में डालें–

एहि सूर्य्य सहस्रांशो तेजोराशे जगत्पते। अनुकम्पय मां भक्त्या गृहाणार्घ्यं दिवाकर। नमोस्तु सूर्य्याय नमोस्तु भानवे नमोऽस्तु वैश्वानर जातवेदसे। मैमेतदर्घ्यं प्रतिगृह्ण देव देवाधिदेवाय नमो नमस्ते।

सूर्य को रोली, अक्षत, चन्दनादि चढ़ावें।

गन्धाक्षत पुष्पाणि समर्पयामि नमः।

भूतोत्सादनम्–चारों दिशाओं में सरसों या अक्षत बिखेरे तथा बोलें–

अपसर्पन्तु ते भूता भुवि संस्थिता। ये भूताः विघ्नकर्तारः ते नश्यन्तु शिवाज्ञया॥ अपक्रामन्तु भूतानि पिशाचा सर्वतो दिशम्। सर्वेषाम् अविरोधेन पूजाकर्म समारभेत्।

पुनः अर्घ्य स्थापन–अर्घ्यपात्र में नया जल डालिए। उसमें रोली अक्षत, चन्दन डालिए।

संकल्प–आधी खुली मुट्ठी में जल, रोली, चन्दन, अक्षत डालिए। निम्न बोलिए–

ॐ विष्णुः विष्णुः विष्णुः। श्री ब्रह्मपुराण पुरुषोत्तमाय अत्र पृथिव्यां जम्बूद्वीपे भरतखण्डे आर्य्यावर्ते पुण्य क्षेत्रे...देशे विष्णुप्रजापति क्षेत्रे ब्रह्मणो द्वितीय परार्धे श्री श्वेतवाराहकल्पे वैवस्वत नाम मन्वन्तरे अष्टाविंशते तमे कलियुगे कलियुगस्य प्रथम चरणे बौद्धावतारे षष्टयब्दानां मध्ये...नाम सम्वत्सरे उत्तरायणे ग्रीष्म ऋतौ ज्येष्ठमासे कृष्णपक्षे वटसावित्र्याममावस्यां पुण्यतिथौ ...वासरे...गोत्रा...राशि अहम् श्रुति स्मृति पुराणोक्त फलावाप्तये मम भर्तुः आयुरारोग्या द्रूयभिवृद्धये आत्मनश्च जन्म जन्मनि अवैधव्य सिद्धये च अनुष्ठित सावित्री व्रतांगत्वेन सुर्वण प्रतिमायां/मृण्मूर्ति/ पट्टादिलिखित प्रतिमायां वा

सपरिवाराया सावित्रीदेव्याः षोडशोपचारैः पूजनं करिष्ये। जल छोड़ दीजिए।

प्रतिष्ठा—प्रतिमा तथा डोरक पर जौ या चावल छिड़कते हुए बोलें—

ॐ एतन्ते देव सवितर्य्यज्ञं प्राहुर्वृहस्पते ब्रह्मणे तेन यज्ञमव तेन यज्ञपतिन्तेन मामव। मनो जूतिज्जुषतामाज्जस्य बृहस्पतिर्य्यज्ञमिमन्तनो तु अरिष्टं यज्ञथ्वसमिमं दधातु व्विश्वे देवास इह मादयन्तामोम् प्रतिष्ठ। ॐ सावित्री ब्रह्माणौ इहागच्छतम् इह तिष्ठतं सुप्रतिष्ठितौ वरदौ भवतम् तथा द्वादश ग्रन्थियुत डोरकः सुप्रतिष्ठितो वरदो भव ॥

ध्यानम्—हाथ में पुष्प लेकर सावित्री का ध्यान करें और निम्न बोलें—

पद्मपत्रासनस्थश्च ब्रह्मा ध्येयश्चतुर्मुखः। सावित्री तस्य ध्यातव्या वामोत्संगता सती ॥ आदित्य वर्ण धर्मज्ञा साक्षमालाकरा तथा। ध्यानम् समर्प्पयामि नमः ॥ (पुष्प चढ़ा दें)

आवाहनम्—दोनों फैली हथेलियाँ नीचे की ओर करते हुए देवता का स्वागत करें, निम्न बोलें—

ब्रह्मणा सहितां देवीं सावित्रीं लोकमातरम्। सत्यवन्तं धर्मराजं वटं चावाहयाम्यहम्। ओंकारपूर्विके देवि वीणापुस्तकधारिणी। वेदमातर्नमस्तुभ्यम् अवैधव्यं प्रयच्छ मे। सपरिवारायाम् सावित्रीब्रह्मभ्यां नमः। आवाहनं समर्पयामि। फूल चढ़ा दें।

आसनम्—निम्न बोलते हुए पुष्प चढ़ावें।

ब्रह्मणा सह सावित्री सत्यवत्सहितेऽनघे। गृहाणासनकं हैमं धर्मराजसुरेश्वरि ॥ आसनम् समर्पयामि।

पाद्यम्—चरण धोने के लिए आचमनी से जल चढ़ावें और निम्न बोलें—

गंगाजलं समानीतं पाद्यार्थं ब्रह्मणः प्रिये। भक्त्या दत्तं धर्मराज सावित्री प्रतिगृह्यताम्। ओंकारपूर्विके देवि वीणापुस्तकधारिणी। वेतमातर्नमस्तुभ्यम् अवैधव्यं प्रयच्छ मे॥

अर्घ्यम्—घंटी बजाते हुए अर्घ्यपात्र से जल चढ़ावें और निम्न बोलें—

गांगं समाहृतं तोयं फलपुष्पसमन्वितम्। अर्घ्यं गृहाण सावित्री मम सत्यव्रतः प्रिये ॥

ओंकारपूर्विके देवि वीणापुस्तकधारिणी। वेतमातर्नमस्तुभ्यम् अवैधव्यं प्रयच्छ मे ॥

आचमनीयम्—आचमनी से जल दीजिए। निम्न बोलें—

सलिलं सह कर्पूरं सुरभिस्वादु शीतलम्। ब्रह्मणा सह सावित्री कुरुष्वाचमनीयकम् ॥
ओंकारपूर्विके देवि वीणापुस्तकधारिणी। वेदमातर्नमस्तुभ्यम् अवैधव्यं प्रयच्छ मे॥

पञ्चामृतस्नानम्—निम्न बोलते हुए देवमूर्ति को पञ्चामृत से स्नान करावें—

पयो दधि घृतं चैव मधु शर्करयान्वितम्। पञ्चामृतेन स्नपनं स्नानार्थं प्रतिगृह्यताम् ॥

शुद्धोदक स्नानम्—आचमनी से जल चढ़ावें। निम्न बोलें—

मंदाकिन्याः समानीतं हेमाम्भोरुहवासितम्। परिवारयुते देवि स्नानार्थं प्रतिगृह्यताम् ॥

वस्त्रम्—कोरे कपड़े के दो टुकड़े या कोई वस्त्र चढ़ावें और निम्न बोलें—

सूक्ष्मतन्तुयुतं वस्त्रं युग्मं कार्पाससम्भवम्। सावित्रि सत्यवत्कान्ते भक्त्या दत्तं प्रगृह्यताम्॥ वस्त्रं समर्पयामि ॥

यज्ञोपवीतं—निम्न बोलते हुए तिहरे तागे का टुकड़ा चढ़ावें—

वटेन ब्रह्मणा सार्द्धं उपवीतं प्रगृह्यताम्।

चन्दनम्—अनामिका से मूर्ति पर चन्दन लगावें। निम्न बोलें—

कुंकुमागरुकर्पूरकस्तूरी रोचनायुतम्। चन्दनं ते मया दत्तं सावित्रि प्रतिगृह्यताम् ॥

अक्षतान्–मूर्ति/चित्र पर अक्षत डालें। निम्न बोलें–

अक्षतांश्च ग्ुरश्रेष्ठे कुंकुमाक्ता सुशोभनाः। मया निवेदिता भक्त्या गृहाण परमेश्वरि ॥

पुष्पाणि–पुष्प चढ़ावें। निम्न बोलें–

माल्यादीनि सुगन्धीनि मालत्यादिशुभानि च। मया हृतानि पुष्पाणि गृहाण परमेश्वरि ॥

भूषणानि–आभूषण या कुछ द्रव्य चढ़ावें। निम्न बोलें–

भूषणानि च दिव्यानि मुक्ताहारयुतानि च। त्वदर्थमुपक्लृप्तानि गृहाण शुभलोचने ॥

सौभाग्यद्रव्यम्–सोहाग पिटारी में हल्दी, कुंकुम, सिन्दूर, काजल, चूड़ियाँ, बिन्दी आदि वस्तुएँ रखकर निम्न बोलते हुए, चढ़ावें–

हरिद्रा कुंकुमं चैव सिन्दूरं कज्जलान्वितम्। सौभाग्य द्रव्यसंयुक्तं सावित्रि प्रतिगृह्यताम् ॥

अंगपूजा–देवी के अंगों की कल्पना करते हुए अक्षत पुष्प चढ़ाते जावें। निम्न बोलते जावें–

सावित्र्यै नमः पादौ पूजयामि। प्रसवित्र्यैः नमः जानुनी पूजयामि। कमलपत्राक्ष्यै नमः कटिं पूजयामि। भूतधारिण्यै नमः उदरं पूजयामिः। गायत्र्यै नमः कण्ठं पूजयामि। ब्रह्मणः प्रियायै नमः शिरः पूजयामि।

ब्रह्मसत्य पूजा

धात्रे नमः पादौ पूजयामि। ज्येष्ठाय नमः उदरं पूजयामि। परमेष्ठिने नमः मेढ्रं पूजयामि। अग्निरूपाय नमः कटिं पूजयामि, वेधसे नमः उदरं पूजयामि।

पद्मनाभाय नमः हृदयं पूजयामि। विधात्रे नमः कण्ठं पूजयामि। ब्रह्मणे नमः शिरः पूजयामि। विष्णवे नमः सर्वांगं पूजयामि।

धूपम्–धूप का धुआँ मूर्ति की ओर चलावें। निम्न बोलें–

देवद्रुमरसोद्भूतं कालागरुसमन्वितम्।
आघ्रेयं सर्वदेवानां धूपं सावित्रि गृह्यताम् ॥

दीपम्–जलते दीपक की ओर संकेत करते हुए बोलें–

चक्षुदं सर्वलोकानाम् तिमिरस्य निवारकम्। घृतवर्तिसमायुक्तं दीपं गृहण नमोस्तु ते ॥

नैवेद्यम्–नैवेद्य पर पुष्प डालकर बोलें–

अन्नं चतुर्विधं स्वादु रसैः षड्भिः समन्वितम्। मया निवेदितं भक्त्या नैवेद्यं प्रतिगृह्यताम्।

जपम्–मौनरूपेण कम-से-कम दस बार नाम जप करें।

ॐ सावित्रिदेव्यै नमः। जप के उपरान्त बोलें–

गुह्याति गुह्यगोप्ता त्वं गृहाणास्मत्कृतं जपं। सिद्धिर्भवतु मे देव त्वत्प्रसादात् सुरेश्वर।

फलम्, ताम्बूलम्–चढ़ावें।

आरती–घण्टी बनाते हुए आरती घुमाएँ तथा निम्न बोलें–

अन्तस्तेजो बहिस्तेजः एकीकृत्यामित प्रभम्। आरार्तिकमिदं देव गृहाण ममसिद्धये ॥

प्रदक्षिणा–मूर्ति के चारों तरफ या अपने स्थान पर ही घूमकर प्रदक्षिणा करें। निम्न बोलें–

अपराध सहस्राणि क्रियन्ते ऽ हर्निशं मया। दासोऽ यमिति मां ज्ञात्वा क्षमस्व परमेश्वर ॥ भूमौ स्खलित पादानां भूमिरेवावलम्बनम्। त्वयि

जातापराधानां त्वमेव शरणं विभो ॥

सावित्री स्तुति–हाथ जोड़कर निम्न बोलते हुए सावित्री की स्तुति करें–

सावित्री प्रसवित्री च सततं ब्रह्मणः प्रियाः। पूजितासि द्विजैः सर्वैः सर्वैमुनिगणैस्तथा ॥ त्रिसन्ध्यं सर्वभूतानां वन्दनीयासि सुव्रते। यथा कृतामिमां पूजां त्वं गृहाण नमोस्तुते ॥ ओंकारपूर्वके देवि वीणापुस्तकधारिणी। वेदमातर्नमस्तुभ्यम् अवैधव्यं प्रयच्छ मे ॥ सपरिवाराभ्यां सावित्री ब्रह्मभ्यां नमः।

सावित्री ब्रह्मगायित्री सर्वदा प्रियभाषिणी। तेन सत्येन मां पाहि दुःखसंसार सागरात् ॥ त्वं गौरी त्वं शची लक्ष्मीस्त्वं प्रभा चन्द्रमण्डले। त्वमेव भूर्जगन्माता त्वमुद्धर वरानने ॥ सौभाग्यं कुलवृद्धिं च देहि त्वं ममं सुव्रते। यन्मया दुष्कृतं सर्वं कृतं जन्मशतैरपि ॥ भस्मीभवतु तत्सर्वम् अवैधव्यम् च देहि मे। सावित्री त्वं यथा देवि चतुर्वर्षशतायुषम्। पतिं प्राप्तासि गुणिनं मम देवि तथा कुरु ॥ (पुष्प चढ़ावें।)

ब्रह्मस्तुति–हाथ जोड़कर ब्रह्म की स्तुति बोलें–

कर्मसााक्षिन् जगत्पूज्य सर्वबन्धो प्रसीद मे। सम्वत्सरं व्रतम् सर्वं परिपूर्णं तदस्तु मे ॥

अर्घ्यदान–शंख से जल चढ़ावें। घण्टी बजावें। निम्न बोलें–

पतिव्रते महाभागे बह्नियाने शुचिस्मिते। दृढव्रते दृढमते भर्तुश्च प्रियवादिनी ॥ अवैधव्यं च सौभाग्यं देहि त्वं मम सुव्रते। पुत्रान् पौत्रान् सौख्यं च गृहाणार्घ्यं नमोस्तुते ॥ त्वया सृष्टं जगत् सर्वं सदेवासुरमानुषम्। सत्यव्रतधरो देव ब्रह्मरूप नमोस्तुते ॥ त्वं कर्मसाक्षी लोकानां शुभाशुभ विवेकि च। गृहाणार्घ्यं धर्मराज वैवस्वत् नमोस्तुते।

ब्राह्मण का तिलक, चरणस्पर्श तथा दक्षिणादान। ब्राह्मण द्वारा यजमान परिवार को आशीष। यजमान डोरक पहनें।

हरकाली व्रत-पूजा

इस पूजा में एक छोटे पात्र में बोये मक्का, उरद तथा वर्षा ऋतु में बोये जाने वाले अनाजों के छोटे हरे पौधों (खेत्री, हरियाला आदि) पर रखी शिव और काली की मूर्तियों का पूजन होता है।

गणेश वंदना–हाथ में पुष्प लेकर निम्न स्तुति बोलें–

सुमुखश्वैक दन्तश्च कपिलो गजकर्णकः। लम्बोदरश्च विकटो विघ्ननाशो विनायकः ॥ धूम्रकेतुर्गणाध्यक्षो भालचन्द्रो गजाननः। द्वादशैतानि नामानि यः पठेच्छृणुयादपि ॥ विद्यारम्भे विवाहे च प्रवेशे निर्गमे तथा। संग्रामे संकटेचैव विघ्नस्तस्य न जायते ॥ विघ्नवल्ली कुठाराय श्री गणाधिपतये नमः। (पुष्प चढ़ावें)

अर्घ्य स्थापन–ज़मीन पर पहले एक त्रिभुज, फिर षटभुज, फिर वृत्त और फिर वर्ग बनाकर एक यन्त्राकृति बनाकर उस पर अक्षत पुष्प डालें। अर्घ्यपात्र में पवित्र (कुशपत्र या दूर्वादल) रखकर बोलें–

ॐ पवित्रस्थो वैष्णव्यो सवितुर्वः प्रसव उत्पुनामि। अछिद्रेण पवित्रेण सूर्यस्य रश्मिभिः ॥

जल डालना–अर्घ्य पात्र में जल डालते हुए बोलें–

ॐ शं नो देवी अभीष्टय आपो भवंतु पीतये। शंयोरभिस्रवंतु नः ॥ गंगे च यमुने चैव गोदावरि सरस्वती। नर्मदे सिन्धु कावेरी जलेऽस्मिन् सन्निधिं कुरु।

सूर्य ध्यानम्–हाथ में पुष्प लेकर, निम्न स्तुति बोलकर सूर्य का ध्यान करें।

ध्येय सदा सवितृमंडल मध्यवर्ती नारायणः सरसिजासन् सन्निविष्टः।
केयूरवान् मकरकुण्डलवान् किरीटी हारी हिरण्मयवपुर्धृत शंख चक्रः।
ध्यानम् समर्प्पयामि। (पुष्प चढ़ावें।)

सूर्य्यार्घ्यदान–घण्टी बजाते हुए सूर्य को अर्घ्यपात्र से जल चढ़ावें तथा निम्न स्तुति बोलते जावें।

एहि सूर्य्य सहस्रांशो तेजोराशे जगत्पते। अनुकम्पय मां भक्त्या गृहाणार्घ्यं दिवाकर।
नमोस्तु सूर्य्याय नमोस्तु भानवे नमोस्तु वैश्वानर जातवेदसे ममैतदर्घ्यं प्रतिगृह्ण देव देवाधिदेवाय नमो नमस्ते।
गंधाक्षत पुष्पम् समर्पयामि। (रोली, अक्षत, पुष्प चढ़ावें)

पूजा संकल्प–दाहिने हाथ की आधी खुली मुट्ठी में जल, अक्षत तथा रोली डालकर निम्न संकल्प बोलें–

ॐ विष्णुः विष्णुः विष्णुः। नमः परमात्मने श्री ब्रह्म पुराण पुरुषोत्तमाय अत्र पृथिव्यां जम्बूतीर्थे भरत-खण्डे आर्य्यावर्ते पुण्यक्षेत्रे...देशे विष्णु प्रजापति क्षेत्रे ब्रह्मणो द्वितीय परार्द्धे श्री श्वेतवाराह कल्पे वैवस्वत् नाम मन्वन्त्रे अष्टाविंशति तमे कलियुगे कलियुगस्य प्रथम चरणे बौद्धावतारे षष्टयब्दानां मध्ये...नाम सम्वत्सरे याम्यायने वर्षा ऋतौ श्रावण मासे कृष्ण पक्षे...वासरे...तिथौ...गोत्रोत्पन्न...राशि...शर्म्मा/देवी अहम् श्रुति स्मृति पुराणोक्त फलावाप्तये सकल मनेप्सित कामना सिद्धि द्वारा श्री हरकाली व्रतोत्सवे विरूढशस्यमध्ये स्थापितायां मृण्मय्यां श्री हरकाली प्रतिमायां हरिततृणमध्ये श्री हरकाल्योः षोडशोपचारैः पूजनमहम् करिष्ये। (संकल्प का जल छोड़ दें।)

प्रतिष्ठा–मूर्ति पर जौ या अक्षत डालते हुए निम्न बोलें–

ॐ एतन्ते देव सवितर्य्यज्ञं प्राहुर्वृहस्पतये ब्रह्मणे तेन यज्ञमव तेन यज्ञपतिं, तेन मामव मनोजूतिर्जुषता माज्यस्य वृहस्पतिर्य्यज्ञमिमम् तनोत्वरिष्टम्

यज्ञ४४समिमं दधातु विश्वेदेवा स इहम् आदयन्ताम्। ॐ भूर्भुवः स्वः गौरीश्वरौ इहागच्छतम् इह तिष्ठतम् सुप्रतिष्ठितौ वरदौ भवतम् ॥

ध्यानम्–शिव तथा काली का ध्यान कर बोलें–

हरनाम समुत्पन्ने हरकालि हरप्रिये। सर्वदा शस्य मूर्तिस्थे प्रणतार्ति हरे नमः। ध्यानम् समर्प्पयामि नमः। (पुष्प चढ़ावें)

आवाहनम्–ऊपर को खुली दोनों हथेलियों से शिव तथा कालि का स्वागत करें। निम्न बोलें–

महेश्वर समागच्छ काल्या सह जगत्पते। इमां मयां कृतां पूजां गृहाण सुर सत्तम ॥

आसनम्–देवताओं को बैठने के लिए पुष्प दे। निम्न बोलें–

नानारत्न समायुक्तं कार्तस्वर विभूषितम्। आसनम् देवदेवेश गृहाण पुरुषोत्तम ॥ (पुष्प चढ़ावें)

पाद्यम्–आचमनी से जल छोड़े। निम्न बोलें–

हरकालि नमस्तेस्तु नरकार्णव तारकौ। पाद्यं गृहाण देवेश मम सौख्यं विवर्धय ॥

अर्घ्यम्–घण्टी बजाते हुए अर्घ्यपात्र से जल चढ़ावें। निम्न बोलें–

मन्दारमालाकुलितालकायै कपालमाला कृत शेखराय।
दिव्याम्बरायै च दिगम्बराय नमः शिवायै च नमः शिवाय ॥

स्नानांगमाचमनीयम्–आचमनी से एक बार जल चढ़ावें।
वस्त्रम्–कोरा वस्त्र चढ़ाते हुए निम्न बोलें–

वेदसूत्र समायुक्ते यज्ञसामसमन्विते। सर्ववर्णप्रदेदेव वाससी वाम् विनिर्मिते ॥

गन्धम्–निम्न बोलते हुए अनामिका से मूर्तियों पर रोली-चन्दन

लगावें।

श्री खण्डं चन्दनम् दिव्यम् गंधाढ्यं सुमनोहरम्। विलेपनं सुरश्रेष्ठौ चन्दनं प्रतिगृह्यताम् ॥

अक्षतम्—मूर्तियों पर अक्षत डालें।

पुष्पाणि—निम्न बोलते हुए हर काली पर पुष्प चढ़ावें।

सुगंधीनि सुपुष्पाणि देशकालोद्भवानि च। मयानीतानि पुष्पाणि पूजार्थं प्रतिगृह्यताम् ॥

धूपम्—धूप का धुआँ देवताओं की ओर करें।

दीपम्—जलते हुए दीपक की ओर संकेत करें।

नैवेद्यम्—नैवेद्य पर एक पुष्प डालें।

फलम्—फलों पर एक पुष्प डालें।

जपम्—दस बार 'श्रीगौरी महेश्वराभ्या नमः' का जप करें। तदुपरान्त बोलें—

गुह्याति गुह्य गोप्ता त्वम् गृहाणास्मत् कृतं जपं। सिद्धिर्भवतु मे देव त्वत्प्रसादात् सुरेश्वरौ ॥

नीराजनम्—आरती करें। निम्न स्तुति बोलते जावें।

अन्तस्तेजो बहिस्तेजः एकीकृत्यामित प्रभम्। आरार्तिकमिदं देव गृहाण मदनुग्रहात् ॥

प्रदक्षिणा—मूर्ति के चारों तरफ या अपने स्थान पर ही घूमें और बोलते जावें।

यानि कानि च पापानि जन्मान्तर कृतानि च। तानि सर्वाणि नश्यन्तु प्रदक्षिण पदे पदे ॥

प्रार्थना—हाथ जोड़कर प्रार्थना बोलें—

वीरभद्र महाकालि नन्दीश्वर विनायकाः। मम प्रसाद सुमुखाः भवन्त्वर्चा

प्रयोगतः ॥ हरनाम समुत्पन्ने हरकालि हरप्रिये। सर्वदा शस्य मूर्तिस्थे प्रणतार्तिहरे नमः ॥

ब्राह्मण को गन्धाक्षत–ब्राह्मण को टीका करें। उसका चरण स्पर्श करें।

दक्षिणा दान–अपनी सामर्थ्यानुसार, किंतु पूर्ण श्रद्धा तथा आदर से ब्राह्मण को दक्षिणा दें।

श्रीकृष्ण जन्माष्टमी

गणेश पुष्पाञ्जलि–हाथ में पुष्प लेकर गणेश की स्तुति बोलें–

सुमुखश्चैकदन्तश्च कपिलो गजकर्णकः। लम्बोदरश्च विकटो विघ्ननाशो विनायकः ॥ धूम्रकेतुर्गणाध्यक्षो भालचन्द्रो गजाननः। द्वादशैतानि नामानि यः पठेच्छृणुयादपि ॥ विद्यारम्भे विवाहे च प्रवेशे निर्गमे तथा। संग्रामे संकटे चैव विघ्नस्तस्य न जायते ॥ श्री मन्महागणाधिपतये नमः।

अर्घ्य स्थापन–जमीन पर रोली से त्रिकोण, षटकोण, वर्ग तथा वृत्त मिलाकर एक यन्त्राकृति बनावें।

उस पर अक्षत पुष्प रखें। उस पर अर्घ्यपात्र रखें। पात्र पर कुशपत्र अथवा दूर्वादल रखें।

पवित्र रखना

ॐ पवित्रस्थो वैष्णव्यो सवितुर्वः प्रसव उत्पुनामि। अछिद्रेण पवित्रेण सूर्य्यस्य रश्मिभिः ॥

जल डालना

ॐ शं नो देवी अभीष्टय आपो भवंतु पीतये। शं योरभिस्रवन्तु नः ॥ गंगे च यमुने चैव गोदावरि सरस्वती। नर्मदे सिन्धु कावेरी जलेऽस्मिन् सन्निधिं कुरु॥

इस जल को 'ॐ पुण्डरीकाक्षाय नमः' बोलते हुए अपने शरीर पर तथा पूजा-सामग्री पर छिड़कें।

सूर्य्य का ध्यान

ध्येयः सदा सवितृमण्डल मध्यवर्ती नारायणः सरसिजासन् सन्निविष्टः। केयूरवान मकर कुण्डलवान किरीटी हारी हिरण्मयवपुर्धृत शंख चक्रः। ध्यानम् समर्प्पयामि। (पुष्प चढ़ावें)

सूर्य्यार्घ्यदान–घण्टी बजाते हुए अर्घ्यपात्र से सूर्य को जल दें।

एहि सूर्य्य सहस्रांशो तेजोराशे जगत्पते। अनुकम्पय मां भक्त्या गृहाणार्घ्यं दिवाकर।

नमोस्तु सूर्य्याय नमोस्तु भानवे नमोस्तु वैश्वानर जातवेदसे ममैतदर्घ्यं प्रतिगृह्ण देव देवाधिदेवाय नमो नमस्ते।

गन्धाक्षत पुष्पाणि समर्प्पयामि नमः।

पुनः अर्घ्यस्थापन–उपर्युक्त विधि से ही पुनः अर्घ्यस्थापन करें। जल को चतुर्दिक छिड़कें। प्राणायाम करें। तीन बार बोलें–

ॐ पुण्डरीकाक्षाय नमः। ॐ पुण्डरीकाक्षाय नमः। ॐ पुण्डरीकाक्षाय नमः। ॐ विष्णवे नमः। ॐ विष्णवे नमः। ॐ विष्णवे नमः।

पूजन संकल्प

ॐ विष्णुः, विष्णुः, विष्णुः। नमः परमात्मने श्री ब्रह्मपुराण पुरुषोत्तमाय अत्र पृथिव्यां जम्बू द्वीपे भरतखण्डे आर्यावर्ते पुण्यक्षेत्रे...देशे विष्णु प्रजापति क्षेत्रे ब्रह्मणो द्वितीय परार्द्धे श्री श्वेतवाराहकल्पे वैवस्वत् नाम मन्वन्तरे अष्टाविंशति तमे कलियुगे कलियुगस्य प्रथम चरणे बौद्धावतारे षष्ट्यब्दानां मध्ये...नाम सम्वत्सरे दक्षिणायने वर्षा ऋतौ भाद्रपद मासे कृष्ण पक्षे...वासरे अष्टम्यां तिथौ...गोत्रोत्पन्न...राशि शर्म्मा/देवी अहम् चतुर्वर्ग सिद्धि द्वारा श्रीकृष्णदेव प्रीतये जन्माष्टमी व्रताङ्गत्वेन सुवर्ण प्रतिमायां/पट्टलिखित प्रतिमासु सपरिवारस्य श्रीकृष्णदेवस्य यथा मिलितोपचारैः प्रतिष्ठावाहनपूर्वकं पूजनम् करिष्ये। (जल छोड़ दें)

द्वार पूजा–विभिन्न दिशाओं में अक्षत या जौ डालें।

ॐ पूर्वे नन्दाय नमः। सुनन्दाय नमः ॥

ॐ दक्षिणे चण्डाय नमः। प्रचण्डाय नमः ॥

ॐ पश्चिमे बलाय नमः। प्रबलाय नमः ॥

ॐ उत्तरे भद्राय नमः। सुभद्राय नमः ॥

प्रतिष्ठा–मूर्ति तथा पट्टे पर जौ डालते जावें–

ॐ एतन्ते देव सवितुर्य्यज्ञम्प्राहुर्वृहस्पतये। ब्रह्मणे तेन यज्ञमव तेन यज्ञपतिम् तेन मामव। मनोजूतिर्जुषतामाज्ज्यस्य वृहस्पति र्य्यज्ञमिमन्तनो त्वरिष्टंयज्ञञ्समिमं दधातु ॥ विश्वे देवास इह मादयन्ताम् ॐ प्रतिष्ठ। ॐ भूर्भुवः स्वः भित्तिलिखित मूर्तौ श्री कृष्णदेव सांग सपरिवार इहागच्छ इहतिष्ठ सुप्रतिष्ठितो वरदो भव। पट्टलिखितानि अन्य देवातश्च इहागच्छन्तु इहतिष्ठन्तु सुप्रतिष्ठिता वरदा भवन्तु।

पीठपूजनम्–मूर्ति या पट्ट रखे स्थान का पुष्पाक्षत से पूजन करें–

ॐ विमलायै नमः। ॐ उत्तकर्षिण्यै नमः। ॐ ज्ञानायै नमः। ॐ क्रियायै नमः। ॐ योगायै नमः। ॐ प्रह्वयै नमः। ॐ सत्यायै नमः। ॐ ईशान्यै नमः। ॐ मध्ये अनुग्रहायै नमः। ॐ नमो भगवते विष्णवे सर्वभूतात्मने वासुदेवाय सर्वात्मसंयोग पीठात्मने नमः।

ध्यानम्–(माता देवकी का)

गायद्भिः किन्नराद्यैः सततपरिवृता वेणुवीणा निनादैः, शृंगारादर्श कुन्तप्रवर कृतकरैः किंकरैः सेव्यमानाः। पर्यंके स्वास्तृते या मुदिततर मुखी पुत्रिणी सम्यगास्ते, सा देवी देवमाता जयति सुवदना देवकी दिव्यरूपा। (पुष्प चढ़ावें)

ध्यानम्–(श्रीकृष्ण का)

अर्कोद्दामं किरीटान्वित मकरलसत्कुंडलं दीप्तिराजत्केयूरं कौस्तुभोल्लसत् अधिकरुचिरहारं च पीताम्बर च। नानारत्नांशु भिन्नाभरण शतयुतं श्रीधराश्लिष्ट देहं, वन्देन्दोः सक्त लीलाम्बुरुहदरगदं विश्ववंद्यं मुकुन्दम्॥ नवनील घनश्याम नलिनायत लोचन। शंखचक्रगदापद्म पीताम्बरधरं

हरिम् ॥ (पुष्प चढ़ावें)

आवाहन–दोनों खुली हथेलियों से 'आइए' की मुद्रा बनाकर बोलें–

भित्तिस्थ चित्रेषु समस्त परिवार देवेताभ्या नमः। आवाहनम् समर्प्पयामि। (पुष्प चढ़ावें)

आसन–

श्रीधराय भूधराय गोवर्धनधराय च। आसनञ्च तथा दद्यात् कृष्णाय च नमो नमः ॥ आवाहितेभ्यः सर्वेभ्यो गोकुलवासिभ्यो मथुरावासिभ्यो नमः॥

अर्घ्यम्–घण्टी बजाते हुए अर्घ्यपात्र से जल चढ़ावें–

देवकी गर्भ सम्भूत दैत्यसैन्य विनाशन। गृहाणार्घ्यं इदन्देव मातुरुत्संग संस्थितः ॥

आचमनीयम्–आचमनी से जल छोड़ें। निम्न बोलें–

सुरासुराणामीशाय क्षीराब्धिशयनाय च। दद्यादाचमनं तस्मै कृष्णाय च नमो नमः ॥

पञ्चामृतस्नानम्–पञ्चामृत से मूर्ति को नहलावें या चित्र पर डालें और बोलें–

पयोदधि घृतं चैव मधुशर्करया युतम्। पञ्चामृतमिदं प्रोक्तं देवानामपि दुर्लभम् ॥ योगेश्वराय देवाय योगिनांपतये विभो। योगोद्भवाय नित्याय गोविन्दाय नमो नमः ॥

मध्येस्नानांगमाचमनीयम्–आचमनी से जल छोड़ें।

वस्त्रम्–नया वस्त्र चढ़ाते हुए बोलें–

नारायण नमस्तेऽस्तु नमो गरुडवाहन। त्रैलोक्यव्यापकस्त्वं हि वस्त्रं मे प्रतिगृह्यताम् ॥

यज्ञोपवीतम्–सूत, रेशम, या ऊन का टुकड़ा चढ़ाते हुए बोलें–

नारायण नमस्तेऽस्तु त्राहि माम भक्तवत्सल। ब्रह्मसूत्रं सोत्तरीयम् गृहाण परमेश्वर ॥

यज्ञोपवीतांगमाचमनीयम्–आचमनी से जल चढ़ावें।

गन्धम्–कृष्ण मूर्ति तथा पट्टे पर रोली लगावें। निम्न बोलें–

मलयोत्थं तापहरं सुगन्धिद्रव्यसंयुतं। गन्धं गृहाण मे देव भक्तानां मोक्षदायक ॥ गन्धं समर्पयामि नमः।

यवाक्षतान् समर्पयामि नमः–जौ और अक्षत को पट्टे या मूर्ति पर चढ़ावें–

पुष्पाणि–पुष्प चढ़ाते हुए बोलें–

योगेश्वराय देवाय योगिना पतये विभो।
योगोद्भवाय नित्याय गोविन्दाय नमो नमः ॥
पुष्पाणि तुलसीदलानि समर्पयामि नमः।

अङ्गपूजा–अक्षत पुष्प लेकर मूर्ति के अंग-प्रत्यंगों पर चढ़ावें।

ॐ गोविन्दाय नमः पादौ पूजयामि। ॐ माधवाय नमः जंघे पूजयामि। ॐ मधुसूदनाय नमः कटिं पूजयामि। ॐ पदमनाभाय नमः नाभिं पूजयामि। ॐ हृषिकेशाय नमः हृदयं पूजयामि। ॐ संकर्षणाय नमः स्तनौ पूजयामि। ॐ वामनाय नमः बाहो पूजयामि। ॐ दैत्यसूदनाय नमः हस्तौ पूजयामि। ॐ श्रीकण्ठाय नमः कण्ठं पूजयामि। ॐ सुमुखाय नमः मुखं पूजयामि। ॐ त्रिविक्रमाय नमः नासिकां पूजयामि। ॐ पुण्डरीकाक्षाय नमः नेत्रे पूजयामि। ॐ नृसिंहाय नमः श्रोत्रं पूजयामि। ॐ उपेन्द्राय नमः ललाटं पूजयामि। ॐ हरये नमः शिरः पूजयामि। ॐ श्रीकृष्णाय नमः सर्वाङ्गं पूजयामि।

दिशापूजनम्–सभी दिशाओं में जौ या अक्षत डालें।

पूर्वे वासुदेवाय नमः। दक्षिणे संकर्षणाय नमः। पश्चिमे प्रद्युम्नाय नमः। उत्तरे अनिरुद्धाय नमः। आग्नेये शान्त्यै नमः। नैऋत्ये श्रियै नमः। वायव्ये सरस्वत्यै नमः। ऐशान्ये रेवत्यै नमः।

आयुध, चिह्न तथा देवता पूजन–पुष्प डालते हुए बोलें–

चक्राय नमः। शंखाय नमः। गदायै नमः। पद्माय नमः। कौस्तुभाय नमः। मुसलाय नमः। खड्गाय नमः। वनमालायै नमः॥ पूर्वे गरुडाय नमः। दक्षिणे शंखनिधये नमः। उत्तरे पद्मनिधये नमः। पश्चिमे ध्वजयै नमः। आग्नेये गणेशाय नमः। नैऋत्ये आर्य्याय नमः। वायव्ये दुर्गायै नमः। ईशाने स्कन्दाय नमः। आग्नेये यमाय नमः। वायव्ये सोमाय नमः। अनन्ताय नमः। ब्रह्मणे नमः। वज्राय नमः। शक्त्यै नमः। कालाय नम,। दण्डाय नयः। खड्गाय नमः। पाशाय नमः। अंकुशाय नमः। त्रिशूलाय नमः।

धूपम–धूप का धुआँ पट्टे या मूर्ति की ओर उड़ाते हुए बोलें–

यज्ञेश्वराय देवाय तथा यज्ञोद्भवाय च। यज्ञानां पतये तुभ्यं गोविन्दाय नमो नमः।

दीपम्–जलते हुए दीपक की ओर संकेत करते हुए बोलें–

आज्यं च वर्ती संयुक्तं वह्निना दीपितम्मया। दीपं गृहाण देवेश त्रैलोक्य तिमिरापह ॥

नैवेद्यम्–नैवेद्य के ऊपर पुष्प डालिए। बोलिए–

विश्वेश्वराय देवाय तथा विश्वोदभवाय च। लोकानां पतये तुभ्यं गोविन्दाय नमो नमः॥
नाभ्या आसीदन्तरिक्षथ्ठशीर्ष्णोद्यौः समवर्तत। पद्भ्याम्भूमिर्दिशः श्रोत्रात्तथा लोकां अकल्पयन् ॥

नैवेद्यांगमाचमनीयम्–आचमनी से जल छोड़ें।

फलम्–फलों पर पुष्प डालिए।

ताम्बूलम्–पान का बीड़ा देवताओं के सम्मुख रखिए।

भूषणार्थे द्रव्यम्–द्रव्य चढ़ावें।

क्षणम् ध्यात्वा जपम्–'श्री कृष्णाय नमः' को दस बार जपें। जप के अन्त में बोलें–

गुह्याति गुह्यगोप्ता त्वम् गृहाणास्मत्कृतम जपम्। सिद्धिर्भवतु मे देव त्वत्प्रसादात् सुरेश्वर॥

नाम पूजन–गंधपुष्पाक्षत चढ़ाते जावें और बोलते जावें–

ॐ अनघाय नमः। ॐ वामनाय नमः। ॐ शौरये नमः। ॐ वैकुण्ठाय नमः। ॐ पुरुषोत्तमाय नमः। ॐ वासुदेवाय नमः। ॐ हृषीकेशाय नमः। ॐ माधवाय नमः। ॐ मधुसूदनाय नमः। ॐ वाराहाय नमः। ॐ पुण्डरीकाक्षाय नमः। ॐ नृसिंहाय नमः। ॐ ब्राह्मणप्रियाय नमः। ॐ धरणीधराय नमः। ॐ दैत्यसूदनाय नमः। ॐ दामोदराय नमः। ॐ पद्मनाभाय नमः। ॐ गरुडध्वजाय नमः। ॐ गोविन्दाय नमः। ॐ अच्युताय नमः। ॐ कृष्णाय नमः। ॐ अनंताय नमः। ॐ अपराजिताय नमः। ॐ अधोक्षजाय नमः। ॐ जगद्बीजाय नमः। ॐ सर्गस्थित्यन्तकारिणे नमः। ॐ अनादि निधनाय नमः। ॐ चतुर्वाहवे नमः। ॐ त्रैलोक्येशाय नमः। ॐ त्रिविक्रमाय नमः। ॐ नारायणाय नमः। ॐ शंख चक्र गदाधराय नमः। ॐ पीताम्बरधराय नमः। ॐ नित्याय नमः। ॐ वनमाला विभूषिताय नमः। ॐ श्री वत्साङ्काय नमः। ॐ जगत्सेतवे नमः। ॐ श्रीपतये नमः। ॐ हरये नमः।

इतर देवता पूजन

ॐ देवक्यौ नमः। ॐ वासुदेवाय नमः। ॐ वसुदेवाय नमः। ॐ कश्यपाय नमः। ॐ गणेशाय नमः। ॐ बलभद्राय नमः। ॐ दुर्गायै नमः। ॐ यशोदाय नमः। ॐ शेषनागाय नमः। ॐ महादेवाय नमः। ॐ दित्यै नमः। ॐ नंदाय नमः। ॐ प्रजापतये नमः। ॐ दक्षाय नमः। ॐ सोमाय नमः। ॐ दुर्गायै नमः। ॐ यमुनायै नमः। ॐ काल्यै नमः। ॐ चतुर्मुखाय नमः। ॐ

कालनेमिने नमः। ॐ धन्वन्तरये नमः। ॐ विश्वाय नमः। ॐ गजेभ्यो नमः। ॐ अश्वेभ्यो नमः। ॐ गङ्गायै नमः। ॐ दानवेभ्यो नमः। ॐ इन्द्राय नमः। ॐ शस्त्रपाणिभ्यो नमः। ॐ गन्धर्वेभ्यो नमः। ॐ यक्षोभ्यो नमः। ॐ किन्नरेभ्यो नमः। ॐ कंसाय नमः। ॐ चित्रगुप्ताय नमः। ॐ स्वर्गाय नमः। ॐ गुह्येभ्यो नमः। ॐ विद्याधरेभ्यो नमः। ॐ अप्सराभ्यो नमः। ॐ नागेभ्यो नमः। ॐ पर्वतेभ्यो नमः। ॐ गोभ्यो नमः। ॐ पक्षिभ्यो नमः। ॐ नरनारिभ्यो नमः। ॐ सर्वेभ्यो गोकुलवासिभ्यो नमः। ॐ मथुरावासिभ्यो नमः।

नीराजनम्–शंख घण्टे बजाते हुए आरती घुमावें और बोलें–

अन्तस्तेजो वहिस्तेजः एकीकृत्यामितप्रभम्। आरार्तिक मिदं देव गृहाण मदनुग्रहात् ॥

अर्घ्यदानम्–घण्टी बजाते हुए अर्घ्यपात्र से जल चढ़ाते हुए बोलें–

क्षीरोदार्णवसंभूत अत्रिनेत्र समुद्भव। गृहाणार्घ्यं शशांकेय रोहिण्या सहित प्रभो ॥ जातः कंसवधार्थाय भूभारोत्तारणाय च। देवानां च हितार्थाय धर्मसंस्थापनाय च ॥ पांडवानां हितार्थाय दैत्यानान्निधनाय च। गृहाणार्घ्यं मया दत्तं देवक्या सहितो हरे ॥

प्रार्थना–हाथ जोड़कर प्रार्थना करें–

अवतार सहस्राणि करोषि मधुसूदन। न ते संख्याऽवताराणं केऽपि जानन्ति वै प्रभो ॥ देवा ब्रह्मादयो वापि स्वरूपम् न विदुस्तव। अतस्त्वां पूजयिष्यामि मातुरुत्सङ्गसंस्थितम् ॥

जातकर्मषष्ठी महोत्सव नाम कर्माणि जीवमातृणां पूजनम्–दाहिनी हथेली में जल, अक्षत तथा पुष्प लेकर बोलें–

संकल्प–

ॐ विष्णुः विष्णुः विष्णुः अद्येह...शर्म्मा/देवी अहम् श्रीकृष्णस्य

पूजनोत्तरांगत्वेन जातकर्म षष्ठी महोत्सव कर्मणि तदुत्तरांगत्वेन जीवमातृणां च प्रतिष्ठापूर्वक पूजन करिष्ये। (जल छोड़ें।)

प्रतिष्ठा–जौ या अक्षत डालते हुए बोलें–

ॐ एतन्ते देव सवितुर्य्यज्ञम्प्राहुर्वृहस्पतये ब्रह्मणे तेन यज्ञमव तेन यज्ञपतिम् तेन मामव। मनोजूतिर्जुषता माज्जस्य वृहस्पतिर्य्यज्ञ मिमन्तनो त्वरिष्टं यज्ञश्ठसमिमं दधातु। विश्वे देवास इह मादयन्ताम् ॐ प्रतिष्ठ। ॐ पट्टलिखितानि जीवमातराः इहागच्छन्तु इहतिष्ठन्तु सुप्रतिष्ठिता वरदा भवन्तु।

ध्यानम्–हाथ जोड़कर ध्यान करें और बोलें–

कल्याणी मंगला भद्रा पुण्या पुण्यमुखीस्तथा। जया च विजया चैव सप्तैता जीवमातराः। जीवमातृभ्यो नमः। (पुष्प चढ़ावें)

आवाहनम्–दोनों खुली हथेलियों से 'आइए' की मुद्रा बनाते हुए बोलें–

सप्तजीवमातृभ्यो नमः। आवाहनम् समर्प्ययामि। (पुष्प चढ़ावें।)

आसनम् पाद्यम्, अर्घ्यं, स्नानम्–(पुष्प तथा जल चढ़ावें)
धूपम्, दीपम्, नैवेद्यं, फलम्, ताम्बूलं, द्रव्यं–(चढ़ावें)
वसोधारार्थ संकल्प–आचमनी से जल छोड़ें। निम्न बोलें–

अद्येह...शर्म्मा/देवी अहम् श्रुतिस्मृति पुराणोक्त फलावाप्तये सकलमंङ्गलाभिवृद्ध्यर्थं जीवमातृणामुपरि गुडसर्पिभ्यां वसोर्धारां पातयिष्ये।

निम्न बोलते हुए पाँच या सात गुड़ मिले घी की धारें मातृकों पर डालें।

ॐ व्वसो पवित्रमसि शतधारं व्वसोः पवित्रमसि सहस्रधारं देवस्त्वा सविता पुनातु व्वसोः पवित्रेण शतधारेण सुप्वाः कामधुक्ष्वः।

नीराजन–आरती करें।

पुष्पाञ्जलि–कल्याण्यादि जीवमातृभ्यो नम्। पुष्प चढ़ावें।

दक्षिणा–ब्राह्मण को गन्धाक्षत करें। तदुपरान्त श्रद्धासहित दक्षिणा दें।

षष्ठी महोत्सव तदङ्गत्वेन षट्कृत्तिकानां स्कन्द प्रद्युम्नयो षष्ठी देव्याश्च पूजनम्–

दाहिनी मुट्ठी में जल, भक्षत तथा पुष्प रखकर निम्न संकल्प बोलें–

संकल्प–अद्य...शर्म्मा/देवी अहम् श्रुतिस्मृति पुराणोक्त फलावाप्तये श्रीकृष्ण देव प्रीत्यर्थं श्रीकृष्ण देवस्य षष्ठीमहोत्सव कर्म्मणि तथा तदङ्गत्वेन षट्कृत्तिकानां स्कन्द प्रद्युम्नयोः तथा षष्ठीदेव्याश्च पूजनमहम् करिष्ये। (जल छोड़ दें।)

प्रतिष्ठा–मूर्ति के बैठने के स्थान पर जौ या अक्षत छिड़कते हुए निम्न बोलें–

भूर्भुवः स्वः षट्कृत्तिका इहागच्छन्तु इह तिष्ठन्तु सुप्रतिष्ठिता वरदा भवन्तु स्कन्द प्रद्युम्नौ सुप्रतिष्ठितौ वरदौ भवतम्।

ध्यानम्–हाथ जोड़कर ध्यान करें।

प्रद्युम्नस्तु चतुर्बाहुः शंखचक्रगदाधरः। चक्रं दक्षिणहस्ते स्याद्वामहस्ते धनुस्तथा॥ शंखं च दक्षिणे दद्यात् गदां वामे प्रदापयेत। प्रद्युम्नं कारयेद्देव सर्वलक्षणसंयुतं॥ मयूरवाहनारूढो द्विभुजो बालरूपधृक्। मुद्गरं वामहस्ते तु शक्तिं दक्षिणतो न्यसेत॥ चतुर्भुजां महादेवीं तुङ्गपीनस्तनीं शिवाम्। मयूर वाहनारूढां रक्तवस्त्रधरां शुभाम्॥ शूलशक्तिधराभीतिहस्तां ध्यायेन्महेश्वरीम्। षटकृत्तिकाभ्यो नमः। स्कन्द प्रद्युम्नाभ्यां नमः॥ षष्ठी देव्यैः नमः। (पुष्प चढ़ावें।)

पाद्यम्–आचमनी से जल चढ़ावें।

अर्घ्यम्–घण्टी बजाते हुए अर्घ्यपात्र से जल चढ़ावें।

स्नानम्–आचमनी से जल चढ़ावें।

आचमनीयम्–आचमनी से एक बार जल दें।

गन्धाक्षत्–अनामिका से मूर्ति अथवा चित्र पर रोली अक्षत डालें।

पुष्प धूप दीपनैवेद्य ताम्बूल आभूषण–मूर्ति पर चढ़ावें।

नीराजन–घण्टी बजाते हुए आरती घुमावें। निम्न बोलें–

अन्तस्तेजो बहिस्तेज एकीकृत्यामित प्रभम्। आरार्तिकमिदन्देव गृहाण मदनुग्रहात ॥

प्रार्थना–हाथ जोड़कर निम्न प्रार्थना बोलें–

नमः कुमाराय महाप्रभाय स्कन्दाय ते स्कन्दितदानवाय।
नवार्कबिम्बद्युतये नमोऽस्तु ते ह्यमोघ शक्ति ग्रहपाणये ते ॥
नमो विशालाय विचारिणेऽतु नमोऽस्तु ते षण्मुखकामरूपिणे।
गुहाय गूढाभरणाय तेऽस्तु नमोऽस्तु ते दानवदारणाय ॥
नमोऽस्तु तेऽर्कप्रतिमप्रभाय नमोऽस्तु गूढाय गुहाय तुभ्यम्।
नमोऽस्तु ते लोक भयापहाय नमोऽस्तु ते बालपराक्रमाय ॥
नमो विशालाय त्रिलोचनाय नमो विशाखाय महाव्रताय।
नमो नमस्तेऽस्तु मनोरमाय नमो नमस्तेऽस्तु करोत्कटाय ॥
नमो मयूरोज्ज्वलवाहनाय नमो धृतोदग्र पताकिनेऽस्तु।
नमोऽस्तु केयूरधराय तुभ्यम् नमः प्रभाव प्रणताय तुभ्यम् ॥
सेनापते पावकिने नमस्तु कृपापरीतामल दिव्य मूर्तये।
कृपामयो यज्ञ इवामलः स्वयन्नमोऽस्तु षष्ठीश नमो नमस्ते ॥
कार्तिकेय महाबाहो गौरीहृदय नन्दन।
रक्षभीतेस्त्वमेवैनं कार्तिकेय नमोऽस्तु ते ॥
कार्तिकेयाय नम्। (पुष्प)
भो प्रद्युम्न महाबाहो लक्ष्मीहृदयनन्दन।
कुमारं रक्ष मे भीतेः प्रद्युम्नाय नमो नमः ॥ (पुष्प)
षट्कृत्तिकाभ्यो नमः। (पुष्प)

शिवायै नमः। सम्भूत्यै नमः। प्रीत्यै नमः। रत्यै नमः। अनुसूयाय नमः।
जगन्मात र्जगद्धात्रि जगदानन्द कारिणी।
नमस्ते देवि कल्याणि प्रसीद मम कृत्तिके॥
पुरा देवै पूजितासि ब्रह्मविष्णु शिवादिभिः।
अस्माभिरपि देवि त्वम् पूज्यसे भक्तिपूर्वकम्॥
देहि अस्य बालकस्यायुदीर्घ्यं तुभ्यन्नमो नमः।

संक्षिप्त नामकर्माख्य संस्कार–एक सफेद वस्त्र पर रोली से 'श्रीकृष्ण' लिखें।

प्रतिष्ठा–नाम के ऊपर जौ अथवा अक्षत डालते हुए बोलें–

ॐ भूर्भुवः स्वः श्रीकृष्ण देवस्य नामक्षराणि सुप्रतिष्ठानि भवन्तु।

स्वस्तिवाचन– ॐ भद्रं कर्णेभिः शृणुयाम देवाः। भद्रम् पश्येम अक्षिभिः यजत्राः स्थिरैः अंगैः तुष्टुवाꣳसस्तनूभिव्यशेमहि देव हितं यदायुः।

नाम वाचन–मुँह में शंख लगाकर बोलें–

श्रीकृणनामादीर्घायुः भूयात!

ब्राह्मण पूजन–ब्राह्मण को गन्धाक्षत करें। उसके चरण स्पर्श करें।

दक्षिणा–ब्राह्मण को श्रद्धासहित दक्षिणा दें।

आशीर्वचन–ब्राह्मण परिवार के सदस्यों को गन्धाक्षत करेगा तथा उन्हें आशीर्वाद देगा। तदुपरान्त सबको पञ्चामृत, पजीरी तथा प्रसाद का वितरण होगा।

हरतालिका व्रत पूजा

गणेशस्तव–हाथ जोड़कर निम्न स्तुति बोलें–

सुमुखश्चैक दन्तश्च कपिलो गजकर्णकः लम्बोदरश्च विकटो विघ्ननाशो विनायकः। द्वादशैतानि नामानि यः पठेत् शृणुयादपि विद्यारम्भे विवाह च प्रवेशे निर्गमे तथा संग्रामे संकटे चैव विघ्नस्तस्य न जायते। विघ्नवल्ली कुठाराय श्री गणाधिपतये नमः (पुष्प चढ़ा दें।)

संकल्प–दाहिने हाथ की अधखुली मुट्ठी में जल, अक्षत तथा पुष्प रखकर निम्न संकल्प बोलें–

ॐ विष्णु विष्णु विष्णु। अद्र्येह...नाम सम्वत्सरे दक्षिणायने वर्षर्तौ भाद्रपदभासे शुक्लपक्षे हरतालिका तृतीयायां शुभपुण्यतिथौ...गोत्र...देवी अहम मम पापक्षयपूर्वक सप्तजन्मराज्याखण्ड सौभाग्यादि विवृद्धये गौरी महेश्वर प्रीतये हरतालिका व्रतांगत्वेन अस्यां प्रतिमायां श्री गौरीमहेश्वरयोः षोडशोपचारैः पूजनं करिष्ये। (जल छोड़ दें।)

प्रतिष्ठा–निम्न मंत्र बोलते हुए शिव पार्वती की मूर्ति के बैठने के स्थान पर जौ या अक्षत छिड़कें–

ॐ एतन्ते देव सवितर्य्यज्ञं प्राहुर्वृहस्पतये ब्रह्मणे तेन यज्ञमव तेन यज्ञपतिं तेन मामव मनोजूतिर्जुषतामाज्यस्य वृहस्पति र्य्यज्ञमिमं तनोत्वरिष्टं यज्ञꣳसमिमं दधातु विश्वेदेवा स इह मादयन्ताम्।

ॐ प्रतिष्ठ। ॐ भूर्भुव स्वः अस्यां मूर्तौ गौरीमहेश्वरौ इहागच्छतम् इह तिष्ठतं सुप्रतिष्ठितौ वरदौ भवतम्।

ध्यानम्–हाथ में पुष्प लेकर, निम्न स्तुति बोलते हुए गौरी-महेश्वर का ध्यान करें–

पीत कौशेय वसना हेमाभां कमलासनाम्।
भक्तानां वरदां नित्यं पार्वती चिन्तयाम्यहम् ॥
मन्दारमाला कुलितालकायै कपालमालांकित शेखराय।
दिव्याम्बरायै च दिगम्बरायै नमः शिवायै च नमः शिवाय ॥
गौरी महेश्वराभ्याम् नमः। ध्यानं समर्पयामि। (पुष्प चढ़ा लें।)

आवाहनम्–दोनों हथेलियाँ ऊपर की ओर खुला रखकर 'आइए' की मुद्रा में निम्न शब्दों में स्तुति करें–

देवि देवि समागच्छ प्रार्थयेऽहं जगन्मये।
इमा मया कृतां पूजां गृहाण सुरसत्तम् ॥
देव देव समागच्छ प्रार्थयेऽहं जगत्पते।
तावत्त्वं प्रीतिभावेन मूर्तौसन्निहितो भव ॥
श्री गौरीमहेश्वराभ्याम् नमः। आवाहनं समर्पयामि। (पुष्प चढ़ा दें।)

आसनम्–निम्न बोलकर देवता को बैठने के लिए आसनार्थ पुष्प दें–

भवानि त्वं महादेवि सर्वसौभाग्यदायिके।
अनेक रत्न सम्पृक्तम् आसनं प्रतिगृह्यताम् ॥
देव देव नमस्तुभ्यं सहस्रशिरसे नमः।
नमस्ते कृत्तिवासाय स्वासनं प्रतिगृह्यताम् ॥
आसनम् समर्पयामि।

पाद्यम्–पाँव धोने के लिए आचमनी से जल दें। निम्न बोलें–

सुचारु शीतलं दिव्यं तोयं गन्धसमन्वितम्।
पाद्यं गृहाण देवेशि महादेवि नमोस्तु ते।
गंगादि सर्वतीर्थेभ्यो मया प्रार्थनायहृतम्।
तोयमेतत शुभस्पर्शं पाद्यार्थ प्रतिगृह्यताम्।

अर्घ्यम्–अर्घ्यपात्र में जल डालें। उसमें गन्ध, अक्षत पुष्प डालें। निम्न

स्तुति बोलते हुए तथा घण्टी बजाते हुए अर्घ्य का जल मूर्ति पर चढ़ावें–

श्रीपार्वति महाभागे शंकर प्रियवादिनी अर्घ्यं
गृहाण कल्याणि भर्त्रा सह पतिव्रते ॥
वरेण्यः यज्ञपुरुषः प्रजापालनतत्परः
नमो महात्मन् देवेश गृहाणार्घ्यं नमोऽस्तुते ॥

आचमनीयम्–निम्न बोलते हुए आचमनी से जल चढ़ावें–

गंगाजलं समानीतं सुवर्णकलशे स्थितम्। आचम्यतां महाभाग रुद्रेण सहितेऽनघे ॥

स्नानम्–आचमनी से जल चढ़ावें। निम्न बोलें–

गंगा सरस्वती रेवा कावेरी नर्मदा जलैः। स्नापितासि मया देवि तथा शांतिं कुरुष्व मे॥

पञ्चामृतस्नानम्–दूध, दही, घी, मधु तथा चीनी मिले हुए पञ्चामृत से मूर्ति को नहलावें। निम्न बोलें–

पयो दधि धृतं चैव मधुशर्करयान्वितम्।
पञ्चामृतेन पूतेन स्नानं वै प्रतिगृह्यताम् ॥

शुद्धोदक स्नानम्–शुद्ध जल से मूर्ति को अच्छी तरह स्नान करावें। कहें–

शुद्धोदक स्नानांगाचमनीयं समर्पयामि।

वस्त्रम्–मूर्ति पर, निम्न बोलते हुए, वस्त्र चढ़ावें–

कंचुकीमुपवस्त्रं च नानारत्नसमन्वितम्।
गृहाण त्वं मया दत्तं पार्वत्यै ते नमो नमः ॥
सर्वभूपाधिके रम्ये लोकलज्जा निवारके।
मयोपपादिते तुभ्यं वाससी प्रतिगृह्यताम् ॥

यज्ञोपवीतम्–मूर्ति पर यज्ञोपवीत या धागे का टुकड़ा चढ़ाते हुए

बोलें–

महादेव नमस्तेऽस्तु त्राहि मां भवसागरात्।
ब्रह्मसूत्रं सोत्तरीयं गृहाण पुरुषोत्तम ॥

गन्धम्–निम्न बोलते हुए मूर्ति पर रोली, चन्दन लगावें–

कुंकुमागरु कर्पूर कस्तूरी चन्दनान्वितम।
विलेपनं महादेवि गन्धं दास्यामि भक्तितः ॥
मलयाचलसंभूतं घनसार मनोहरम्।
हृदयानंदनं चारु चन्दनं प्रतिगृह्यताम् ॥

अक्षता–देवमूर्ति पर चावल डालें। निम्न बोलें–

रंजिता कुसुमौघेन अक्षताश्चाति शोभनाः।
ममैषां देवि दानेन प्रसन्ना भव पार्वती ॥
अखण्डानक्षतान् शुक्लान् शोभनान् शालितण्डुलान्।
त्राहि मां सर्वपापेभ्यो गृहाण वृषभध्वज ॥

सौभाग्यद्रव्य अर्पण–निम्न बोलते हुए देवि पर सौभाग्य-पिटारी चढ़ावें–

हरिद्रां कुंकुमं चैव सिन्दूरं कज्जलान्वितम्।
सौभाग्यद्रव्यसंयुक्तं गृहाण परमेश्वरि ॥

पुष्पाणि–निम्न बोलते हुए पुष्प चढ़ावें–

सेवन्तिका बकुल चम्पा पाटलाब्ज, पुन्नाग जाति करवीर रसालपुष्पैः।
बिल्व प्रवाल तुलसी दल मालतीभिस्त्वा ॥
पूजयामि जगदीश्वरि मे प्रसीद।
माल्यादीनि सुगन्धीनि मालत्यादीनि वै प्रभो ॥
मया हृतानि पुष्पाणि पूजार्थं प्रतिगृह्यताम्।

अंगपूजा–देवि के विभिन्न अंगों की कल्पना करते हुए, निम्न बोलकर, पुष्पाक्षत चढ़ाते जावें–

उमायै नमः पादौ पूजयामि। गौर्यै नमः जंघे पूजयामि। पार्वत्यै नमः जानुनी पूजयामि। जगद्धात्र्यै नमः उरू पूजयामि। जगत्प्रतिष्ठायै नमः कटिं पूजयामि। शान्तिरूपिण्यै नमः नाभिं पूजयामि। देव्यै नमः उदरं पूजयामि। लोकवन्द्यायै नमः स्तनौ पूजयामि। काल्यै नमः कण्ठं पूजयामि। शिवायै नमः मुखं पूजयामि। भवान्यै नमः नेत्रे पूजयामि। रुद्राण्यै नमः कर्णौ पूजयामि। शर्वाण्यै नमः ललाटं पूजयामि। मंगलदायै नमः शिरः पूजयामि। भक्ताभीष्ट प्रदायै नमः सर्वांगं पूजयामि। अर्धनारीश्वराय श्री गौरीशंकराय नमः सर्वांगं पूजयामि।

धूपम्–निम्न बोलते हुए धूप का धुआँ देवताओं की ओर ले जावें–

वेदद्रुम रसोद्भूत कृष्णागरु समन्वितम्।
आनीतोऽयं मया धूपो भवानि प्रतिगृह्यताम् ॥
दशांगं गुग्गुलं धूपं सुगन्धिं सुमनोहरम्।
अर्पयामि महादेव प्रसीद सुमुखे भव ॥

दीप–जलते हुए दीप की ओर संकेत करते हुए बोलें–

त्वं ज्योतिः सर्वदेवानां तेजसा तेजमुत्तमम्।
आत्म ज्योतिः परं धाम दीपोऽयं प्रतिगृह्यताम ॥
स्वप्रकाशो महान्दीपः सर्वतः तिमिरापहा।
आत्मज्योतिः परं धाम महादेव प्रतिगृह्यताम् ॥

नैवेद्यम्–नैवेद्य के ऊपर पुष्प डालकर बोलें–

अन्नं च विविधं स्वादु रसैः षड्भिः समन्वितम्।
भक्ष्य भोज्य समायुक्तं नैवेद्यं प्रतिगृह्यताम् ॥
सत्पात्र सिद्धं सुहविः विविधानन्द लक्षणम्।
निवेदयामि भवते सानुगाय गृहाण तत ॥

फलम्–फल के ऊपर पुष्प डालते हुए बोलें–

इदं फलं मया देवि स्थापितं पुरतस्तव।
येन मे सफलावाप्तिः भवेत् जन्मनि जन्मनि ॥

ताम्बूल–पान का बीड़ा चढ़ाते हुए बोलें–

कपूरैला लवंगादि ताम्बूली दल संयुतम्।
क्रमुकस्य फलं चैव ताम्बूलं प्रतिगृह्यताम् ॥

पुष्पांजलि–निम्न नाम बोलते हुए पुष्प चढ़ाते हुए–

गौर्यै नमः। पार्वत्यै नमः। जगद्धाल्यै नमः।
जगत्प्रतिष्ठायै नमः। शन्ति रूपिण्यै नमः।
हराय नमः। महेश्वराय नमः। शम्भवे नमः।
शूलपाणये नमः। पिनाकधृते नमः। शिवाय नमः।
पशुपतये नमः। महादेवाय नमः।

नीराजनम्–शंख-घण्टे बजाते हुए आरती करें। निम्न बोलें–

चन्द्रादित्यौ च धरणी विद्युदग्नि तथैव च।
त्वमेव सर्व ज्योतींषि आरार्तिं प्रतिगृह्यताम् ॥

प्रदक्षिणा–मूर्तियों के चारों ओर अथवा अपने स्थान पर खड़े-खड़े चारों ओर घूमें। निम्न बोलें–

यानि कानि च पापानि जन्मान्तर कृतानि च।
तानि सर्वाणि नश्यन्तु प्रदक्षिण पदे पदे ॥

प्रार्थना–हाथ में पुष्प लेकर निम्न प्रार्थना करें–

शिवायै हरकान्तायै प्रकृत्यै सृष्टि हेतवे।
शिवायै सर्व मांगल्यै शिवरूपे जगन्मये ॥
शिवे कल्याणदे नित्यं शिवरूपे नमोऽस्तु ते।
शिवप्रिये नमस्तुभ्यं शिवायै सततं नमः ॥
नमस्ते ब्रह्मचारिण्यै जगद्धात्र्यै नमो नमः।
संसार भय सन्तापात् त्राहि सा सिंहवाहिनी ॥
नमः शिवाय शान्ताय पंचवक्त्राय शूलिने।
नन्दि भृंगमहाकाल गणयुक्ताय शम्भेव ॥

नमस्ते सर्व दीपात्मन अनिमेष स्तुतिसंभवः।
जन्म मृत्यु जरा व्याधि संसार भयनाशन ॥
नमस्ते देवदेवेश नमस्ते धरणीधर।
नमस्ते विश्वरूपाय नमस्ते पुरुषोत्तम ॥
संसारार्णव मग्नं च त्राहि मां गरुडध्वज।
हराय च नमस्तुभ्यं त्रैलोक्य व्यापिने नमः ॥
पुत्रान् देहि धनं देहि सौभाग्यं देहि सुव्रते।
अन्याश्च सर्वकामान मे देहि देवि नमोस्तुते ॥
येन कामेन देवि त्वं पूजितासि महेश्वरि।
राज्य सौभाग्यसम्पत्तिं मह्य देहि अम्ब पार्वती ॥ (पुष्प चढ़ा दें।)

दक्षिणादान–ब्राह्मण को तिलक लगाएँ। उसके चरण स्पर्श करें। उसे श्रद्धासहित दक्षिणा दें–ब्राह्मण परिवार के सदस्यों को तिलक करें, पुष्प तथा आशीर्वाद करें।

अनन्त चतुर्दशी-पूजा

गणेशस्तवन—हाथ में पुष्प लेकर निम्न स्तुति बोलें—

सुमुखश्चैक दन्तश्च कपिलो गजकर्णकः लम्बोदरश्च विकटो विघ्ननाशो विनायकः। धूम्रकेतुर्गणाध्यक्षो भालचन्द्रो गजाननः। द्वादशैतानि नामानि यः पठेत शृणुयादपि। विद्यारम्भे विवाहे च प्रवेशे निर्गमे तथा। संग्रामे संकटे चैव विघ्नस्तस्य न जायते। विघ्नवल्ली कुठाराय श्री गणाधिपतये नमः ॥ (पुष्प चढ़ावें।)

पूजा संकल्प—दाहिने हाथ की आधी खुली मुट्ठी में जल, अक्षत, रोली रखकर निम्न बोलें—

ॐ विष्णुः विष्णुः विष्णु नमः परमात्मने श्री ब्रह्मपुराण पुरुषोत्तमाय अत्र पृथिव्यां जम्बूद्वीपे भरतखण्डे आर्य्यावर्ते पुण्यक्षेत्रे...देशे विष्णुप्रजापति क्षेत्रे ब्रह्मणो द्वितीय परार्द्धे श्री श्वेतवाराह कल्पे वैवस्वतनाम मन्वन्तरे अष्टा विंशति तमे कलियुगे कलियुगस्य प्रथम चरणे बौद्धावतारे षष्टयब्दाना मध्ये. ..नाम सम्वत्सरे दक्षिणायने वर्षर्तुः भाद्रमासे शुक्लपक्षे अनंत चतुर्दश्यां पुण्यतिथौ...शर्म्मा/देवी अहम् सकुटुम्बस्य मम क्षेमस्थैर्य्यायुरारोग्य चतुर्विध पुरुषार्थ सिद्धये अनन्त चतुर्दशी व्रतं करिष्ये तदंगत्वेन कलशे दर्भमया अनन्त मूर्तौ दोरके च श्रीमत् अनन्त देवस्य षोडशोपचारैः पूजनं करिष्ये।

कलश-स्थापन

भूमि स्पर्श—छोटी अँगुली से कलश रखने के स्थान को छुएँ। छूते हुए निम्न बोलें—

ॐ महीद्यौः पृथिवी च नऽइमं मिमिक्षताम्। पिपृतान्नो भरीमभीः।

धान्य प्रक्षेप–कलश रखने के स्थान पर सात धान्य (जौ, धान, तिल, मूँग, चना, साँवाँ, गेहूँ) रखते हुए निम्न बोलें–

ॐ औषधयः समवदन्त सोमेन सह राज्ञा।
यस्मै कृणोति ब्राह्मणस्तश्चराजन् पारयामसि ॥

कलश रखना–जल, दधि, अक्षत् तथा चन्दन से युक्त कलश को स्थान पर रखते हुए निम्न बोलें–

ॐ आ जिघ्र कलशं मह्य त्वा विशन्तु इन्दवः। पुनरूर्जा निवर्तस्व सा नः सहस्त्रं धुक्ष्वोरुधारा पयस्वती पुनर्मा विशताद्रयिः।

कलश में जल भरना–कलश में जल डालते हुए निम्न बोलें–

ॐ वरुणस्योत्तम्भनमसि वरुणस्य स्कम्भसर्जनी स्थो वरुणस्य ऋतसदन्यसि वरुणस्य ऋतसदनमसि वरुणस्य ऋतसदनमासीद।

कलश पर चन्दन–कलश पर चन्दन लगाते हुए निम्न बोलें–

ॐ गन्धद्वारां दुराधर्षां नित्यपुष्टां करीषिणीम्।
ईश्वरीं सर्वभूतानां तामिहोपह्वये श्रियम् ॥

अक्षत–कलश पर अक्षत डालते हुए बोलें–

ॐ औषधयः समवदन्त सोमेन सह राज्ञा।
यस्मै कृणोति ब्राह्मणस्यश्चराजन् पारयामसि ॥

दूर्वा–कलश पर दूर्वापत्र डालते हुए बोलें–

ॐ काण्डात्काण्डात्प्ररोहन्ति परुषः परुषस्परि।
एवानो दूर्वे प्रतनु सहस्रेण शतेन च ॥

सर्वोषधि–मुरा, जटामाँसी, वच, कुष्ठ, शिलाजीत, हल्दी, दारुहल्दी, सठी, चम्पक तथा मुस्ता (हल्दी की गाँठ डालना यथेष्ट।) कलश के जल

में डालते हुए बोलें—

ॐ या ओषधीः पूर्वा जाता देवेभ्यस्त्रियुगं पुरा।
मनै नु बभ्रूणामहꣳशतं धामानि सप्त च॥

सुपारी—कलश के जल में एक साबुत सुपारी डालते हुए बोलें—

ॐ याः फलिनी याऽ अफला अपुष्पा याश्च पुष्पिणीः।
वृहस्पति प्रसूतास्ता नो मुञ्चन्त्वꣳहसः॥

पञ्चपल्लव—कलश के मुँह को पत्तों से सजाते हुए बोलें—(बरगद, गूलर, पीपल, आम, पाकड़।)

ॐ अश्वत्थे वो निषदनं पर्णे वो वसतिष्कृता।
गोभाज इत्किलासथ यत्सनवथ पूरुषम्॥

सप्तमृद—कलश के जल में मिट्टी डालते हुए बोलें—(घुड़साल, हाथीसाल, बॉबी, नदी, संगम, तालाब, राजद्वार, गोशाला।)

ॐ स्योना पृथिवी नो भवानृक्षरा निवेशनी।
यच्छा नः शर्म सप्रथाः।

दुग्ध—कलश के जल में कुछ दूध डालते हुए बोलें—

ॐ पयः पृथिव्यां पयऽ ओषधीषु पयो दिव्यन्तरिक्षे पयोधाः।
पयस्वतीः प्रदिशः सन्तु मह्यम्॥

दधि—कलश के जल में कुछ दही डालते हुए बोलें—

ॐ दधिक्क्राव्णोऽ अकारिषन् जिष्णोरस्य व्वाजिनः।
सुरभिणो मुखाकरत्प्रेणऽ आयूꣳषि तारिषत्।

घृतम्—कलश में घी डालें और बोलें—

ॐ घृतवती भुवनानाम् अभिश्रियोर्व्वी पृथ्वी मधुदुधे सुपेशसा।
द्यावा पृथिवी व्वरुणस्य धर्म्मणा विष्कंभितेऽ अजरे भूरिरेतसा।

सुवर्णम्—कलश में सोना (अथवा द्रव्यम्) डालते हुए बोलें—

**ॐ हिरण्यगर्भः समवर्तताग्रे भूतस्य जातः पतिरेक आसीत्।
सदाधार पृथिवी द्यामुतेमां कस्मै देवाय हविषा विधेम ॥**

वस्त्रम्—कलश के बाहर कोई वस्त्र अथवा वस्त्र खण्ड रखते हुए बोलें—

यदश्श्वाय व्वास उपस्तृणन्त्यधो वासं। या हिरण्यान्यस्मै सन्दान मर्व्वन्तनम्पड्वीशं प्रिया देवेष्वायामयन्ति ॥

त्रिगुणित सूत्रेण वेष्टनम्—तिहरा करके तागा कलश के चारों तरफ लपेटें और बोलें—

**ॐ युवा सुवासाः परिवीतऽ आगात्सऽउश्श्रयान भवति जायमानः।
तन्धीरासः कवयऽउन्नयन्ति साध्यो मनसा देवयन्तः।**

ब्राह्मण द्वारा प्रार्थना—पुरोहित निम्न प्रार्थना बोलेगा।

आ ब्रह्मन् ब्राह्मणो ब्रह्मवर्च्चसी जायतामाराष्ट्रे राजन्यः शूरऽ इषव्योतिव्याधि महारथो जायतान्दोग्ध्री धनुर्व्वोढानड्वानाशुः सप्तिः पुरन्धिर्य्योषा जिष्णूरथेष्ठाः सभेयो युवास्य यजमानस्य व्वीरो जायतांन्निकामे निकामे नः पर्ज्जन्योऽ भिवर्षतु फलवत्यो नऽ ओषधयः पच्च्यतां योगक्षेमो नः कल्पताम्॥

धान्यपूर्णपात्र स्थापन—कलश के ऊपर चावल से भरा पात्र रखें और बोलें—

ॐ पूर्णादर्व्विपरापत सुपूर्णा पुनरापत। व्वस्त्नेव व्विक्रीणावहाऽ इषमूर्जथ्ठशतक्रतो।

वरुणावाहन—पहले दोनों हथेलियां फैलाकर वरुणदेव का स्वागत करें। निम्न स्तुति बोलते हुए कलश को छुएँ—

**ॐ तत्वायामि ब्रह्मणा व्वन्दमानुस्तदाशास्ते यजमानो हविर्भिः।
अहेडमानो वरुणेह बोद्ध्युरुशथ्ठसमान आयुः प्प्रमोषीः ॥**

ॐ भुर्भूवः स्वः भगवन् वरुण इहागच्छ इह तिष्ठ पूजार्थ त्वाम् आवाहयामि।

स्तुति–हाथ में पुष्प लेकर निम्न स्तुति बोलें–

कलशस्य मुखे विष्णुः कण्ठे रुद्रस्समाश्रितः।
मूले तस्य स्थितो ब्रह्मा मध्यं मातृगणाः स्मृताः ॥
कुक्षौ तु सागराः सप्त सप्तद्वीपा वसुन्धरा।
ऋग्वेदोऽथ यजुर्वेदः सामवेदोऽह्यथर्वणः ॥
अंगैश्व सहिताः सर्वे कलशन्तु समाश्रिताः।
सर्वे समुद्राः सरितस्तीर्थानि जलदा नदाः ॥
आयान्तु यजमानस्य दुरितक्षय कारकाः।

उत्तरे हिमवत् पार्श्वे क्षीरदो नामः सागरः।
प्रारब्धं मन्थनं तत्र देवैदानेव संयुतै।
मन्थानं मन्दरम् कृत्वा नेत्रम् कृत्वा तु वासुकिम्।
मूले कूर्मस्तु संस्थाप्य विष्णु प्रभृति देवता।
देवदानव संबाधे मध्यमाने महोदधौ।
उत्पन्नोऽसि तदा कुम्भ विधृतो विष्णुना स्वयम्।
अर्जुनी गोमती चैव चन्द्रभागा सरस्वती।
कावेरी वैष्णवी रौद्री गंगा चैव महानदी।
त्वत्तोये सर्वतीर्थानि देवाः सर्वे त्वयि स्थिताः।
त्वयि तिष्ठन्ति भूतानि त्वयि प्राणाः प्रतिष्ठिताः।
शिव स्वयम् त्वमेवासि विष्णुस्त्वञ्च प्रजापतिः
आदित्या वसवो रुद्रा विश्वेदेवा मरुद्गणाः।
त्वयि तिष्ठन्ति सर्वेऽपि यतः कामफलप्रदाः।
त्वत्प्रसादात् इमम् यज्ञं कर्तुमीह जलोद्भव।
सान्निध्यं कुरु मे देव प्रसन्नो भव सर्वदा।
ॐ स्थिरो भव व्वीड्वंग ऽआशुर्भव व्वाज्ज्यर्व्वन्
पृथुर्भव सुषदस्त्वमग्ने पुरीषवाहणः।
आवाहयाम्यहं देव वरुणं भुवनेश्वरं।
सर्वौषधिरसं दिव्यममृतं प्राणधारकम्।

अपाम्यते जगन्नाथ रसरूपगदाधर।
पद्मोद्भव इहागच्छ शक्रेण सहितः प्रभो।
सगणश्च सभार्यश्च शिंशुमारकवाहन।
एहि देव जलाध्यक्ष कुम्भेऽस्मिसन्निनधिं कुरु।

ॐ भूर्भुवः स्वः ब्रह्म वरुण आदित्य आदि नवग्रहाः साङ्गा सायुधाः सवाहनाः सपरिवारा इहागच्छन्तु इहतिष्ठन्तु सुप्रतिष्ठिताः वरदाः भवन्तुः

अब इस कलश में कुश से बनी अनन्त मूर्ति (ब्रह्म) डालें। उसी पर पहनने वाले डोर भी रख दें।

प्रतिष्ठा–कलश पर अक्षत छिड़कते हुए बोलें–

ॐ भूर्भुवः स्वः अस्यां मूर्तौ अस्मिन् दोरकं च अनन्तदेव सुप्रतिष्ठितो वरदो भव।

ध्यानम्–हाथों में पुष्प ले, निम्न स्तुति बोलकर अनन्तदेव का ध्यान करें–

नवाम्र पल्लवाभासं पिङ्गभ्रूः श्मश्रुलोचनम्।
पीताम्बरधरं शार्ङ्ग शंख चक्र गदाधरम्।
प्रसन्नवदनं विष्णुं विश्वरूपं विचिन्तयेत्।
श्री अनन्तदेवाय नमः।
ध्यानं समर्प्पयामि। (पुष्प चढ़ावें।)

आवाहन–दोनों सीधी हथेलियाँ फैलाकर स्वागत करें। निम्न बोलें–

आगच्छानन्त देवेश तेजोराशे जगत्पते।
क्रियमाणामिमां पूजां गृहाण पुरुषोत्तम ॥

आसनम्–एक पुष्प भूमि पर रख कर बोलें–

नाना रत्न समायुक्तं कार्तस्वर विभूषितम्।
आसनं देव देवेश गृहाण पुरुषोत्तम। आसनं समर्प्पयामि।

पाद्यम्–आचमनी से जल छोड़ें। निम्न बोलें–

गंगादिसर्वतीर्थेभ्यो मया भक्त्या समाहृतम्।
तोयमेतत्सुखस्पर्शं पाद्यार्थं प्रतिगृह्यताम्।

अर्घ्यम्–घण्टी बजाते हुए अर्घ्यपात्र से जल चढ़ावें। निम्न बोलें–

अनन्तानन्त देवेश अनन्तगुण सागर।
अनन्तानन्त रूपोऽसि गृहाणार्घ्यं नमोऽस्तु ते।

आचमनीयम्–आचमनी से जल डालें। निम्न बोलें–

गङ्गा जलं समानीतं सुवर्णकलशे स्थितम्।
आचम्यतां हृषीकेश त्रैलोक्य व्याधिनाशनम्॥

पञ्चामृत स्नानम्–ब्रह्म तथा डोर के ऊपर पञ्चामृत डालें।

शुद्धोदक स्नानम्–आचमनी से जल लेकर ब्रह्म और डोरक पर निम्न बोलते हुए जल डालें–

गङ्गा च चमुना चैव नर्मदा च सरस्वती। तापी पयोष्णी रेवा च ताभ्यः स्नानार्थमाहृतम्। तोयमेतत्सुखस्पर्शं स्नानीयं प्रतिगृह्यताम्॥

स्नानाङ्गमाचमनीयम्–आचमनी से एक बार जल छोड़ें।

वस्त्रम, यज्ञोपवीतम्, गन्धम्, अक्षतान्, पुष्पाणि

अंगपूजा–श्री अनंतदेव के शरीर की कल्पना करके उनके प्रत्यङ्गों पर पुष्पाक्षत चढ़ावें।

श्री अनंताय नमः पादौ पूजयामि।
श्री संकर्षणाय नमः गुल्फौ पूजयामि।
श्री कालात्मने नमः जानुनी पूजयामि।
श्री विश्वरूपिणे नमः जघने पूजयामि।
श्री विश्वरूपाय नमः कटिं पूजयामि।
श्री विश्वकर्त्रे नमः मेढ्रं पूजयामि।
श्री पद्मनाभाय नमः नाभिं पूजयामि।

श्री परमात्मने नमः हृदयं पूजयामि।
श्री कण्ठनाथाय नमः कण्ठं पूजयामि।
श्री शस्त्रास्त्रधारिणे नमः बाहू पूजयामि।
श्री वाचस्पतये नमः मुखं पूजयामि।
श्री कपिलाय नमः चक्षुषी पूजयामि।
श्री केशवाय नमः ललाटं पूजयामि।
श्री सर्वात्मने नमः शिरः पूजयामि।

अनन्तसूत्रग्रन्थि पूजन–रखें हुए अनन्त के डोर की गाँठों को छूकर बोलें–

श्रियै नमः। मोहिन्यै नमः। पद्मिन्यै नमः। महा बलायै नमः। अजायै नमः। मङ्गलायै नमः। वरदायै नमः। शुभायै नमः। जयायै नमः। विजयायै नमः। जयन्त्यै नमः। पापनाशिन्यै नमः। विश्वरूपिण्यै नमः। सर्वमङ्गलाय नमः।

ॐ विष्णवे नमः। ॐ अग्नये नमः। ॐ सूर्याय नमः। ॐ सहस्राक्षाय नमः। ॐ पितामहाय नमः। ॐ इन्द्राय नमः। ॐ पिनाकिने नमः। ॐ विघ्नेशाय नमः। ॐ स्कन्दाय नमः। ॐ सोमाय नमः। ॐ वरुणाय नमः। ॐ पवनाय नमः। ॐ पृथिव्यै नमः। ॐ वसुभ्यो नमः।

पुष्प, धूप, दीप, नैवेद्य, ताम्बूल, द्रव्य

जपम्–'श्री अनन्तदेवाय नमः।' (दस बार यह जप बोलें)

नीराजनम्–अनन्त की आरती करते हुए निम्न बोलें–

चन्द्रादित्यौ च धरणीः विद्युदग्नि तथैव च। त्वमेव सर्वज्योतींषि आरार्तिः प्रतिगृह्यताम्।

प्रदक्षिणा–अनन्त के चारों तरफ या अपने स्थान पर घूमकर प्रदक्षिणा करें और बोलें–

यानि कानि च पापानि जमान्तर कृतानि च।
तानि सर्वाणि नश्यन्तु प्रदक्षिणपदे पदे॥

प्रार्थना—हाथ जोड़कर बोलें—

नमस्ते भगवन्भूयो नमस्ते धरणीधर। नमस्ते सर्वनागेन्द्र नमस्ते मधुसूदन। नमस्ते देवदेवेश नमस्ते गरुडध्वज। नमस्ते कमलाकान्त अनन्ताय नमो नमः। अनन्त कामान्मे देहि सर्वकामवरप्रद। अनन्ताय नमस्तुभ्यं पुत्रपौत्रविवर्धन। अनन्तः सर्वकामानामधिपं सर्व कामदः। व्रतेनानेन सुप्रीतो भवत्विह सदा मम।

ब्राह्मण गन्धाक्षत—ब्राह्मण को रोली-अक्षत लगावें।

ब्राह्मण दक्षिणा—ब्राह्मण को श्रद्धापूर्वक दक्षिणा दें।

नवीन दोरक ग्रहण—अनन्तः कामदः श्रीमाननन्तो दोररूपकः अनन्तकामान् मे देहि पुत्र पौत्र विवर्द्धन ॥ दोरक को पुरुष दाहिने तथा स्त्री बायें हाथ में पहन लें।

देवी-पूजनम्

दीप जलावें। आचमन करें।

गणेश वन्दना–हाथ जोड़कर बोलें–

सुमुखश्चैकदन्तश्च कपिलो गजकर्णकः। लम्बोदरश्च विकटो विघ्ननाशो विनायकः। धूम्रकेतुर्गणाध्यक्षो भालचन्द्रो गजाननः। द्वादशैतानि नामानि यः पठेत श्रृणुयादपि विद्यारम्भे विवाहे च प्रवेशे निर्गमे तथा संग्रामे संकटे चैव विघ्नस्तस्य न जायते। विघ्नवल्ली कुठाराय श्री गणाधिपतये नमः ॥

अर्घ्यस्थापना–भूमि पर रोली से त्रिकोण षट्कोण का तथा वृत्त बना कर यंत्र बनावें। उस पर अक्षत पुष्प डालें। उस पर अर्घ्यपात्र रखें।

पवित्र रखना–पात्र में कुशपत्र या दूर्वादल रखें। निम्न बोलें–

ॐ पवित्रस्थो वैष्णव्यो सवितुर्वः प्रसव उत्पुनामि अच्छिद्रेण पवित्रेण सूर्य्यस्य रश्मिभिः।

जल डालना–अर्घ्यपात्र में जल डालते हुए निम्न बोलें–

ॐ शं नो देवी अभिष्टयऽआपो भवन्तु पीतये। शं यो अभिस्रवन्तु नः। गंगे च चमुने चैव गोदावरि सरस्वति। नर्मदे सिन्धु कावेरी जलेऽस्मिन् सन्निधिं कुरु।

गंध, जल, पुष्प, अक्षतादि जल में डालें। इसे अपने शरीर पर तथा पूजा सामग्री पर छिड़कें तथा यह बोलें–

पुण्डरीकाक्षाय नमः। पुण्डरीकाक्षाय नमः। पुण्डरीकाक्षाय नमः। ॐ विष्णवे नमः। विष्णवे नमः। विष्णवे नमः।

सूर्य्यध्यानम्–हाथ में पुष्प लें। सूर्य भगवान का ध्यान कर निम्न बोलें–

ध्येयः सदा सवितृमण्डल मध्यवर्ती नारायणः सरसिजासन सन्निविष्टः। केयूरवान मकरकुण्डलवान किरीटी हारी हिरण्मयवपुर्धृतशंखचक्रः। ध्यानम् समर्प्पयामि। (पुष्प चढ़ावें)

सूर्य्यार्घ्यदान–घण्टी बजाते हुए अर्घ्यपात्र से सूर्य को जल चढ़ावें। निम्न बोलें–

एहि सूर्य्य सहस्रांशो तेजोराशे जगत्पते। अनुकम्पय मां भक्त्या गृहाणार्घ्यं दिवाकर। नमोस्तु सूर्य्याय नमोस्तु भानवे नमोस्तु वैश्वानर जातवेदसे। ममैतदर्घ्यं प्रतिगृहण देव देवाधिदेवाय नमो नमस्ते।

सूर्य पर गंध, पुष्प, अक्षत चढ़ावें।

भूतोत्सादनम्–चारों ओर जौ या अक्षत बिखेरते हुए बोलें–

अपसर्पन्तु ते भूताः ये भूताः भुवि संस्थिता।
ये भूताः विघ्नकर्तारा: ते नश्यन्तु शिवाज्ञया ॥
अपक्रामन्तु भूतानि पिशाचाः सर्वतो दिशम्।
सर्वेषाम् अविरोधेन पूजाकर्म समारभेत् ॥

पुनः अर्घ्य संस्थापन–अर्घ्य में नया जल डालें।

सामग्री शुद्धि–अर्घ्य के जल को कुशपत्र अथवा दूर्वादल से प्रतिमा पर तथा पूजन सामग्री पर छिड़कें। निम्न बोलें–

पुण्डरीकाक्षाय नमः। विष्णवे नमः। विष्णवे नमः। विष्णवे नमः।

संकल्प–दाहिनी मुट्ठी में जल लें। उसमें अक्षत्, चन्दन, पुष्प, दूर्वा रख कर बोलें–

ॐ विष्णुः विष्णुः विष्णुः नमः परमात्मने श्री ब्रह्म पुराण पुरुषोत्तमाय अत्र पृथिव्यां जम्बूद्वीपे भरत खण्डे आर्य्यावर्ते...देशे विष्णु प्रजापति क्षेत्रे ब्रह्मणो द्वितीय परार्द्धे श्री श्वेतवाराहकल्पे वैवस्वत् नाम मन्वन्तरे अष्टाविंशतितमे कलियुगे कलियुगस्य प्रथम चरणे बौद्धावतारे षष्ट्यब्दानाम् मध्ये दक्षिणायने शरदृतौ आश्विन मासे शुक्ल पक्षे...वासरे अष्टम्यां तिथौ...गोत्रोत्पन्न...राशि ...शर्म्मा/देवी अहम् सपरिवारः श्रुति स्मृति पुराणोक्त फलावाप्तये मनो वाक्काय सकल पापक्षयपूर्वकं सर्वाभीष्ट सिद्ध्यर्थे श्री भगवती देव्याः प्रीतये ...व्रताङ्गत्वेन अस्मिन् रौप्य मूर्त्योपरि श्री महाकाली/महालक्ष्मी/महासरस्वत्या पूजनम् करिष्ये। (संकल्प-जल छोड़ दें)

ध्यान–हाथों में पुष्प लेकर तथा निम्न बोल कर देवी का ध्यान करें–

जटाजूट समायुक्ता मध्येन्दु सदृशानना तप्त हाटक केशां तां सुप्रतिष्ठां सुलोचनाम्। नवयौवन सम्पन्नां सर्वाभरणभूषिताम् सुचारुदर्शनां तद्वत्पीनोन्नत पयोधरां।

ग्रैवेयहार केयूर नूपुराभरणांन्वितां नानारत्न विचित्रेण मुकुटेन विराजिताम्। त्रिशूलं दक्षिणे दद्यात् खङ्गं चक्रे क्रमादधः तीक्ष्णं वाणं तथा शक्तिं वामहस्तेषु चिन्तयेत् ॥ (पुष्प चढ़ावें)

पीठ पूजा–मूर्ति रखने के स्थान पर अक्षत् पुष्प डालें। निम्न बोलते जावें–

ॐ आधारशक्तये नमः।
ॐ प्रकृत्यै नमः।
ॐ अनंताय नमः।
ॐ पृथिव्यै नमः।
ॐ श्री सुधाम्बुधरायै नमः।
ॐ मणिद्वीपाय नमः।
ॐ चिन्तामणिग्रहाय नमः।
ॐ श्मशानाय नमः।
ॐ पारिजाताय नमः।
ॐ रत्नवेदिकायै नमः।

ॐ रत्न सिंहासनाय नमः।

ॐ सिंहवाहिन्यै नमः।

ॐ प्रह्वै नमः।

ॐ विमलायै नमः।

ॐ उत्तकर्षिण्यै नमः।

ॐ ज्ञानायै नमः।

ॐ योगायै नमः।

ॐ सत्यायै नमः।

ॐ ईशानायै नमः।

ॐ ऐश्वर्याय नमः।

ॐ अनैश्वर्याय नमः।

ॐ वैराग्याय नमः।

ॐ अवैराग्याय नमः।

ॐ धर्मायै नमः।

ॐ अधर्माय नमः।

ॐ नयायै नमः।

ॐ विनयायै नमः।

ॐ शैलपुत्र्यै नमः।

ॐ महागौर्य्यै नमः।

ॐ सिद्ध्यै नमः।

ॐ दुर्गायै नमः।

आवाहन–दोनों हथेलियाँ फैला कर निम्न बोल कर स्वागत करें–

एहि दुर्गे महाभागे रक्षार्थं मम सर्वदा आवाह्याम्यहं देवि सर्वकामार्थ सिद्धये। अस्मिन् पात्रे मयाज्ञप्ता स्थितिमत्कृपया कुरु रक्षां कुरु सदा देवि विश्वेश्वरि नमोस्तुते। दुर्गे देवि इहागच्छ इहतिष्ठ इह सन्निहिता भव। श्री दुर्गादेव्यै नमः। (अक्षत डालें)

आसनम्–एक पुष्प चढ़ा कर बोलें–

अनेक रत्न विरचितं नयनद्युति भास्करम् आसनम् ते गृहाणेदं त्रिपुरेशि नमोस्तुते ॥

पाद्यम्–आचमनी से पाँव धोने को जल देते हुए बोलें–

कर्पूरद्रव्य कस्तूरी काश्मीरादि सुवासितं पाद्यं मे तत्सुखस्पर्शं गृहाण सुरसुन्दरि॥

अर्घ्यम्–घण्टी बजाते हुए आचमनी से जल देते हुए बोलें–

सुरासुर शिरोरत्न निघृष्ठ चरणेम्बिके अर्घ्यं गृहाण देवेशि चण्ड मुण्ड विनाशिनी॥

आचमनीयम्–आचमनी से जल छोड़ते हुए बोलें–

सुरासुरादि निकरैर्वंदितांघ्रि सरोरुहैः आचमनीयम् गृहाणेदं मया भक्त्या प्रपादितः।

पंचमृतस्नानम्–दूध, दही, घी, मधु तथा चीनी के मिश्रण से मूर्ति को नहलावें। निम्न बोलें–

कपिलादधिदुग्धं च शर्करा मधु सर्पिषम्, पंचामृतम् गृहाणेदं प्रसीद परमेश्वरी।

मधुपर्क–दही, मधु, घृत का मिश्रण बनाकर चढ़ावें।

प्रसीद देव देवेशि महिषासुर मर्द्दिनी मधुपर्कं गृहाणेदं दधि सार्पे विमिश्रितम्।

सर्वलोकस्य या माता या देवी लोकपालिनी करोद्धर्तमिमं देवि रक्तबीज विनाशिनी ॥

शुद्धोदक स्नानम्–आचमनी से शुद्ध जल चढ़ाते हुए बोलें–

गंगा च यमुना चैव भागीरथी च सरस्वती
नर्मदे सिन्धु कावेरी ताभ्यः स्नानार्थमाहृतम् ॥

वस्त्रम्–मूर्ति पर वस्त्र चढ़ाते हुए बोलें–

पटवस्त्रद्वयं सूक्ष्मं देवानामपि दुर्लभम् परिधेहि सदाभद्रे सुरासुर नमोस्तुते॥

भूषणम्–आभूषण अथवा द्रव्य चढ़ावें। निम्न बोलें–

रत्न कंकण वैडूर्य्य मुक्ताहार विराजितं सुप्रसन्ने महादेवि भूषणम् प्रतिगृह्यताम्॥

चन्दन–मूर्ति पर चन्दन लगाते हुए बोलें–

चन्दनागरु कर्पूरं कुंकुमाद्यैः सुशोभितम् कस्तूरी रोचनायुक्तं गंधं देवि नमोस्तुते।

अक्षत्–मूर्ति को अक्षत लगाते हुए बोलें–

अक्षतां धवलां देवि सिद्धगन्धर्व सेवितम्।
अभीष्टं कुरु मे देवि शुंभासुर विमर्द्दिनी॥

पुष्पम्–पुष्प चढ़ाते हुए बोलें–

मालती चंपकादीनि जाती कुंदादि चंपकैः।
मयाहृतानि पुष्पाणि महिषासुर नाशिनी॥

अङ्ग पूजा–पुष्प चढ़ाते जावें और निम्न बोलते जावें–

ॐ दुर्गायै नमः पादौ पूजयामि।
ॐ कात्यायिन्यैः नमः गुल्फौ पूजयामि।
ॐ सावित्र्यै नमः जानुनी पूजयामि।
ॐ सरस्वत्यै नमः जंघे पूजयामि।
ॐ चन्द्रकान्त्यै नमः कटिं पूजयामि।
ॐ मङ्गलायै नमः नाभिं पूजयामि।
ॐ शिवायै नमः उदरं पूजयामि।
ॐ क्षमायै नमः हृदयं पूजयामि।

ॐ धात्र्यै नमः हस्तौ पूजयामि।
ॐ स्वधायैः नमः कंठं पूजयामि।
ॐ महिषासुरमर्दिन्यै नमः मुखं पूजयामि।
ॐ नारायण्यै नमः नासिकां पूजयामि।
ॐ रौद्रायैः नमः श्रोत्रे पूजयामि।
ॐ सिंहवाहिन्यै नमः नेत्रे पूजयामि।
ॐ कालरात्र्यै नमः ललाटं पूजयामि।
ॐ कूर्मायै नमः शिरः पूजयामि।
ॐ महादेव्यै नमः सर्वाङ्गं पूजयामि।

धूपम्–धूप का धुआँ मूर्ति की ओर करते हुए बोलें–

वनस्पति रसो दिव्यो गन्धाढ्यो गंधमुत्तमम्।
आघ्रेयः सर्वदेवानाम् धूपोऽयं प्रतिगृह्यताम् ॥

दीपम्–दीप की ओर संकेत करते हुए बोलें–

सुप्रकाशो महान्दीपः सर्वत्र तिमिरापहा।
सवाह्याभ्यंतरं ज्योतिः दीपोऽयं प्रतिगृह्यताम् ॥

नैवेद्यम्–नैवेद्य पर एक पुष्प चढ़ाते हुए बोलें–

अन्नं चतुर्विधं स्वादुः रसैः षट्भिः समन्वितं।
निवेदितम् मया भक्त्या गृहाणं सुर सुन्दरी ॥

जपम्–निम्न मंत्र को दस बार जपें–श्री दुर्गादेव्यै नमः।
जप करने के बाद बोलें–

गुह्याति गुह्य गोप्ता त्वम् गृहाणास्मत्कृतं जपम्।
सिद्धिर्भवतु मे देवि तत्प्रसादात् सुरेश्वरि ॥

आचमन–आचमनी से एक बार जल छोड़ें–

महाकालि महादुर्गे खड्गचर्मधनुर्धरी।
विन्ध्याचल समारूढे पुनराचमनीयकम् ॥

गन्धम्–रोली, इत्र आदि मूर्ति पर चढ़ाते हुए बोलें–

सुगन्धि द्रव्य कस्तूरी ययापार्थवर प्रभो।
गंधंगृहाण देवेशि त्रिनेत्रे सिंहवाहिनी ॥

फलम्–फल पर पुष्प डालते हुए बोलें–

कदली नारिकेलादि पनसादि फलानि च।
फलानीमानि देवेशि गृहाण सुरपूजिते ॥

द्रव्य–कुछ द्रव्य चढ़ाते हुए बोलें–

हिरण्य गर्भ गर्भस्थं हेमवीजं विभावसो।
अनन्त पुण्य फलदं यतः शान्तिं प्रयच्छ मे ॥

ताम्बूल–पान का बीड़ा चढ़ाते हुए बोलें–

पूगीफल समायुक्तं नागवल्ली दलैर्युतं।
कर्पूरादि समायुक्तं ताम्बूलं प्रतिगृह्यताम् ॥

अङ्गपूजा–देवी के विभिन्न अंगों का स्मरण कर पुष्पाक्षत चढ़ाते हुए बोलें–

ॐ चंचलायै नमः पादौ पूजयामि।
ॐ चपलायै नमः गुल्फै पूजयामि।
ॐ काल्यै नमः जानुनी पूजयामि।
ॐ मंगलायै नमः जंघे पूजयामि।
ॐ भद्रकाल्यै नमः उरु पूजयामि।
ॐ कलायै नमः कटिं पूजयामि।
ॐ शिवायै नमः नाभिं पूजयामि।
ॐ क्षमायै नमः उदरं पूजयामि।
ॐ गौर्य्यै नमः हृदयं पूजयामि।
ॐ सिंहवाहिन्यै नमः स्तनम् पूजयामि।

ॐ स्कंदमात्रे नमः भुजद्वारं पूजयामि।
ॐ कनुकंठायै नमः कण्ठं पूजयामि।
ॐ सरस्वत्यै नमः मुखं पूजयामि।
ॐ सुवासिन्यै नमः नासिकां पूजयामि।
ॐ स्वर्णकुण्डलायै नमः कर्णे पूजयामि।
ॐ चण्डिकायै नमः नेत्रद्वयं पूजयामि।
ॐ शिवायै नमः ललाटं पूजयामि।
ॐ कुमार्यै नमः शिरसि पूजयामि।
ॐ सर्वरूपायै नमः सर्वांगं पूजयामि।

अष्टोत्तरशत नाम पूजन

विनियोग–आचमनी से जल लेकर छोड़ते हुए निम्न बोलें–

ॐ अस्य श्री दुर्गाष्टोत्तरशत मंत्रस्य ब्रह्मात्रऋषिः त्रिष्टुपूछन्दः श्री दुर्गादेवता श्री दुर्गाप्रीतये अष्टोत्तरशत नामभिः गंधपुष्पाक्षतैः पूजने विनियोगः

निम्न नाम बोलते जावें और पुष्पाक्षत चढ़ाते जावें–

1. ॐ महाकाल्यै नमः
2. ॐ महालक्ष्म्यै नमः।
3. ॐ महासरस्वत्यै नमः
4. ॐ महाकन्यायै नमः।
5. ॐ महागौर्येनमः।
6. ॐ महादेव्यै नमः।
7. ॐ भक्तानुग्रहकारिण्यै नमः।
8. ॐ स्वप्रकाशात्म रूपिण्यै नमः।
9. ॐ महामायायै नमः।
10. ॐ माहेश्वर्यै नमः।
11. ॐ वागीश्वर्यै नमः।
12. ॐ जगद्धात्र्यै नमः।
13. ॐ कालरात्र्यै नमः।

14. ॐ त्रिलोचनायै नमः।
15. ॐ भद्रकाल्यै नमः।
16. ॐ कपालिन्यै नमः।
17. ॐ महासोर्थायै नमः।
18. ॐ त्रिलोक्तिकायै नमः।
19. ॐ सिद्धिलस्यै नमः।
20. ॐ क्रियालस्यै नमः।
21. ॐ लोककर्म प्रदायिण्यै नमः।
22. ॐ अरूपायै नमः।
23. ॐ स्वरूपायै नमः।
24. ॐ विश्वस्वरूपिण्यै नमः।
25. ॐ पंच भूतात्मिकायै नमः।
26. ॐ वेदमात्रे नमः।
27. ॐ सुरेश्वर्यै नमः।
28. ॐ दारिद्र्य ध्वंसिन्यै नमः।
29. ॐ वीणापुस्तक धारिण्यै नमः।
30. ॐ सर्वशक्तयें नमः।
31. ॐ ब्रह्मात्मिकायै नमः।
32. ॐ अष्टांगरूपिण्यै नमः।
33. ॐ नवदुर्गात्मिकायै नमः।
34. ॐ अष्टभैरव्यै नमः।
35. ॐ गंगायै नमः।
36. ॐ शारदायै नमः।
37. ॐ वीणायै नमः।
38. ॐ सर्वशस्त्रधारिण्यै नमः।
39. ॐ समुद्रवसनायै नमः।
40. ॐ ब्रह्माण्डमणिमेखलायै नमः।
41. ॐ अवस्थात्रयनिर्युक्तायै नमः।
42. ॐ गुणत्रयविवर्ज्जितायै नमः।
43. ॐ योगध्यानेक संन्यासिन्यै नमः।

44. ॐ योगध्यानेक परायणाय नमः।
45. ॐ देवत्रय विशो नमः।
46. ॐ वेदान्तज्ञान रूपिण्यै नमः।
47. ॐ भक्तप्रियाय नमः।
48. ॐ अनेत्रवक्त्रयै नमः।
49. ॐ पद्मावत्यै नमः।
50. ॐ विशालायै नमः।
51. ॐ नागयज्ञोपवीतिन्यै नमः।
52. ॐ सूर्य्यचन्द्रार्द्धमनसे नमः।
53. ॐ ग्रहनक्षत्ररूपिण्यै नमः।
54. ॐ वेदिकायै नमः।
55. ॐ वेदिरूपिण्यै नमः।
56. ॐ गिरिसम्भवायै नमः।
57. ॐ कल्पदायै नमः।
58. ॐ विशृंखलायै नमः।
59. ॐ सूर्य्यमण्डलसंस्थितायै नमः।
60. ॐ सोमण्डलमध्यस्थायै नमः।
61. ॐ वायुमण्डलसंस्थितायै नमः।
62. ॐ शक्तिमण्डलसंस्थितायै नमः।
63. ॐ चन्द्रिकायै नमः।
64. ॐ चक्रमध्यस्थितायै नमः।
65. ॐ चक्रमार्ग प्रदर्शिण्यै नमः।
66. ॐ सर्वसिद्धान्त मार्गायै नमः।
67. ॐ षट्वज्र वर्जितायै नमः।
68. ॐ प्रत्यक्षादि प्रमितायै नमः।
69. ॐ विद्यामूर्त्यै नमः।
70. ॐ धर्मदायै नमः।
71. ॐ रक्षायै नमः।
72. ॐ ब्रह्मस्थापितरूपायै नमः।
73. ॐ कैवल्यज्ञान गोचरायै नमः।

74. ॐ करुणायै नमः।

75. ॐ वरुणायै नमः।

76. ॐ मधुकैटभमर्द्दिन्यै नमः।

77. ॐ अचिन्त्य लक्षणायै नमः।

78. ॐ गौर्ये नमः।

79. ॐ ब्रह्मचारिण्यै नमः।

80. ॐ शिवप्रियायै नमः।

81. ॐ सदाभक्ताघनाशिन्यै नमः।

82. ॐ महारमायै नमः।

83. ॐ परमेश्वर्य्यै नमः।

84. ॐ सिद्धिलक्ष्यै नमः।

85. ॐ महाकालिण्यै नमः।

86. ॐ सद्योजातायै नमः।

87. ॐ वायुदेव्यै नमः।

88. ॐ अघोण्यै नमः।

89. ॐ तत्पुरुषायै नमः।

90. ॐ ईशानरूपिण्यै नमः।

91. ॐ एकाक्षरदेव्यै नमः।

92. ॐ योगिन्यै नमः।

93. ॐ योगध्यानपण्यै नमः।

94. ॐ क्रमायै नमः।

95. ॐ सिद्धिवत्यै नमः।

96. ॐ त्रियै नमः।

97. ॐ कमलायै नमः।

98. पद्मायै नमः।

99. नलिनयुग्मकराम्बुजायै नमः।

100. ॐ चन्द्रयण्यै नमः।

101. ॐ कूष्माण्डाय नमः।

102. ॐ कात्यायिन्यै नमः।

103. ॐ कालरात्र्यै नमः।

104. ॐ महागौर्य्यै नमः।
105. ॐ सिद्धिरात्र्यै नमः।
106. ॐ सर्वात्मकाय नमः।
107. ॐ श्रीधैर्यै नमः।
108. ॐ जगदानन्दकारिण्यै नमः।

नीराजनम्–निम्न स्तुति बोलते हुए आरती घुमावें।

अन्तस्तेजो बहिस्तेजः एकीकृत्यामित प्रभो आरार्तिक मिदं देवी गृहाण सुरसेविते।

त्वं ज्योतिः सूर्य्यस्तानि विद्युत्सौवर्ण तारकाः नीराजनं मयाभक्त्या गृहाणसुरसुन्दरी।

इति भंजयकालि जयानंते जयसर्वाश्रयाश्रये जयतारिणि संसारे जयनीले जयाम्बिके।

जयश्चैक जये नीले जयकल्याणकारिणी जयर्धित पदद्वन्द्वे जयद्योऽसिकेपरे।

जयश्री भुवनेशानी जय भैरव भीतिहे छिन्नमस्ते जयोग्रेसि जयधूमावती प्रिये।

बगले जय देवेसी जयति खरीति च जय मातङ्गिनी स्याते जयश्री कमलात्मिके।

कालीवारा सोऽसी च श्री विद्याभुवनेश्वरी भैरवी हिममस्तेति धूमनेत्रकाः तथा।

सिद्धेश्वरी च मातंगी कमलेनिपृथाऽहो जयसि ब्रह्म स्त्री पुत्राःत्राययेदतः।

जय ब्रह्माण्ड बिम्बाये स्वमायाजाल जालिने। ब्रह्म विष्णु महेशादि स्वकल्पित मनोरथे।

असिते जय संसारे न स्थिरे शेषशायिनी त्वमेव सिततां कृत्वा संसारे सरसिस्फुटम्।

पत्रमालंकृते देवी जयमुण्डास्थिमालिनी जयचन्द्रार्द्धमौलिस्रे जयवोवाच जिह्वके।

जयव्यालकृतेघोरे जयदंष्ट्रा करालिके जयहस्वे जयघोषे ममकल्याण कारिणी।

प्रसीदये महादेवि संसारार्त्तस्व खिद्यते सर्वपापक्षयं कृत्वा रक्षमां

परमेश्वरी। (पुष्पाञ्जलि)

आदर्श दर्शन–देवी को आइना दिखावें।

चामर वीजन–देवी को चँवर डुलावें। निम्न स्तुति बोलें–

ॐ सर्वस्वरूपे सर्वेशे सर्वशक्तिप्रदायिनी भयेभ्यः त्राहि नो देवि दुर्गे देवि नमोस्तुते।

एतत्ते वदनं सौम्यं लोचनत्रयभूषितम् पातुनः सर्वदेवेभ्यः कात्यायनि नमोस्तुते।

ज्वालाकरालमत्युग्रमशेषा सुरसूदन त्रिशूलं पातु नो भीते नारायणि नमोस्तुते।

प्रदक्षिणा–देवी के चारों तरफ या अपने स्थान पर ही घूमकर प्रदक्षिणा करें तथा बोलें–

यानि कानि च पापानि जन्मान्तर कृतानि च।
तानि सर्वाणि नश्यन्तु प्रदक्षिण पदे पदे ॥
पापोऽहं पापकर्माऽहं पापात्मा पापसम्भव।
त्राहिमां भगवती देवि सर्वपापानि व्यपोहतु ॥
रूपंदेहि जयंदेहि यशोदेहि द्विषोजहि।
पुत्रान्देहि धनंदेहि भाग्यम् भगवति देहि मे ॥

दक्षिणा–ब्राह्मण को तिलक करें। चरणस्पर्श करें। सामर्थ्य तथा श्रद्धापूर्ण रीति से ब्राह्मण को दक्षिणा दें। कहें–ॐ **तत्सत् न मम।**

विसर्जन–हाथ जोड़ कर प्रार्थना कर देवी को अब जाने के लिए प्रार्थना करें–

ॐ दुर्गे देवि जगन्मातः स्वस्थानं गच्छ पूजिता। संवत्सरे व्यतीते तु पुनरागमनाय वै। इमां पूजां मया देवि यथाशक्ति उपपादिताम्। रक्षार्थं त्वं समादाय व्रज स्वस्थान मुत्तमम्।

क्षमाप्रार्थना–निम्न बोलकर त्रुटियों के लिए भगवती से क्षमा माँगें–

आवाहन न जानामि न जानामि विसर्जनम् पूजां चैव न जानामि क्षमस्व

जगदम्बिके। मंत्रहीनं क्रियाहीनं भक्तिहीनं सुरेश्वरि यत्पूजितो मया देवि परिपूर्णं तदऽस्तु मे। कायेन वाचा मनसेन्द्रियैर्वा बुद्धयात्मनावा प्रकृते स्वभावात् करोमि यद्यत् सकलं परस्मै नारायणायैति समर्प्पयामि।

कुमारी पूजन

अगर इसी प्रसंग में कुमारी पूजन करना हो तो नौ, या यथासम्भव संख्या में, कुमारियों को सादर बिठावें। उनके पाँव धोवें।

आवाहन—हथेली फैलाकर स्वागत करें। निम्न बोलें—

मन्त्राक्षर मयीं लक्ष्मीं मातृणां रूपधारिणीम्।
नव दुर्गात्मिका साक्षात् कन्यामावाहयाम्यहम ॥

पूजनम्—हाथ जोड़ कर स्तुति करें। निम्न कहें—

जगत्पूज्ये जगद्वन्द्ये सर्वशक्तिस्वरूपिणी।
पूजां गृहाण कौमारि जगन्मातर्नमोऽसतु ते ॥

प्रत्येक कन्या को गन्धाक्षत करें। उन्हें वस्त्राभूषणादि दें। नैवेद्य दें। और नीराजन करें।

महालक्ष्मी-पूजा

गणेश वन्दना–हाथ जोड़ कर पुष्प लेकर वन्दना करें–

ॐ सुमुखश्चैक दन्तश्च कपिलो गजकर्णकः। लम्बोदरश्च विकटो विघ्ननाशो विनायकः। धूम्रकेतुर्गणाध्यक्षो भालचन्द्रो गजाननः। द्वादशैतानि नामानि यः पठेत श्रृणुयादपि विद्यारम्भे विवाहे च प्रवेशे निर्गमे तथा संग्रामे संकटे चैव विघ्नस्तस्य न जायते। विघ्नवल्ली कुठाराय श्री गणाधिपतये नमः ॥ (पुष्प चढ़ावें)

अर्घ्यस्थापनम्–भूमि पर त्रिकोण, षट्कोण, तथा वृत्त से बना यन्त्र बना कर उस पर गंध, पुष्प, अक्षत् डालें। उस पर अर्घ्यपात्र रखें। पात्र में जल डालें। निम्न बोलें–

ॐ शं नो देवी अभीष्टय आपो भवन्तु पीतये। शं यो अभिस्रवन्तु नः। गंगे च चमुने चैव गोदावरि सरस्वती। नर्मदे सिन्धु कावेरी जलेऽस्मिन् सन्निधिं कुरु।

जल छिड़कना–अर्घ्य से जल लेकर उसे समस्त पूजा सामग्री पर तथा अपने शरीर पर छिड़के। निम्न को बोलें–

पुण्डरीकाक्षाय नमः। पुण्डरीकाक्षाय नमः। पुण्डरीकाक्षाय नमः।

सूर्य्यध्यानम–पुष्प लेकर सूर्य का ध्यान करता हुआ स्तुति बोलें–

अरुणोऽरुण पंकजे निषण्णः कमलेऽभीति वरौ करैर्दधानः।
स्वरुचाहितमण्डलः स्त्रिनेत्रो रविराकल्प शताकुलोऽवतान्नः। (पुष्प चढ़ावें)

सूर्य्यार्घ्यदान–घण्टी बजाते हुए अर्घ्यपात्र का जल चढ़ावें। निम्न बोलें–

एहि सूर्य्य सहस्रांशो तेजोराशे जगत्पते। अनुकम्पय माम् भक्त्या गृहाणार्घ्यं दिवाकर ॥ नमोऽस्तु सूर्याय नमोऽस्तु भानवे नमोऽस्तु वैश्वानर जातवेदसे। ममेतदर्घ्यं प्रतिगृह्ण देव देवाधिदेवाय नमो नमस्ते ॥ नमस्सवित्रे जगदेकचक्षुषे जगत्प्रसूतिस्थिति नाश हेतवे। त्रयीमयाय त्रिगुणात्मधारिणे विरंचि नारायण शंकरात्मने।

गन्धाक्षत चढ़ाना–सूर्य को गन्धाक्षत चढ़ाते हुए बोलें–

आकृष्णेन रजसा वर्त्तमानो निवेशयन्नमृतं मर्त्यञ्च।
हिरण्ययेन सविता रथेना देवो याति भुवनानि पश्यन् ॥

भूतोत्सादन–चारों तरफ सरसों, (या जौ या अक्षत्) बिखेरते हुए बोलें–

अपसर्पन्तु ते भूताः ये भूताः भुवि संस्थिता। ये भूताः विघ्नकर्तारः ते नश्यन्तु शिवाज्ञया।

अपक्रामन्तु भूतानि पिशाचाः सर्वतो दिशम्। सर्वेषाम् अविरोधन पूजाकर्म समारभेत्।

पाखण्ड कारिणो भूताः भूमौ ये चान्तरिक्षगाः। दिवि लोके स्थिताः ये च ते नश्यन्तु शिवाज्ञया।

पुनरर्घ्यं संस्थाप्य–अर्घ्य में नया जल डालें।

संकल्प–दाहिनी मुट्ठी में जल, अक्षत् तथा पुष्प लेकर बोलें–

ॐ विष्णुः विष्णुः विष्णुः। नमः परमात्मने श्री पुराण पुरुषोत्तमाय अत्र पृथिव्यां जम्बूद्वीपे भरतखण्डे आर्यावर्तान्तर्गत...देशे ब्रह्मणो द्वितीय परार्द्धे श्री श्वेतवाराहकल्पे वैवस्वत् मन्वन्तरे अष्टाविंशतितमे कलियुगे कलिप्रथमे चरणे षष्ट्याब्दानां मध्ये...नाम सम्वत्सरे...दक्षिणायने शरत् ऋतौ कार्तिक मासे कृष्ण पक्षे अमावस्यां तिथौ...गोत्रोत्पन्न...शर्म्मा/देवी अहम् मम सकुटुम्बस्य अलक्ष्मी

परिहारपूर्वक धनधान्य कनक समृद्ध्यादि श्रुति स्मृति पुराणोक्त फलावाप्त्यर्थं चन्दनलिखित मूर्त्यौ/सुवर्णादि प्रतिमासु साङ्गाया सपरिवारायाः श्री महालक्ष्म्याः यथामिलितोपचारैः पूजनं करिष्ये। (संकल्प छोड़ें)

पीठ पूजन—मूर्ति के बैठने के स्थान पर पुष्पाक्षत डालते हुए बोलें—

ॐ मण्डूकाय नमः। ॐ कालाग्निरुद्राय नमः। ॐ आधारशक्तये नमः। ॐ कूर्माय नमः। ॐ धरायै नमः। ॐ सुधासिन्धवे नमः। ॐ श्वेतद्वीपाय नमः। ॐ सुराङ्घ्रिपाय नमः। ॐ मणिहर्म्याय नमः। ॐ हेमपीठाय नमः। ॐ धर्माय नमः। ॐ ज्ञानाय नमः। ॐ वैराग्याय नमः। ॐ ऐश्वर्याय नमः। ॐ अधर्माय नमः। ॐ अज्ञानाय नमः। ॐ अवैराग्याय नमः। ॐ अनैश्वर्याय नमः। ॐ अनन्ताय नमः। ॐ तत्वपद्माय नमः। ॐ आनन्दमयकन्दाय नमः। ॐ संविन्नालाय नमः। ॐ विकारमय केसरेभ्यो नमः। ॐ प्रकृत्यात्मकपत्रेभ्यो नमः। ॐ पञ्चाशद्वर्णकर्णिकायै नमः। ॐ सं सूर्यमण्डलाय नमः। ॐ चं चन्द्रमण्डलाय नमः। ॐ अं अग्निमण्डलाय नमः। ॐ संसत्वाय नमः। ॐ रं रजसे नमः। ॐ तं तमसे नमः। ॐ आँ आत्मने नमः। ॐ अं अन्तरात्मने नमः। ॐ पं परमात्मने नमः। ॐ ह्रीं ज्ञानात्मने नमः। ॐ मां मायातत्वाय नमः। ॐ कं कालतत्वाय नमः। ॐ विं विद्यातत्वाय नमः। ॐ पं परतत्वाय नमः। ॐ विभूत्यै नमः। ॐ उन्नत्यै नमः। ॐ कान्त्यै नमः। ॐ सृष्ट्यै नमः। ॐ अकृष्ट्यै नमः। ॐ ऋद्ध्यै नमः। ॐ सन्तत्यै नमः। ॐ सर्वशक्तिकमलासनाय नमः।

मूर्ति प्रतिष्ठा—मूर्ति पर जौ या अक्षत चढ़ावें और बोलें—

ॐ एतन्ते देव सवितर्य्यज्ञम्प्राहुर्वृहस्पतये ब्रह्मणे तेन यज्ञमव तेन यज्ञपतिन्तेन मामव। मनो जूतिर्ज्जुषतामाज्यस्य बृहस्पतिर्य्यज्ञमिमन्तनोत्वरिष्टं य्यज्ञ ७१ समिमं दधातु विश्वे देवास इहमादयन्ताम्। ओम्प्रतिष्ठ। ॐ भूर्भुवः स्वः अस्यां मूर्तौ महालक्ष्मि इहागच्छेहतिष्ठ सुप्रतिष्ठिता वरदा भव।

प्राण प्रतिष्ठा—मूर्ति की विभिन्न दिशाओं में पुष्प चढ़ावें और निम्न बोलें—

ॐ शंकर नन्दाय नमः दक्षिण पार्श्वे।

ॐ पुष्पाञ्जलिपुटाय नमः ईशाने।

ॐ धर्माय नमः आग्नेये।

ॐ ज्ञानाय नमः नैऋत्ये।

ॐ वैराग्याय नमः वायव्ये।

ॐ ऐश्वर्याय नमः पूर्वे।

ॐ अधर्माय नमः दक्षिणे।

ॐ अज्ञानाय नमः पश्चिमे।

ॐ अवैराग्याय नमः उत्तरे।

ॐ अनैश्वय्यार्य नमः पूर्वे।

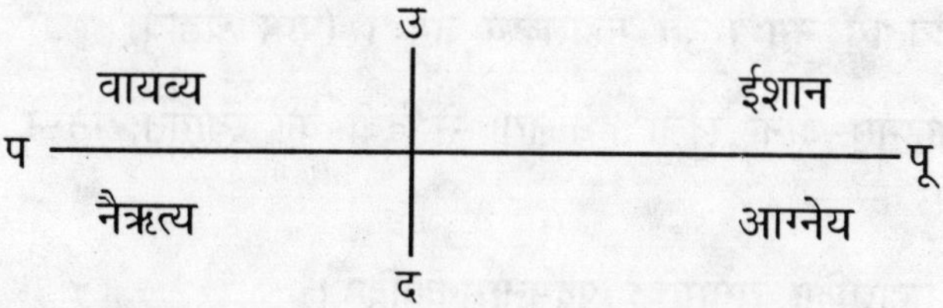

ॐ उमायै नमः। ॐ श्रियै नमः। ॐ सरस्वत्यै नमः। ॐ दुर्गायै नमः। ॐ धारिण्यै नमः। ॐ गायत्र्यै नमः। ॐ दिव्यै नमः। ॐ उषायै नमः। ॐ पद्महस्तायै नमः। ॐ सुभूषणायै नमः। ॐ दक्षिणपादप्रक्षालनोद्यताय नमः। ॐ सूर्यसुतायै नमः। ॐ धृतातपत्रायै नमः। ॐ वरुणाय नमः। ॐ शंखनिधये नमः। ॐ पद्मनिधये नमः। ॐ आदित्याय नमः। ॐ चन्द्राय नमः। ॐ भौमाय नमः। ॐ बुधाय नमः। ॐ वृहस्पतये नमः। ॐ शुक्राय नमः। ॐ शनैश्चराय नमः। ॐ राहवे नमः। ॐ केतवे नमः। ॐ मेषाय नमः। ॐ वृषाय नमः। ॐ मिथुनाय नमः। ॐ कर्कटाय नमः। ॐ सिंहाय नमः। ॐ कन्यायै नमः। ॐ तुलाधराय नमः। ॐ वृश्चिकाय नमः। ॐ धनुर्धराय नमः। ॐ मकराय नमः। ॐ कुम्भाय नमः। ॐ मीनाय नमः।

ॐ ऐरावताय नमः। ॐ पुण्डरीकाय नमः। ॐ वामनाय नमः। ॐ कुमुदाय नमः। ॐ अञ्जनाय नमः। ॐ पुष्पदन्ताय नमः। ॐ सार्वभौमाय नमः। ॐ सुप्रतीकाय नमः। ॐ इन्द्राय नमः। ॐ अग्नये नमः। ॐ यमाय नमः। ॐ निऋतये नमः। ॐ वरुणाय नमः। ॐ वायवे नमः। ॐ कुवेराय

नमः। ॐ ईशानाय नमः। ॐ वज्राय नमः। ॐ शक्तये नमः। ॐ दण्डाय नमः। ॐ खड्गाय नमः। ॐ पाशाय नमः। ॐ अंकुशाय नमः। ॐ गदायै नमः। ॐ त्रिशूलाय नमः।

ध्यानम्–हाथ में पुष्प लें। निम्न स्तुति बोलते हुए भगवती लक्ष्मी का ध्यान करें–

बालार्कद्युतिमिन्दुखण्ड विलसत्कोटीर भारोज्ज्वलां,
रत्नाकल्पविभूषणां कुचनतां शालैः करैः मञ्जरीम्।
पद्मा कौस्तुभरत्नमप्यविरतं संबिभ्रतीं सुस्मितां,
फुल्लाम्भोज विलोचन त्रययुतां ध्यायेत्परां देवताम् ॥
परादेवतायै नमः। श्री महालक्ष्म्यै नमः। (पुष्प चढ़ावें)

आवाहनम्–दोनों खुली हथेलियों से देवी का स्वागत, निम्न स्तुति बोलते हुए करें–

ॐ महालक्ष्मि समागच्छ पद्मनाभगृहादिह।
पञ्चोपचार पूजेयं त्वदर्थन्देवि सम्भृता ॥

आसनम–एक पुष्प चढ़ा कर बोलें–

आलयन्ते निगदितं कमलं कमलालये।
अमले कमले ह्यस्मिन्स्थितिं मत्कृपया कुरु ॥

पाद्यम्–आचमनी से भगवती के पैर धोने के लिए जल दें। निम्न बोलें–

गङ्गादि सलिला धार तीर्थतोयाभिपूरितम्।
दूरयात्राश्रमहरम्, पाद्यम्मे प्रतिगृह्यताम् ॥

अर्घ्यम्–घण्टी बजाते हुए अर्घ्य पात्र से जल चढ़ावें। निम्न बोलें–

न मे जन्मनि दौर्भाग्यं न मे जन्म दरिद्रता।
महालक्ष्मि नमस्तुभ्यमर्घ्यं मे प्रतिगृह्यताम् ॥

स्नानम्–आचमनी से जल चढ़ा कर मूर्ति को स्नान करावें। निम्न बोलें–

ॐ श्रीश्चते लक्ष्मीश्चपत्न्यावहोरात्रे पार्श्वे नक्षत्राणि रूपमश्विनौ व्यात्तम्। इषन्निषाणा मुम्मइषाण सर्व्व लोकम्मइषाण ॥ स्नानं समर्प्पयामि।

आचमनीयम्–आचमनी से एक बार जल छोड़ें।

वस्त्रम्–मूर्ति पर वस्त्र चढ़ाते हुए निम्न बोलें–

तंतुसन्तानसंसेक्तं कलाकौशेयकल्पितम्। सर्वाङ्गाभरणं दिव्यं वसनम्परिधीयताम्॥

आचमनीयम्–आचमनी से एक बार जल दें।

गन्धम्–मूर्ति पर रोली, चन्दन लगावें। निम्न बोलें–

मलयाचल सम्पन्नं नानापन्नगभूषितम्। शीतलं बहुलामोदं चन्दनं प्रतिगृह्यताम्॥

अक्षतान्–मूर्ति पर अक्षत लगावें। निम्न बोलें–

ॐ अक्षन्नमीमदन्त ह्यवप्रिया अधूषत। अस्तोषत स्वभानवो विप्रान न विष्ठयामति योजान्विंदते हरिः ॥

पुष्पाणि–निम्न स्तुति बोलते हुए भगवती को पुष्प चढ़ावें–

चञ्चलत्परिमलामोद मत्तालिकुल संकुलम्। आनन्दिनन्दनोद्भुतं पद्मायै कुसुमन्नमः॥

लक्ष्मी सूक्त पाठम्–हाथ में दूब तथा अक्षत लेकर पढ़ें–

हिरण्यवर्णां हरिणीं सुवर्णरजतस्त्रजां।
चन्द्राम् हिरण्यमयीं लक्ष्मीं जातवेदो म आवह ॥
अश्वपूर्वां रथमध्यां हस्तिनादप्रबोधिनीम् श्रियं देवीमुपह्वये श्रीर्मा देवीजुषताम्॥

कां सोस्मितां हिरण्यप्राकारां आर्द्रां ज्वलन्तीं तृप्तां तर्पयंतीम्।
पद्मे स्थितां पद्मवर्णां तामिहोपह्वये श्रियम् ॥
चन्द्रां प्रभासां यशसा ज्वलन्तीं श्रियं लोके देवजुष्टामुदाराम्।
तां पद्मनीमीं शरणमहं प्रपद्ये अलक्ष्मीर्मे नश्यतां त्वां वृणोमि ॥
आदित्यवर्णे तपसोऽधिजातो वनस्पतिस्तव वृक्षोऽथ बिल्वः।
तस्य फलानि तपसा नुदन्तु मायान्तरायाश्च बाह्याः अलक्ष्मीः ॥
उपैतु मान्देवसखः कीर्तिश्च मणिना सह।
प्रादुभूतोऽसि राष्ट्रेस्मिन्कीर्तिमृद्धिं ददातु मे ॥
क्षुत्पिपासामलां ज्येष्ठामलक्ष्मीं नाशयाम्यहम्।
अभूतिम् असमृद्धिम् च सर्वान् निर्णुद मे गृहात् ॥
गन्धद्वारां दुराधर्षां नित्यपुष्टां करीषिणीम्।
ईश्वरीं सर्वभूतानां तामिहोपह्वये श्रियम् ॥
मनसः काममाकूतिं वाचः सत्यमशीमहि।
पशूनां रूपमन्नस्य मयि श्रीः श्रयतां यशः ॥
कर्दमेन प्रजाभूता मयि संभ्रम कर्दम।
श्रियं वासय मे कुले मातरं पद्ममालिनीम् ॥
आपः सृजंतु स्निधानि चिक्लीत वस मे गृहे।
नि च देवीं मातरं श्रियं वासय मे कुले ॥
आर्द्रां पुष्करिणीं पुष्टिं सुवर्णां हेममालिनीम्।
सूर्य्यां हिरण्यं प्रभूतं गावो दास्यो अश्वान् विन्देयं पुरुषानहम् ॥
यः शुचिः प्रयतो भूत्वा जुहुयादाज्यमन्वहम्।
श्रियः पंचदशर्चं च श्रीकामः सततं जपेत ॥
पद्मानने पद्मनि पद्मसम्भवे पद्मप्रिये पद्मदलायताक्षि।
विष्णुप्रिये विश्वमनोनुकूले त्वत्पादपद्मं मयि सन्निधत्स्व ॥
पद्मानने पद्मउरू पद्माक्षि पद्मसम्भवे।
तन्मे भजसि पद्माक्षी येन सौख्यं लभाम्यहम् ॥

अश्वदायि गोदायि धनदायि महाधने।
धनं मे लभतां देवि सर्व कामांश्च देहि मे ॥
धनमग्निर्धनं वायुर्धनं सूर्य्यो धनम् वसु।
धनमिन्द्रो वृहस्पतिर्वरुणं धनमुच्यते ॥
वैनतेय सोमं पिव सोमं पिबतु वृत्रहा।
सोमं धनस्य सोमिनो मह्यं ददातु सोमिनः ॥
न क्रोधो न च मात्सर्यं न लोभो नाशुभाः मतिः।
भवन्ति कृतपुण्यानां भक्तानां सूक्तजापिनाम् ॥
सरसिजनिलये सरोजहस्ते धवलतरांशुकगन्धमाल्य शोभे।
भगवति हरिवल्लभे मनोज्ञे त्रिभुवन भूतिकरी प्रसीद मह्यम् ॥
महालक्ष्मीं च विद्महे विष्णुपत्नीं च धीमहि।
तन्नो लक्ष्मीः प्रचोदयात्।
विष्णुपत्नीं क्षमां देवीं माधवीं माधवप्रियाम्।
विष्णोः प्रियसखीं देवीं नमाम्यच्युत वल्लभाम् ॥
आनन्दः कर्दमः श्रीदश्चिक्लीत इति विश्रुताः।
ऋषयः श्रियः पुत्राश्च श्रीर्लक्ष्मीर्देहि देवताः ॥
ऋणरोगादि दारिद्र्यं पापं च ह्यपमृत्युवः।
भयशोकमनस्तापं नश्यन्तु मम सर्वदा ॥
श्रीर्वर्चस्वमायुष्य मारोग्यमाविधात् पवमानम् महीयते।
धान्यं धनम् पशुं बहुपुत्रलाभं शत्सम्वत्सरं दीर्घमायुः ॥
सौवर्णं पद्म पद्मामलकमल कृतं युग्मशः पाणि युग्मे।
विभ्रन्तीं शोभयोद्याहितजलधिजलोच्छन्न गात्री विधात्री ॥
बाहुद्वन्द्वकरा भयार्द्रहृदया भक्तप्रियोल्लासिनी।
लक्ष्मीर्मे भवने भवत्यनुदिनं चन्द्रां हिरण्मय्यपि ॥
पद्मानने पद्मनि पद्म सम्भवे पद्मप्रिये पद्मदलायताक्षि।
विष्णुप्रिये विश्वमनोनुकूले त्वत्पादपद्मं हृदि सन्निधत्स्व ॥ (पुष्प चढ़ावें)

दूर्वा चढ़ाना–दूर्वादल चढ़ाते हुए निम्न बोलें–

ॐ काण्डात्काण्डात्प्ररोहन्ति परुषः परुषस्परि। एवानो दूर्वे प्रतनु सहस्रेण शतेन च ॥

ॐ अक्षन्नमीमदन्त ह्यवप्रिया अधूषत। अस्तोषत स्वभानवो विप्रान् विष्ठया मतीं योजान्विन्द्रते हरी ॥

ॐ श्रीश्चते लक्ष्मीश्च पत्न्यावहोरात्रे पार्श्वे नक्षत्राणि रूपमश्विनौ व्यात्तम्। इष्णन्निषाणामुम्म इषाण सर्वलोकम्म इषाण ॥

अंग पूजन–भगवती के विभिन्न अंगों की कल्पना कर उन पर पुष्पाक्षत चढ़ावें–

ॐ चपलायै नमः पादौ पूजयामि।
ॐ चञ्चलायै नमः जानुनी पूजयामि।
ॐ कमलवासिन्यै नमः कटिं पूजयामि।
ॐ क्षान्त्यै नमः नाभिं पूजयामि।
ॐ मन्मथवासिन्यै नमः स्तनौ पूजयामि।
ॐ ललितायै नमः भुजद्वयं पूजयामि।
ॐ उत्कण्ठिन्यै नमः कण्ठं पूजयामि।
ॐ यमायै नमः मुखं पूजयामि।
ॐ श्रियै नमः शिरः पूजयामि।
ॐ पद्मायै नमः सर्वाङ्ग पूजयामि।

धूपम्–धूप का धुआँ मूर्ति की ओर करें।

दीपम्–जलते हुए दीपक की ओर संकेत करें।

नैवेद्यम्–नैवेद्य के ऊपर पुष्प डालते हुए कहें–

देवतार्हं च सुस्वादु भूधराधरधान्यजम्।
षोडशद्वारसम्भारं नैवेद्यम् प्रतिगृह्यताम् ॥

आचमनीयम्–आचमनी से एक बार जल दें।

जपम्–दस बार, मौनरूपेण, निम्न मंत्र का जप करें–**श्री ह्रीं ऐं**

महालक्ष्म्यै कमलधारिण्यै सिंहवाहिन्यै स्वाहा।

जप समाप्त होने पर बोलें—

गुह्यातिगुह्य गोप्त्री त्वं गृहाणास्मत् कृतं जपम्।
सिद्धिर्भवतु मे देवि त्वत्प्रसादात् सुरेश्वरि॥

ताम्बूलम्—पान का बीड़ा चढ़ाते हुए बोलें—

पातालतलसम्भूतम् वदनाम्भोजभूषणम्।
नानागुणगणाकीर्णं ताम्बूलम्प्रतिगृह्यताम् ॥

फलम्—फल पर पुष्प चढ़ाते हुए बोलें—

इदं फलं मया देवि स्थापितं पुरतस्तव।
तेन मे सफलावाप्तिर्भवेज्जन्मनि जन्मनि ॥

भूषणार्थे द्रव्यम्—द्रव्य चढ़ाते हुए बोलें—

हिरण्यगर्भगर्भस्थं हेमवीजं विभावसोः।
अनन्तपुण्यफलदम् अतः शान्तिं प्रयच्छ मे ॥

नीराजनम्—घण्टी तथा शंख बजाते हुए आरती घुमावें—

अन्तस्तेजो बहिस्तेज एकीकृत्यामितं प्रभो। आरार्तिकमिदं देवि गृहाण मदनुग्रहात् ॥

अर्घ्यदान—शंख पर पुष्प, कुश, चन्दन तथा फल रख उससे तीन बार जल चढ़ावें। दोनों घुटने जमीन पर रख कर बैठें। निम्न बोलें—

न मे जन्मनि दौर्भाग्यं न मे जन्म दरिद्रता।
महालक्ष्मि नमस्तुभ्यं अर्घ्यं मे प्रतिगृह्यताम् ॥

प्रार्थना—तीन बार बोलें—

विष्णोर्वक्षसि पद्मे च शंखचक्रे तथाम्बरे।
लक्ष्मीर्नित्या यथासि त्वम् मयि नित्या तथा भव ॥

स्तुति–हाथ जोड़ कर निम्न स्तुति बोलें–

विश्वरूपस्य भार्यासि पद्मे पद्मालये शुभे।
महालक्ष्मि नमस्तुभ्यं सुखरात्रिं कुरुष्व मे ॥
वर्षाकाले महाघोरे यन्मया दुष्कृतम् कृतम्।
सुखरात्रिप्रभावेण तन्मे लक्ष्मीर्व्यपोहतु ॥
आख्याता भूतले देवि सुखरात्रि नमोस्तु ते।
नमस्ते सर्वदेवानाम् वरदात्रि हरिप्रिये ॥
इन्द्रकुवेरयो पूजनम्

प्रतिष्ठा–इन्द्र और कुबेर का स्मरण कर जौ अक्षत पुष्प से उनकी प्रतिष्ठा करें। निम्न बोलें–

ॐ भूर्भुवः स्वः इन्द्रकुवेरौ इहागच्छताम् इह तिष्ठताम्।

इन्द्रध्यान–हाथ में पुष्प लेकर, निम्न बोलते हुए, इन्द्र भगवान का ध्यान करें–

ॐ चतुर्दन्त गजारूढो वज्रपाणिः पुरन्दरः।
शचीपतिश्च ध्यातव्यो नानाभरण भूषितः ॥ (पुष्प चढ़ावें)

कुबेर ध्यान–हाथ में पुष्प लेकर, निम्न बोलते हुए, कुबेर का ध्यान करें–

विमानवरमारूढं यक्षैश्च परिवारितं।
रत्नानां भाः स्वरूपतं निधिपं दीप्ततेजसम् ॥
शिवस्य सुहृदं श्रेष्ठं मुकुटादि विभूषितम्।
ध्यायेन्मनुष्यधर्माणं निधिपालमनुत्तमम् ॥
ॐ क्लीं कुवेराय नमः।
विचित्रैरावतस्थाय भास्वत्कुलिश पाणये।
पौलोम्यालिंगितागाय देवराजाय वै नमः ॥
धनदाय नमस्तुभ्यं निधिपद्माधिपाय च।
भवन्तु त्वत्प्रसादान्मे धनधान्यादि सम्पदः ॥

ब्राह्मण पूजन–ब्राह्मण की ओर हाथ जोड़ कर कहें–

आपद्धनध्वान्त सहस्रभानवः समीहितार्थार्पण कामधेनवः।
अपारसंसार समुद्रसेतवः पुनन्तु मां ब्राह्मण पादपांसवः ॥
ब्राह्मण के चरण धोएँ। उन्हें गन्धाक्षत करें। उन्हें अर्घ्य दें।

भूमिदेवा अग्रजन्मासि त्वं विप्र पुरुषोत्तम।
प्रत्यक्षो यज्ञपुरुषः ह्यर्घ्योयं प्रतिगृह्यताम् ॥
नमो ब्रह्मण्यदेवाय गोब्राह्मण हिताय च।
जगद्धिताय कृष्णाय गोविन्दाय नमो नमः ॥

ब्राह्मण को श्रद्धापूर्वक दक्षिणा दें।

प्रतिहार षष्ठी (छठ) पूजा

नित्यक्रिया करने के उपरान्त किसी नदी अथवा जलाशय के निकट जावें। सूर्य भगवान की ओर मुख करें। दाहिनी हाथ की खुली मुट्ठी में तीन कुशपत्र, तिल तथा जल लेकर निम्न संकल्प बोलें–

ॐ विष्णुः विष्णुः विष्णुः। नमः परमात्मने श्री ब्रह्मपुराण पुरुषोत्तमाय अत्र पृथिव्यां जम्बूद्वीपे भरतखण्डे आर्य्यावर्ते पुण्यक्षेत्रे.....देशे विष्णु प्रजापति क्षेत्रे ब्रह्मणो द्वितीय परार्द्धे श्री श्वेत वाराह कल्पे वैवस्वत नाम मन्वन्तरे अष्टाविंशति तमे कलियुगे कलियुगस्य प्रथम चरणे बौद्धावतारे षष्टयब्दानां मध्ये.....नाम सम्वत्सरे.....दक्षिणायने कार्तिकमासीय शुक्ल पक्षीय षष्ठ्यां तिथौ.....गोत्राया.....देव्या इह जन्मनि जन्मान्तरे वा सकलदुःख दारिद्रय सकल पातकक्षय अपस्मार कुष्ठादि महाव्याधि सकल रोग क्षय चिरजीवि पुत्र पौत्रादि लाभ गोधन धान्यादि समृद्धि सुख सौभाग्य अवैधव्य सकल कामावाप्तिकामा अद्य सूर्यायार्घ्यमहं दास्ये। (जल छोड़ दें)

सूर्य ध्यानम्–तांबे की एक थाली में फल, दूर्वा, लाल चन्दन, अक्षत तथा घी में पका पकवान रखें। हाथ जोड़ कर सूर्य का ध्यान करें। निम्न स्तुति बोल कर पुष्प चढ़ा दें–

ध्येय सदा सवितृमंडल मध्यवर्ती नारायणः सरसिजासन सन्निविष्टः। केयूरवान मकर कुंडलवान किरीटी हारी हिरण्मय वपुर्धृत शंख चक्रः। ध्यानं समर्प्पयामि। (पुष्प चढ़ा दें)

अर्घ्यदान–घण्टी बजाते हुए तथा खड़ी होकर अर्घ्य का जल सूर्य्य को, निम्न बोलते हुए, चढ़ावें–

नमोऽस्तु सूर्याय सहस्त्रभानवे नमोऽस्तु वैश्वानर जातवेदसे। त्वमेव चार्घ्यं प्रतिगृह्ण देव देवाधिदेवाय नमो नमस्ते ॥ नमो भगवते तुभ्यं नमस्ते जात वेदसे तत्तमर्घ्यं मया भानो त्वं गृहाण नमोस्तुते ॥ ज्योतिर्मय विभो सूर्य तेजोराशे जगत्पते। अनुकम्पय मां भक्त्या गृहाणार्घ्यं दिवाकर ॥ ज्योतिर्मय विभो सूर्य तेजोराशे जगत्पते। अनुकम्पय मां भक्त्या गृहाणार्घ्यं दिवाकर॥ एहि सूर्य सहस्त्रांशो तेजोराशे जगत्पते। गृहाणार्घ्यं मया दत्तं संज्ञया सहितः प्रभो ॥

अब सूर्य को लाल चन्दन, लाल रँगे चावल, लाल पुष्प, दूर्वा, बेलपत्र, वस्त्र, यज्ञोपवीत तथा पकवान चढ़ावें। धूप जलावें । दीप दिखावें। पान का बीड़ा चढ़ावें। अपने स्थान पर प्रदक्षिणा करें।

प्रणाम करना–निम्न स्तुति बोलें–

जपा कुसुम संकाशं काश्यपेयं महाद्युतिम्।
ध्वान्तारिं सर्वपापघ्नं प्रणतोस्मि दिवाकरम् ॥

महाशिवरात्रि चतुर्दशी व्रत-पूजा

रात्रि के पहले पहर में स्नान कर पूजा के स्थान पर बैठें। शुद्ध मिट्टी से शिवजी की एक पंचमुखी मूर्ति बनाएँ।

दीप जलावें। निम्न मंत्र बोल कर तथा मूर्ति पर अक्षत डालते हुए मूर्ति की प्रतिष्ठा करें।

प्रतिष्ठा–**ॐ मनोजूतिः जुषतामाज्यस्य वृहस्पतिः यज्ञमिमन्तनोत्वरिष्टं यज्ञ ॐ समिमं दधातु विश्वेदेवास इहमादन्ताम् ॐ प्रतिष्ठा ॐ भगवन् शिव इहागच्छ इहतिष्ठ सुप्रतिष्ठितो वरदो भव।**

ध्यानम्–निम्न मंत्र बोलते हुए, अंजुलि में पुष्प लेकर शिवजी का ध्यान करें।

ॐ ध्यायेत् नित्यं महेशं रजतगिरिनिभम् चारुचन्द्रावतंसम्। रत्ना कल्पोज्वलांगं परशुमृगवरा भीतिहस्तं प्रसन्नम्। पद्मासीनं समन्तात् स्तुतममरगणैर्व्याघ्रकृत्तिं वसानं। विश्वाद्यं विश्ववीजं निखिलभयहरं पंचवक्त्रं त्रिनेत्रम्। ॐ शिवाय नमः। (पुष्प चढ़ा दें।)

दुग्ध स्नानम्–निम्न मंत्र बोल कर ईशान (पूर्वोत्तर) दिशा वाले शिवमुख पर तीन बार दूध चढ़ावें–

ॐ हैं ईशानाय नमः।

दधिस्नानम्–निम्न मंत्र बोल कर शिवमूर्ति के पूर्वी मुख पर तीन बार दही से स्नान करावें–

ॐ है तत्पुरुषाय नमः।

घृतस्नानम्–निम्न मंत्र बोल कर मूर्ति के दक्षिणी मुख पर तीन बार घृत से स्नान करावें–

ॐ ह्वीं अघोराय नमः।

मधुस्नानम्–निम्न मंत्र बोल कर शिवजी के पश्चिमी मुख पर मधु से चार बार स्नान करावें–

ॐ ह्वीं सद्योजाताय नमः।

सर्वोषधिजल स्नानम्–सर्वोषधि के रूप जल में हल्दी चन्दन तथा कपूर मिला कर उससे शिवजी के उत्तरी मुख को पाँच बार नहलावें और बोलें–

ॐ ह्वीं वामदेवाय नमः।

पंचमुखपूजन–प्रत्येक मुख पर क्रमशः अक्षत डाल कर पहले उसकी प्रतिष्ठा करें, फिर अर्घ्य से जल चढ़ावें। फिर रोली, चन्दन, अक्षत् लगावें।

ईशानमुख–ॐ ह्वौं ईशान इहागच्छ इह तिष्ठ पूजार्थं त्वाम् आवाहयामि स्थापयामि।

अर्घ्य–ॐ नमस्ते देव देवेशे नमस्ते मोक्षदायिने ईशानाय नमस्तुभ्यं अर्घ्योऽयं प्रतिगृह्यताम्।

पाद्यम–एतानि पाद्यादीनि एषोर्घ्यः ॐ हौं ईशानाय नमः।

गन्धम्–रोली चन्दन चढ़ावें।

पूर्वमुखे

प्रतिष्ठा–ॐ ह्वीं तत्पुरुष इहागच्छ इहतिष्ठ पूजार्थं त्वाम् आवाहयामि स्थापयामि।

अर्घ्यदान–ॐ नमस्तुभ्यं विरूपाक्ष नमस्ते दितिजान्तक। तत्पुरुषाय

नमस्तुभ्यं अर्घ्योयं प्रतिगृह्यताम्।

पाद्यम्–एतानि पाद्यादीनि एषोर्घ्यः ॐ हैं तत्पुरुषाय नमः।

गन्धम्–रोली, चन्दन चढ़ावें।

दक्षिणमुखे

प्रतिष्ठा–ॐ हीं अघोर इहागच्छ इह तिष्ठ पूजार्थं त्वाम् अवाहयामि स्थापयामि।

अर्घ्यदान–ॐ नमस्ते शूलहस्ताय नमस्ते दण्डपाणये। अघोराय नमस्तुभ्यम् अर्घ्योऽयं प्रतिगृह्यताम्॥

पाद्यम्–एतानि पाद्यादीनि एषोर्घ्यः ॐ हूं अघोराय नमः।

गन्धम–रोली, चन्दन लगावें।

पश्चिममुखे

प्रतिष्ठा–ॐ ह्रीं सद्योजात इहागच्छ इहतिष्ठ पूजार्थं त्वाम् आवाहयामि स्थापयामि।

अर्घ्यदान–ॐ नमस्ते सद्योजाताय नमः कैलास वासिने। सद्योजात नमस्तुभ्यं अर्घ्योऽयं प्रतिगृह्यताम्।

पाद्यम्–एतानि पाद्यादीनि एषोऽर्घ्यः ॐ हीं सद्योजाताय नमः।

गन्धम्–रोली चन्दन चढ़ावें।

उत्तरमुखे

प्रतिष्ठा–हूँ ह्राँ वामदेव इहागच्छ इहतिष्ठ पूजार्थं त्वाम् आवाहयामि स्थापयामि।

अर्घ्यदान–ॐ नमस्ते वामदेवाय शर्वायशशिशेखर। पाप-शुद्ध्यर्थं अर्घ्योऽयं गिरीश प्रतिगृह्यताम्।

पाद्यम्–एतानि पाद्यादीनि एषोऽर्घ्यः ॐ हाँ वामदेवाय नमः।

गन्धम्–रोली, चन्दन चढ़ावें।

मध्यमुखे

प्रतिष्ठा–ॐ भुर्भुवः स्वः हौं भगवन् शिव इहागच्छ इह तिष्ठ पूजार्थं त्वाम् आवाहयामि स्थापयामि।

अर्घ्यदान–ॐ नमः शिवाय शान्ताय सर्वपाप हराय च शिवरात्रौ मया दत्तं गृहाणार्घ्यमिदम् प्रभो।

पाद्यम्–एतानि पाद्यादीनि एषोर्घ्यः ॐ हौं शिवाय नमः।

अगर अर्धरात्रि तक उपवास तथा पूजा चलानी हो तो हर पहर अन्यथा एक साथ ही, निम्न मंत्र बोल कर तीन अर्घ्य देकर पूजा का समापन करें–

प्रथम अर्घ्य–ॐ मया कृतानि अनेकानि पापानि हर शंकर। गृहाणार्घ्यं उमाकान्त शिवरात्रौ प्रसीद में ॥

द्वितीय अर्घ्य–ॐ दुःखदारिद्र्य दग्धोऽहं भगवन् पार्वतीपते। गृहाणार्घ्यं मया दत्तं शिवरात्रौ च मे शिव ॥

तृतीय अर्घ्य–ॐ शिवरात्रौ ददाम्यर्घ्यं सर्वपापादि मोचनम्। शिव प्रसीद मे भक्त्या प्रसादादुमया सह ॥

दक्षिणादान–पूजा की समाप्ति पर ब्राह्मण को गन्धाक्षत करें तथा दक्षिणा दें।

ओम अद्य कृतैतत् शिवपूजनपूर्वक शिवरात्रि व्रत प्रतिष्ठार्थ एतावद्द्रव्यमूल्यक हिरण्यम् अग्नि दैवतं...गोत्राय ब्राह्मणाय दक्षिणामहं ददे।

शिवार्चन

शिवार्चन एक विशेष प्रकार की शिवपूजा है। इसके लिए कोई अलग से पर्व निर्धारित नहीं है। यह सामान्यतः श्रावण मास के सोमवारों अथवा चतुर्दशियों को होता है। कोई विशेष मनौती मानी हो तो भी यह किसी चतुर्दशी को किया जाता है।

इस पूजन के लिए सामान्य पूजा सामग्री के अतिरिक्त स्वच्छ स्थान से लाई मिट्टी से संकल्पित संख्या में छोटे-छोटे शिवलिंग बना कर उन्हें आपस में गोल जोड़ कर उनसे एक बड़ा शिवलिंग बना लेते हैं। प्रत्येक छोटे लिंग के ऊपरी भाग में एक अक्षत चिपका देते हैं। चढ़ाने की विशेष वस्तु में बेलपत्र होता है।

दीप जलाकर आचमन करें।

आचमन—ऋग्वेदाय नमः। यजुर्वेदाय नमः। सामवेदाय नमः। अथर्ववेदाय स्वाहा।

भस्मधारण—माथे पर शुद्ध भस्म से तीन पड़ी रेखाओं के रूप में त्रिपुण्ड्र लगावें और बोलें—

शुद्ध स्फटिक संकाशम् एकवक्त्रां चतुर्भुजाम्। मृगटंक धरां देवीं वराभयकरां शिवाम्। सर्वपापहरां देवीं सर्वोपद्रवनाशिनीम्। सदाशिवसखीं साध्वीं निगमाध्व विहारिणीम्। नमामि मातरं त्वामहं सर्वाभीष्टप्रदां सदा। विभूतिं धारयामद्य शिवपूजाऽभिलाषकः। वन्दितासि सुरेन्द्रेण ब्रह्मणा शंकरेण च। अतस्त्वां धारयिष्यामि विभूते भूतिदा भव॥

इसी भस्म को शरीर के विभिन्न उपांगों में लगावें। निम्न बोलते

जावें—

ॐ ब्रह्मणे नमः ललाटे। ॐ हव्यवाहनाय नमः हृदये। ॐ स्कन्दाय नमः नाभौ। ॐ पूष्णे नमः कण्ठे। ॐ रुद्राय नमः दक्षिण बाहुमूले। ॐ आदित्याय नमः दक्षिण बाहुमध्ये। ॐ शशिने नमः दक्षिण मणिबन्धे। (कलाई पर) **ॐ वामदेवाय नमः वाम बाहुमूले। ॐ प्रभंजनाय नमः वाम बाहुमध्ये। ॐ वसुभ्यो नमः वाममणिबन्धे। ॐ हराय नमः पृष्ठे** (पीठ पर) **ॐ शम्भवे नमः ककुदि** (रीढ़ की हड्डी)**। ॐ परमात्मने नमः शिरसि। ॐ नमः शिवाय।**

रुद्राक्षधारण—निम्न बोलते हुए रुद्राक्षमाला गले में डालें—

ॐ अघोर। ॐ ह्रीं अघोरतर। ॐ ह्रौं नमस्ते रुद्ररूप ह्रों स्वाहा ॥

गणपति स्तवन—निम्न बोलें। अन्त में गणेश-विग्रह पर पुष्प चढ़ाएँ—

सुमुखश्चैकदन्तश्च कपिलो गजकर्णकः। लम्बोदरश्च विकटो विघ्ननाशो विनायक। धूम्रकेतुर्गणाध्यक्षो भालचन्द्रो गजानन। द्वादशैतानि नामानि यः पठेत् शृणुयादपि। विद्यारम्भे विवाहे च प्रवेशे निर्ममेः तथा। संग्रामे संकटे चैव विघ्नः तस्य न जायते। विघ्नवल्लीकुठाराय श्री गणाधिपतये नमः।

अर्घस्थापनम्—भूमि पर रोली या चन्दन से पहले त्रिकोण, उसके बाहर षट्कोण, उसके बाहर वर्गाकार, उसके बाहर वृत्ताकार आकृति बना कर, उसके दाहिने-बाएँ शंख और चक्र की आकृति बनावें। इस यंत्र के ऊपर अक्षत पुष्प डालें। इनके ऊपर अर्घ्यपात्र रखें। अर्घ्यपात्र में एक कुशपत्र (पवित्र) डालें। निम्न मंत्र बोलें—

ॐ पवित्रस्थो वैष्णव्यो सवितुर्वः प्रसव उत्पुनामि अछिद्रेण पवित्रेण सूर्य्यस्य रश्मिभिः।

जलेनापूरणम्—निम्न मंत्र बोलते हुए अर्घ्यपात्र में जल भरें। जल में रोली, अक्षत तथा पुष्प डालें।

ॐ शं नो देवी अभिष्टय आपो भवन्तु पीतये। शं यो अभिस्रवन्तु नः॥

विष्णु प्रार्थना—शुक्लांबर धरं विष्णुम् शशिवर्णम् चतुभुर्जम्।

प्रसन्नवदनं ध्यायेत् सर्वविघ्नोपशान्तये ॥
लाभस्तेषां जयस्तेषां कुतस्तेषां पराजयः।
येषाम् इन्दीवरश्यामो हृदयस्थो जनार्दन ॥
पुष्प चढ़ावें।

ग्रह प्रार्थना–ब्रह्मा मुरारिः त्रिपुरान्तकारी भानुः शशी भूमिसुतो बुधश्च। गुरुश्च शुक्रः शनि राहु केतवः सर्वे ग्रहाः क्षेमकरा भवन्तु ॥ पुष्प चढ़ावें।

अर्घ्य के जल को अपने ऊपर तथा पूजन सामग्री पर छिड़कें। बोलें–

ॐ पुण्डरीकाक्षाय नमः। ॐ पुण्डरीकाक्षाय नमः। ॐ पुण्डरीकाक्षाय नमः।

सूर्य्यध्यानम्--निम्न बोलते हुए सूर्य का ध्यान करें। अन्त में पुष्प चढ़ावें।

अरुणो अरुण पंकजे निषण्णः कमले अभीतिवरैः करैर्दधानः। स्वरुचाहित मण्डलः त्रिनेत्रो रविराकल्पशताकुलोऽवतान्नः।

अर्घ्यदान–घण्टी बजाते हुए तथा निम्न बोलते हुए अर्घ्य के जल को थाली में डाल दें। सूर्य को रोली, अक्षत चढ़ावें।

ॐ नमोऽस्तु सूर्य्याय नमोऽस्तु भानवे नमोऽस्तु वैश्वानर जातवेदसे। ममैतदर्घ्यं भगवन् गृहाण देवाधि देवाय नमो नमस्ते। भास्कर देवाय नमः ॥ ॐ आकृष्णेन रजसा वर्तमानो निवेशयन् अमृतं मर्त्यंच। हिरण्ययेन सविता रथेनादेवो याति भुवनानि पश्यन् ॥

भूतोत्सादन–निम्न बोलते हुए चारों दिशाओं में सरसों तथा अक्षत डालें–

ॐ अपसर्पन्तु ते भूताः ये भूताः भुवि संस्थिता। ये भूता विघ्नकर्तारः ते नश्यन्तु शिवाज्ञया। पाषण्डकारिणो भूताः भूमौ ये चान्तरिक्षगाः। दिवि लोके स्थिता ये च ते नश्यन्तु शिवाज्ञया।

दाहिनी ओर ताली बजा कर भूतों को जाने का मार्ग दिखलावें।

पृथ्वी-पूजन विनियोग—निम्न बोलते हुए आचमनी से जल थाली में डालें—

ॐ पृथ्वीति मंत्रस्य मेरुपृष्ठ ऋषिः सुतलं छन्दः कूर्मो देवताः पूजनोपवेशने विनियोगः।

पृथ्वी पूजन—कनिष्ठिका से पृथ्वी को स्पर्श करते हुए बोलें—

पृथ्वी त्वया धृता लोकाः देवि त्वम् विष्णुना धृता।
त्वं च धारय मां नित्यं पवित्रं कुरुचासनम् ॥

अक्षत चढ़ाते हुए बोलें—

ॐ पृथिव्यै नमः। ॐ वराहाय नमः। ॐ कूर्माय नमः। ॐ कमलासनाय नमः। ॐ अपवित्रः पवित्रो वा सर्वावस्थां गतोऽपि वा। यः स्मरेत् पुण्डरीकाक्षं स बाह्याभ्यंतरं शुचिः।

पूजा संकल्प—दाहिनी हथेली में जल, अक्षत तथा रोली लेकर बोलें—

ॐ विष्णुः विष्णुः विष्णुः। नमः परमात्मने अद्येह...अहम् दीर्घायुरारोग्य प्राप्ति द्वारा श्रुतिस्मृति पुराणोक्त फलावाप्तये मनोवांछित फल प्राप्त्यर्थं...नाम व्रतांगत्वेन शिवलिंगोपरियथाज्ञानं यथामिलितोपचारैः रुद्राभिषेक पाठ पूर्वकं श्रीसदाशिवस्य पूजनं करिष्ये। जल छोड़ दें—

प्रतिष्ठा—शिवूर्ति पर, शिवलिंग पर अथवा मिट्टी या गोबर से बने लिंगों पर जौ या अक्षत् डालते हुए बोलें—

ॐ एतन्ते देवसवितर्य्यज्ञं प्राहुर्वृहस्पतये ब्रह्मणे तेन यज्ञमव तेन यज्ञपतिम् तेन मामव। मनोजूतिर्जुषतामाज्यस्य वृहस्पतिः यज्ञमिमम् तनोतु अरिष्टं यज्ञ ७ समिमं दधातु विश्वेदेवा स इह मादयन्ताम् ॐ प्रतिष्ठा। ॐ भूर्भुवः स्वः मृत्तिका/गोमय निर्मिता...संख्यको पार्थिवेश्वराः इहागच्छन्तु इह तिष्ठन्तु सुप्रतिष्ठिता वरदा भवन्तु।

प्राणप्रतिष्ठा–अब यह कल्पना करते हैं कि इन पार्थिवों में प्राण की स्थापना की जा रही है। पहले निम्न विनियोग बोलते हुए आचमनी से थाली में जल छोड़ें–

विनियोग–ॐ अस्य प्राणप्रतिष्ठा मंत्रस्य ब्रह्माविष्णुशिव ऋषयः ऋक् यजु सामानि छन्दांसि एतत् प्राण रूपा प्राणशक्तयो देवता प्राणप्रतिष्ठापने विनियोगः।

प्रतिष्ठा मंत्र–अक्षत या जौ डालते हुए बोलें–

ॐ आँ ह्रीं क्रौं अँ यँ रँ लँ वँ शँ षँ सँ हँ क्षँ अः क्रौं ह्रीं आँ प्राणाः इह स्थित। ॐ आँ ह्रीं क्रौं अँ यँ रँ लँ वँ शँ षँ सँ हँ क्ष अः क्रौं ह्रीं आँ जीव इह स्थित। ॐ आँ ह्रीं क्रौं अँ यँ रँ लँ वँ शँ षँ सँ हँ क्षँ अः क्रौं ह्रीं आँ शिवस्य सर्वेन्द्रियाणि वाक् मनः त्वक् चक्षुः श्रोत्रं जिह्वा घ्राण पाणि पाद पायूपस्थानां देवा इहागत्य सुखं चिरं तिष्ठन्तु स्वाहा।

मातृकान्यास–अब पूजक यह कल्पना करता है कि उसके शरीर के अंगों में विभिन्न देवता या शक्तियाँ प्रवेश कर रहे हैं। पहले विनियोग का मंत्र बोल कर आचमनी से जल थाली में छोड़ें। फिर शरीर के अंगों को छूते हुए तत्सम्बन्धी मंत्र बोलें–

विनियोग–ॐ अस्य श्रीमातृकान्यासस्य ब्रह्मा ऋषिः गायत्री छन्दः श्री सृष्टिमातृका सरस्वती देवता हलो बीजानि स्वराः शक्तयः मातृकान्यासे विनियोगः।

स्पर्शन्–सिर, हृदय, नाभि और पाँवों को स्पर्श करते हुए बोलें–

शिरसि ॐ ब्रह्मर्षये नमः। मुखे ॐ गायत्रीछन्दसे नमः। हृदि सृष्टिकर्तृमातृका सरस्वती देवतायै नमः। नाभौ ॐ हल बीजेभ्यो नमः। पादयोः ॐ स्वरे शक्तिभ्यो नमः।

विभिन्न उँगलियों और उपांगों को स्पर्श करते हुए बोलें–

ॐ अँ कँ खँ गँ घँ ङँ आँ अंगुष्ठाभ्यां नमः। ॐ आँ इँ चँ छँ जँ झँ ञँ

ईं तर्जनीभ्याम् नमः। ॐ आँ उँ टँ ठँ डँ ढँ धँ नँ ऐं अनामिकाभ्यां नमः। ॐ आँ पँ फँ बँ भँ मँ ओं कनिष्ठिकाभ्यां नमः। ॐ अं यं रं लं वं शं षं सं हं क्षं अः करतल पृष्ठाभ्यां नमः॥ ॐ अं कं खं गं घं ङं हृदयाय नमः। ॐ इं चं छं जं झं ञं ईं शिरसे स्वाहा। ॐ एं तं थं दं धं नं ऐं कवचाय हुम्। ॐ पं फं बं भं मं ओं नेत्रत्रयाय वौषट्। ॐ अं यं रं लं वं शं षं सं हं क्षं अः अस्त्राय फट्।

ध्यानम्–निम्न स्तुति बोलते हुए वाग्देवता सरस्वती का ध्यान करें। अन्त में पुष्प चढ़ावें।

पंचाशत् लिपिभिः विभक्त सुखदां यन्मध्यवक्षस्थलां, भास्वत् मौलिनिबद्ध चन्द्रशकलां आपीनवक्षोरुहाम्। मुद्रासाक्षगुणं सुधाढ्य कलशं विद्यां च हस्ताम्बुजैः विभ्राणां विशदप्रभां त्रिनयनाम् वाग्देवतां भावयेत॥

द्वारपूजा–अपने स्थान पर बैठे हुए विभिन्न दिशा के द्वारों की तरफ अक्षत पुष्प डालिए।

पूर्वद्वारे ॐ नन्दिन्यै नमः। आग्नेय्याम् (दक्षिण पूर्व) ॐ महाकालाय नमः। दक्षिण द्वारे ॐ गं गणपतये नमः। नैऋत्याम् (दक्षिण पश्चिम्) ॐ वृं वृषभाय नमः। पश्चिम द्वारे ॐ भृं भृंगिऋषये नमः। वायव्य (पश्चिम उत्तर) द्वारे ॐ स्कन्दाय नमः। उत्तर द्वारे ॐ उं उमायै नमः। ईशान (उत्तर पूर्व) द्वारे ॐ चं चण्डीश्वराय नमः।

पीठ पूजा–विग्रह रखने के स्थान के सम्मुख निम्न बोलते हुए, अक्षत पुष्प डालते जावें–

ॐ वामायै नमः। ॐ ज्येष्ठाय नमः। ॐ श्रेष्ठाय नमः। ॐ रौद्राय नमः। ॐ काल्यै नमः। ॐ कलविकरिण्यै नमः। ॐ बलविकरिण्यै नमः। ॐ बलप्रमाथिन्यै नमः। ॐ सर्वभूतदमन्यै नमः। ॐ मनोन्मादिन्यैः नमः। ॐ नमो भगवते सकल गुणात्मकाय अनन्तशक्तियुताय अनन्ताय योग पीठात्मने नमः।

ॐ हौं हीं नूं सः शिवाय नमः। ॐ हौं हीं जूं सः शूलपाणये नमः। ॐ

नूं सः पिनाकपाणये नमः।

ध्यानम्–शिव का ध्यान करते हुए निम्न स्तुति बोलें। अन्त में पुष्प चढ़ा दें।

ध्यायेत् नित्यम् महेशं रजतगिरि निभम् चारु-चन्द्रावतं सं। रत्नाकल्पोज्वलांगं परशुमृगवराभीति हस्तं प्रसन्नम्। पद्मासीनं समन्तात् स्तुतिममरगणैः व्याघ्रकृत्तिं वसानं। विश्ववंद्यं निखिलभयहरं पंचवक्त्रं त्रिनेत्रम्॥

आवाहन–दोनों खुली हथेलियाँ मिलाते हुए, निम्न बोलते हुए स्वागत करें।

आगच्छ पंचानन चन्द्रमौले प्रसीद संसार भयार्तिनाशन। करोमि ते पादसरोज पूजनम् गृहाण मृतुंजय भक्तवत्सल। स्वामिन् सर्वजगन्नाथ यावत् पूजावसानकम्। तावत् त्वं प्रीतिभावेन लिंगेऽस्मिन सन्निधिं कुरु॥ ॐ हौं हीं जूं सः शिवाय नमः।

आसन–बैठने के लिए पुष्प रखते हुए बोलें–

रम्यं विचित्र मणिपीठसंज्ञकं सिंहासनं चाष्टदलाब्जयुक्तम्। वामादिशक्त्यान्वितमीश तुभ्यं नमः शिवायेति समर्प्पयामि॥ वृषभं नन्दिनामानं रथं यस्य सदाशिवः। पुष्पासनं गृहाणेदं उमया सहितः प्रभो। ॐ हौं हीं जूं सः शिवाय नमः।

पाद्यम्–निम्न बोलते हुए पाँव धोने के लिए आचमनी से जल चढ़ावें–

श्यामांक दूर्वाब्ज सिताभ्र विष्णुकान्तान्वितं धर्मवती जलैर्वागृहाण सर्वेश्वर पाद्यमद्य नमः शिवायेति समर्प्पयामि॥ कैलास शिखरे रम्ये शक्त्यायुक्तः सदाशिवः। सुगन्धि शीतलं तोयं पाद्यार्थं तव गृह्यताम्॥ ॐ हौं हीं जूं सः शिवाय नमः॥

अर्घ्य–घण्टी बजाते हुए तथा निम्न बोलते अर्घ्य से जल थाली में

डालें।

कुशाग्रगन्धाक्षत पुष्पसर्षपैः दूर्वायवक्षीर तिलैः। समन्वितम्। गृहाण शैलेन्द्रसुतापतेऽर्घ्यं नमः शिवायेति समर्प्पयामि।

आतपत्रयहरं दिव्यं परमानन्द लक्षणम्। तापत्रय-विनिर्मुक्त्यै तवार्घ्यं कल्पयाम्यहम्। ॐ हौं हीं जूं सः शिवाय नमः।

आचमनीयम्—आचमनी से जल छोड़ते हुए बोलें—

कर्पूर कंकोल लवंग जाती समन्वितैः विष्णुपदोद्भवादिह। श्रीपंचवक्त्राचमनं कुरु त्वम् नमः शिवायेति समर्प्पयामि॥ सर्वलोकहितासक्त सर्वपाप विनाशन। भक्त्या निवेदितं देव कुरुष्व आचमनं प्रभो॥ ॐ हौं हीं जूं सः शिवाय नमः॥

मधुपर्कम्—घृत तथा दही मिलाकर दाहिने हाथ की अनामिका से मिश्रण चढ़ावें। निम्न बोलें—

सर्वकालुष्यहीनाय परिपूर्णसुखात्मने। मधुपर्कं हि देवाय कल्पयामि च ते अनघ। ॐ हौं हीं जूं सः शिवाय नमः॥

पञ्चामृतस्नान—दही, दूध, घी तथा मधु (या मीठा) को मिला कर चढ़ावें। घण्टी बजाते हुए निम्न बोलें—

ॐ पयः पृथिव्यां पयं ओषधीषु पयो दिव्यंतरिक्षे पयोधाः पयस्वती प्रदिशः सन्तु मह्यम्॥ देव्यैर्या वन्दिता धेनुः सर्वपाप प्रणाशिनी। तत्क्षीरस्नापितो देवो नित्यं मे वरदा भव॥ ॐ हौं हीं जूं सः शिवाय नमः।

दधि—निम्न बोलते हुए लिंगोपरि दही चढ़ावें—

ॐ दधिक्राब्णो अकारिषं जिष्णोरश्वस्य व्याजितः। सुरभिणो मुखाकरत् प्रण आयूंश्षि तारिषत्॥ कामतो अकामतो वापि यन्मया दुष्कृतं कृतं। तत्सर्वं विलयं यांतु दधिस्नानेन मे शिव॥ ॐ हौं हीं जूं सः शिवाय नमः॥

घृतम्—निम्न मंत्र बोलते हुए लिंगों के ऊपर घी की धारा डालें—

ॐ घृतवती भुवनानामभिश्रियोर्वी पृथ्वी मधुदुधे सुपेशसा। द्यावा पृथिवी वरुणस्य धर्मणा विष्कम्भिते अजिरे भूरिरेतसा ॥ रसाढ्यं उत्तमं त्वाज्यं देवानां च सदा प्रियम्। तेन त्वं स्नापितो देव निधिकान्तप्रदो भव ॥ ॐ हौं ह्रीं जूं सः शिवाय नमः।

मधु–निम्न मंत्र बोलते हुए लिंगों के ऊपर मधु डालें–

ॐ मधुश्च माधवश्च वासंतिकावृतू। अग्नेरन्तः श्लेषोषि कल्पेतां द्यावा पृथिवी कल्पन्ताम् औषधयः कल्पन्ताम् अग्नयः पृथङ्मम ज्यैष्ठचाय सव्रताः। ये अग्नयः सुमनसोन्तरा द्यावापृथिवी इमे वासन्तिकाः ऋतू अभिकल्पमाना इन्द्रमिव देवाः अभिसंविशन्तु तया देवतया आंगिरस्यत्वाध्रुवे सीदतम् ॥ ॐ हौं ह्रीं जूं सः शिवाय नमः।

शर्करा–चीनी या खाँड डालते हुए निम्न मंत्र बोलें–

ॐ आप्यास्व समेतु ते विश्वतः सोमवृष्णियम्। भवा वाजस्य संगधे ॥ यमलोकभयत्रस्तः शरणं त्वागतः शिवः खण्डस्नानेन देवेश मां कुरुष्व सुखान्वितम् ॥ ॐ हौं ह्रीं जूं सः शिवाय नमः।

शुद्धोदक स्नान–आचमनी से शुद्ध जल डालते हुए बोलें–

देवाधिदेव सर्वज्ञ सर्वपापविनाशक स्नापितोऽसि मया देव भक्तानां अभयप्रद।

अर्घ्य–निम्न मंत्र बोलते हुए तथा घण्टी बजाते हुए अर्घ्यपात्र से जल चढ़ावें–

ॐ गणानात्वा गणपति ँ हवामहे प्रियाणान्त्वा प्रियपति ँ हवामहे निधीनान्त्वा निधिपति ँ हवामहे व्वसोमम आहमजानिगर्ब्भधमात्वमजासि गर्ब्भधम् ॥ हरिः ॐ नमस्तेरुद्रमन्यव उतोत इषवे नमः बाहुभ्यामुत ते नमः ॥ याते रुद्र शिवातनूरघोरापाप काशिनी॥ तयानन्त्वासन्तमया गिरिशन्ताभि चाकशीहि ॥ यामिषुंगिरिषन्त हस्ते बिभर्ष्यस्तवे शिवांगिरित्र तां कुरुमांहिंसीः पुरुषं जगत। शिवेन वचसा त्वा गिरिशाच्छावदामसि। यथानः सर्व्वमिज्जगदयक्ष्म ँ सुमना असत् ॥ अद्ध्यवोचदीदधिवक्ता प्प्रथमो दैव्यो

भिषक्। अहींश्च सर्वाञ्जम्भयन्तु सर्वाश्चयातुधान्यो धराचीः परासुव ॥ असौ यस्ताम्म्रो अरुण उत बब्भ्रु सुमंगलः। ये चैन ᳪ रुद्रा अभितो दिक्षुश्रिताः सहस्त्रशो वैषा ᳪ हेडईमहे ॥ असौ यो अवसर्प्पति नीलग्रीवो ब्विलोहितः। उतैनंगोपा अदृश्श्रन्नदृश्रन् उदहार्य्यः सदृष्टो मृडयातिन ॥ नमोऽस्तु नीलग्रीवाय सहस्त्राक्षाय मीदुषे। अथोयेऽअस्य सत्त्वानो हन्तेभ्यो करन्नमः ॥ प्रमुञ्च धन्वनस्त्वमुभयो रात्नोर्ज्ज्याम्। याश्चतेहस्त इषवः पराता भगवोव्वप ॥ विज्जयन्धनुः कपर्द्दिनो व्विशल्यो वाणवाँ2 ॥ उत। अनेशन्नस्य या इषव आभुरस्य निषंगधिः। याते हेतिर्म्मीढुष्टमहस्ते बभूव ते धनुः। तयाऽस्म्मान्विश्वत स्त्वमयक्ष्मया परिभुज ॥ परिते धन्वनो हेतिरस्म्मान्वृणक्तु व्विश्वतः। अथो यइषुधिस्तवारेऽअस्मन्निधेहितम् ॥ अवतत्य धनुष्ट्व ᳪ सहस्त्राक्षशतेषुधे। निशीर्य्य शल्यानाम्मुखा शिवोनः सुमना भव। नमस्ते आयुधायानातताय धृष्णवे। उभाम्यामुतते नमो बाहुब्भ्यान्तव धन्वने ॥ मानो महान्तमुत मानो अर्भकम्मानउक्षन्त मुतमान उक्षितम्। मानोव्वधीः पितरम्मोतमात रम्मानः प्प्रियास्तन्नवोरुद्ररीरिषः ॥ मानस्तोकेतनये मान आयुषिमानो गोषुमानो अश्वेषुरीरिषः। मानो व्वीरान् रुद्र भामिनो व्वधीर्हविष्मन्तः सदमित्वा हवामहे ॥ ॐ नमः शम्भवाय च मयोभवाय च शंकराय च मयस्कराय च नमः शिवाय च शिवतराय च ॥ ॐ सद्यो जातं प्रपद्यामि सद्यो जाताय वै नमो नमः। भवे भवे नाति भवे भवस्व मां भवोद्भवाय नमः ॥ ॐ वामदेवाय नमः ज्येष्ठाय नमः श्रेष्ठाय नमो रुद्राय नमः कालाय नमः कलविकरणाय नमो बलविकरणाय नमः। ॐ बलाय नमो बलप्रमथनाय नमः सर्वभूतदमनाय नमो मनोन्मनाय ॥ ॐ अघोरेभ्योऽथ घोरेभ्यो घोर घोरतरेभ्यः सर्वेभ्यः सर्व्व सर्वेभ्यो नमस्ते अस्तु रुद्ररूपेभ्यः ॥ ॐ तत्पुरुषाय विद्महे महादेवाय धीमहि। तन्नो रुद्रः प्रचोदयात् ॥ ॐ ईशानः सर्वविद्यानामीश्वरः सर्व भूतानाम्। ब्रह्माधिपतिर्ब्रह्मणोधिपतिर्ब्रह्मा शिवो मे अस्तु सदाशिवोऽम् ॥ हरिः ॐ हर हर हर स्नानम् समर्पयामि।

आचमनीयम्–एक बार आचमनी से जल चढ़ावें–
ॐ हौं ह्रीं जूं सः शिवाय नमः।

अंग्रप्रोक्षणम्–एक कपड़े से मूर्ति पर चढ़ा जल सुखावें।

ॐ हौं हीं जूं सः शिवाय नमः ॥

वस्त्रम्–कोई कोरा वस्त्रखण्ड चढ़ाते हुए बोलें–

विचित्रवस्त्राणि सुवासितानि सुवर्णसूत्रेः परिनिर्मितानि। मृदूनि मृत्युञ्जय संगृहाण नमः शिवायेति समर्पयामि ॥ विश्वकर्मकृतं दिव्यं निज गुह्योरुतेजसम्। निवारणम् अविज्ञानं वासस्ते कल्पयाम्यहम् ॥ ॐ हौं हीं जूं सः शिवाय नमः ॥

यज्ञोपवीत–जनेऊ अथवा तिहरा करके धागे का एक टुकड़ा चढ़ाते हुए बोलें–

सुवर्णसूत्रघटितं मनोरमं मुक्ताफलैः संग्रथितं महार्हम्। यज्ञोपवीतं परमं पवित्रम् नमः शिवायेति समर्पयामि ॥ यस्य शक्तित्रयेणेदं संप्रोतमखिलं जगत् यज्ञसूत्राय तस्मै ते यज्ञसूत्रं प्रकल्पये। ॐ हौं हीं जूं सः शिवाय नमः।

आचमनीयम्–

गन्धम्–लिंगों पर चन्दन लगाते हुए बोलें–

ऊशीर काश्मीर सिताभ्र पद्म श्रीखण्ड मंदार हिमाम्बु युक्तम्। गृहाण मृत्युञ्जय गन्धमुत्तमं नमः शिवायेति समर्प्पयामि ॥

मलयाचल सम्पन्नं नानापन्नगरक्षितम्। शीतलं बहुलामोदं चन्दनं प्रतिगृह्यताम् ॥ ॐ हौं हीं जूं सः शिवाय नमः ॥

अक्षत्–निम्न पद बोलते अक्षत तथा तिल चढ़ावें–

शुभ्रान् शरच्चन्द्र मरीचि सन्निभान् अखंडितान् कृष्णतिलैः समन्वितान। गृहाण मृत्युञ्जय धूर्जटेऽक्षतान् नमः शिवायेति समर्पयामि ॥ अक्षतान् बन्धुपुत्रादीन् रक्षकायक्षिवाङ्मनः। अन्तश्चैवाक्षतं कृत्वा मेऽक्षतान् प्रीति मावह। ॐ हौं हीं जूं सः शिवाय नमः ॥

पुष्प–निम्न स्तुति बोल कर पुष्प चढ़ावें–

श्री बिल्वपत्रैः तुलसीदलैर्वा मन्दारजातीकरवीर पुष्पैः। प्रसीद विश्वेश्वर

पूजयामि नमः शिवायेति समर्पयामि ॥ त्वदीयवनसंभूतं नानागुणमनोहरम्। अनंत सौरभं पुष्पं गृह्यतां मदनुग्रहात् ॥ ॐ हौं ह्रीं जूं सः शिवाय नमः।

बेलपत्री—बेलपत्री चढ़ाते हुए बोलें—

ॐ त्रिदलं त्रिगुणाकारं त्रिनेत्रं च त्रयायुधम्। त्रिजन्म पापसंहारं एकबिल्वं शिवार्पणम् ॥ त्रिशाखैः बिल्व-पत्रैश्च अच्छिद्रैः कोमलैः शुभैः। तव पूजा करोम्यद्य एकबिल्वं शिवार्पणं ॥ शालग्रामेषु विप्राणां तडागदशकूपयोः। यज्ञकोटिसहस्राणां एकबिल्वं शिवार्पणम्। अमृतोद्भव वृक्षस्य महादेवो महेश्वरः। तव पूजां करिष्यामि एकबिल्वं शिवार्पणं ॥ अखण्डबिल्व पत्रैश्च पूजितम् नन्दिशंकरम्। तव पूजां करिष्यामि एकबिल्वं शिवार्पणम् ॥ अज्ञानेन कृतम् पापम् सर्वं नश्यन्तु अनिर्मलं। तव पूजां करिष्यामि एक बिल्वं शिवार्पणम् ॥ ऐकैक बिल्वपत्रैश्च कोटियज्ञफलं लभेत। ममदेवेश पूजार्थं एकबिल्वं शिवार्पणम् ॥ तुलसीदल निगुण्डी जम्बीर आमलकः तथा। पत्रबिल्वं समाख्यातं एकबिल्वं शिवार्पणं। ॐ हौं ह्रीं जूं सः शिवाय नमः ॥

तुलसी पूजन—तुलसी के पत्र तथा मञ्जरी (पुष्प) चढ़ाते हुए निम्न बोलें—

तुलसि! अमृतजन्मासि केशवस्य सदा प्रिये। त्वद्दलैः मञ्जरीभिश्च प्रीतोभवतु मे शिवः। ॐ हौं ह्रीं जूं सः शिवाय नमः।

आवरण पूजा—पुष्प चढ़ाते हुए निम्न बोलें—

ॐ ब्रह्मणे नमः। ॐ विष्णवे नमः। ॐ स्कन्दाय नमः। ॐ महाकालाय नमः। ॐ शूलिने नमः। ॐ उमायै नमः। ॐ महेश्वराय नमः। ॐ नन्दिकेश्वराय नमः। ॐ इन्द्राय नमः। ॐ शर्वाय क्षितिमूर्तये नमः। ॐ भवाय जलमूर्तये नमः। ॐ रुद्राय अग्निमूर्तये नमः। ॐ उग्राय वायुमूर्तये नमः। ॐ भीमाय आकाशमूर्तये नमः। ॐ पशुपतये यजमानमूर्तये नमः। ॐ महादेवाय सोममूर्तये नमः। ॐ ईशानाय सूर्यमूर्तये नमः। ॐ महाभोगिने नमः। ॐ महीधराय नमः। ॐ महाघोराय नमः। ॐ महत् तत्वाय नमः। ॐ महत्तत्वरूपाय नमः। ॐ हौं ह्रीं जूं सः शिवाय नमः ॥

अंगपूजा–शिव विग्रह की प्रत्यक्ष कल्पना कर उसके अंग-उपांगों पर अक्षत-पुष्प डालें। निम्न बोलें–

ॐ देवाधिदेवाय नमः पादौ पूजयामि। ॐ शंकराय नमः जंघे पूजयामि। ॐ शिवाय नमः जानुनी पूजयामि। ॐ शूलवाणये नमः गुल्फौ पूजयामि। ॐ शम्भवे नमः कटिं पूजयामि। ॐ स्वयम्भुवे नमः गुह्यं पूजयामि। ॐ महादेवाय नमः नाभिं पूजयामि। ॐ विश्वकर्मणे नमः उदरं पूजयामि। ॐ नीलकण्ठाय नमः कण्ठं पूजयामि। ॐ श्रीकण्ठाय नमः चिबुकं पूजयामि। ॐ शिवाय नमः मुखं पूजयामि। ॐ महेश्वराय नमः नासिकायां पूजयामि। ॐ त्रिनेत्राय नमः नेत्रं पूजयामि। ॐ शशिभूषणाय नमः मुकुटं पूजयामि। ॐ देवाधिदेवाय नमः सर्वांगं पूजयामि। ॐ हौं ह्रीं जूं सः शिवाय नमः ॥

धूप–अगरबत्ती या धूप जलाकर बोलें–

मधु आज्य ककुष्ठ कर्पूर चन्दनैः समन्वितं चारुगुग्गुलाभ्यांगृहाण् धूपं मृगनाभिसंयुतं नमःशिवायेति समर्पयामि ॥ वनस्पति रसो दिव्यो गंधाढ्यो गंधमुत्तमः। आघ्रेय! सर्वदेवानां धूपोऽयं प्रतिगृह्यताम् ॥ ॐ हौं ह्रीं जूं सः शिवाय नमः ॥

दीप–जलते दीपक की ओर संकेत करके बोलें–

अखण्डरूपं सितवर्तिसंयुतं तमोपहं गव्यघृतेन संयुतं। दीपं प्रदास्यामि सुरेश तुभ्यं नमः शिवायेनि समर्पयामि ॥ सुप्रकाशो महान्दीप त्रैलोक्य तिमिरापहः। सबाह्यभ्यंतरं ज्योतिः दीपोऽयं प्रतिगृह्यताम् ॥ ॐ हौं ह्रीं जूं सः शिवाय नमः।

नैवेद्य–मूर्ति के समक्ष नैवेद्य रखें। उस पर पुष्प डालें। निम्न विनती बोलें–

सुसंस्कृतान्नं सघृत पयोयुतं सशर्करं हाटकपात्र संयुतम्। नैवेद्यम् एतत्प्रगृहाण शम्भो नमः शिवायेति समर्पयामि ॥ सत्पात्रसिद्धम् सुहविर्विविध व्यंजनान्वितम्। निवेदयामि भवते सानुगाय जुषाण तत्। इदममृतस्वरूपं नैवेद्यं समर्पयामि ॥ ॐ हौं ह्रीं जूं सः शिवाय नमः।

जलम्–आचमनी से जल चढ़ाते हुए बोलें–

गंगाजलं सर्वगुणयुतं विभो विष्णु अंघ्रिजातं हिमबालुकान्वितम्। स्थितं पवित्रे कलधौतपात्रे गृहाण पानीयमिदं सुशीतलम् ॥ सर्वलोक हितार्थाय सर्वपापविनाशन। कुरुष्वाचमनं देव शिवभक्त्या निवेदितम्। ॐ हौं हीं जूं सः शिवाय नमः।

फलम्–फल चढ़ा कर बोलें–

इदं फलं मया देव स्थापितं पुरतस्तव। तेन मे सफलावाप्तिर्भवेत जन्मनि जन्मनि। ॐ हौं हीं जूं सः शिवाय नमः ॥

ताम्बूलम्–पान का बीड़ा चढ़ा कर निम्न बोलें–

पूगीफल समायुक्तं नागवल्लीदलान्वितम्। कर्पूरादि-समायुक्तं ताम्बूलं प्रतिगृह्यताम् ॥ ॐ हौं हीं जूं सः शिवाय नमः।

द्रव्यम्–आभूषणार्थ कुछ द्रव्य चढ़ावें।

जपम्–कम-से-कम दस बार, मौनरूपेण, 'ॐ नमः शिवाय' जपें। फिर बोलें तथा जल छोड़ें–

गुह्याति गुह्यगोप्ता त्वं गृहाणास्मत्कृतं जपम्। सिद्धिर्भवतु मे देव त्वत्प्रसादात् सुरेश्वर ॥

ज्ञातव्य–शिवार्चन के अन्तिम भाग में शिव के एक सौ आठ नामों का स्मरण, नीराजन तथा स्तुतियाँ की जाती हैं। केवल इस भाग को कई लोग दैनिक पूजन के अंगस्वरूप करते हैं।

अष्टोत्तरशत–

संकल्प–दाहिनी खुली अंजुलि में जल, अक्षत्, चन्दन डाल कर निम्न संकल्प बोलें और फिर जल छोड़ दें।

ॐ विष्णुः विष्णुः विष्णुः अहम्.....कामनया (जिस प्रसंग में पूजा उठाई है, उसका नाम लें.....(संख्या बोलें।)

शिवलिंगोपरि बिल्वपत्र तुलसीदलमंजरी पुष्प यवतिल गन्धाक्षतैः अष्टोत्तरशत नामभिः पूजनं करिष्ये।

विनियोग–ॐ अस्य श्री शिवाष्टोत्तरशत नाम मंत्रस्य नारायण ऋषिः अनुष्टुप् छन्दः श्री सदाशिवो देवता गौरी उमा शक्तिः ममाभीष्टसिद्ध्यर्थे श्री साम्बसदाशिव प्रीतये अष्टोत्तरशत नामभिः पूजनं करिष्ये। जल छोड़ें।

लिंग समूह के ऊपर एक बिल्वपत्र और उसके साथ तिल, गन्ध अक्षत् मिला कर एक-एक नाम लेकर चढ़ा दें–

ॐ शिवाय[1] नमः। ॐ महेश्वराय[2] नमः। ॐ शम्भवे[3] नमः। ॐ पिनाकिने[4] नमः। ॐ शशिशेखराय[5] नमः। ॐ वासुदेवाय[6] नमः। ॐ विरूपाक्षाय[7] नमः। ॐ कपर्द्दिने[8] नमः। ॐ नीललोहिताय[9] नमः। ॐ शंकराय[10] नमः। ॐ शूलैपाणये[11] नमः। ॐ खट्वांगिने[12] नमः। ॐ विष्णुवल्लभाय[13] नमः। ॐ सर्पविष्टाय[14] नमः। ॐ अम्बिकानाथाय[15] नमः। ॐ श्रीकण्ठाय[16] नमः। ॐ भक्तवत्सलाय[17] नमः। ॐ भवाय[18] नमः। ॐ शर्वाय[19] नमः। ॐ त्रिलोकेशाय[20] नमः। ॐ शितिकण्ठाय[21] नमः। ॐ शिवाप्रियाय[22] नमः। ॐ उग्राय[23] नमः। ॐ कपालिने[24] नमः। ॐ कामरिपवे[25] नमः। ॐ अन्धकासुरसूदनाय[26] नमः। ॐ गंगाधराय[27] नमः। ॐ ललाटाक्षाय[28] नमः। ॐ कालकालाय[29] नमः। ॐ कृपानिधये[30] नमः। ॐ भीमाय[31] नमः। ॐ परशुहस्ताय[32] नमः। ॐ मृगपाणये[33] नमः। ॐ जटाधराय[34] नमः। ॐ कैलासवासिने[35] नमः। ॐ कवचिने[36] नमः। ॐ कठोराय[37] नमः। ॐ त्रिपुरान्तकाय[38] नमः। ॐ वृषांकाय[39] नमः। ॐ भस्मोद्धूलित विग्रहाय[40] नमः। ॐ सर्वज्ञाय[41] नमः। ॐ परमात्मने[42] नमः। ॐ सोमसूर्याग्निलोचनाय[43] नमः। ॐ अवनीश्वराय[44] नमः। ॐ सोमप्रियाय[45] नमः। ॐ स्वरमयाय[46] नमः। ॐ त्रिमूर्तये[47] नमः। ॐ हविषे[48] नमः। ॐ यज्ञमयाय[49] नमः। ॐ पंचवक्त्राय[50] नमः। ॐ सदाशिवाय[51] नमः। ॐ विश्वेश्वराय[52] नमः। ॐ वीरभद्राय[53] नमः। ॐ गणनाथाय[54] नमः। ॐ प्रजापतये[55] नमः। ॐ हिरण्यरेतसे[56] नमः। ॐ दुर्धर्षाय[57] नमः। ॐ गिरीशाय[58] नमः। ॐ गिरिशयाय[59] नमः। ॐ अनघाय[60] नमः। ॐ भुजंग भूषणाय[61] नमः। ॐ भर्गाय[62] नमः। ॐ गिरिधन्विने[63] नमः। ॐ गिरिप्रियाय[64] नमः। ॐ अष्टमूर्तये[65] नमः। ॐ अनेकात्मने[66] नमः। ॐ

सात्विकाय[67] नमः। ॐ शुद्धविग्रहाय[68] नमः। ॐ शाश्वताय[69] नमः। ॐ खण्डपरशवे[70] नमः। ॐ अजाय[71] नमः। ॐ पाशविमोचकाय[72] नमः। ॐ कृत्तिवाससे[73] नमः। ॐ पुरारातये[74] नमः। ॐ भगवते[75] नमः। ॐ प्रमथाधिपाय[76] नमः। ॐ मृत्युञ्जयाय[77] नमः। ॐ सूक्ष्मतनवे[78] नमः। ॐ जगद्व्यापिने[79] नमः। ॐ जगद्गुरवे[80] नमः। ॐ व्योमकेशाय[81] नमः। ॐ महासेनाय[82] नमः। ॐ जनकाय[83] नमः। ॐ चारुविक्रमाय[84] नमः। ॐ उग्राय[85] नमः। ॐ भूतपतये[86] नमः। ॐ स्थाणवे[87] नमः। ॐ देवाय[88] नमः। ॐ अहिर्बुध्न्याय[89] नमः। ॐ दिगम्बराय[90] नमः। ॐ मृडाय[91] नमः। ॐ पशुपतये[92] नमः। ॐ देवाय[93] नमः। ॐ महादेवाय[94] नमः। ॐ अव्यया[95] नमः। ॐ हराय[96] नमः। ॐ पुष्पदन्तभिदे[97] नमः। ॐ भगनेत्रभिदे[98] नमः। ॐ अपवर्गप्रदाय[99] नमः। ॐ अव्यग्राय[100] नमः। ॐ अव्यक्ताय[101] नमः। ॐ अनन्ताय[102] नमः। ॐ दक्षाध्वरहराय[103] नमः। ॐ सहस्राक्षाय[104] नमः। ॐ तारकाय[105] नमः। ॐ हराय[106] नमः। ॐ सहस्रपदे[107] नमः। ॐ साम्बशिवाय[108] नमः।

नैवेद्य–नवैद्य को दोनों हाथों से एक क्षण, उठा कर निम्न बोलें–

वाण रावण चण्डीश नन्दी भृंगी रिटादयः। सदाशिव प्रसादोऽयं सर्वे गृह्णन्तु शाम्भवाः॥

नीराजन–आरती करते हुए निम्न स्तुति बोलें–

जयदेव जयादेव जय शंकर शाश्वत। जयसर्वसुराध्यक्ष जय सर्व सुरार्चितः। जय सर्वगुणातीय जय सर्ववरप्रद। जय नित्यं निराधार जय विश्वम्भराव्ययः। जय विश्वैकवन्द्येश जय नागेन्द्रभूषण। जय गौरीपते शम्भो जय चन्द्रार्धशेखर। जय कोट्यर्क संकाश जयानन्त गुणाश्रय। जयदुस्तरसंसार सागरोत्तारण प्रभो। प्रसीद मे महाभाग संसारार्तेश्च खिद्यतः। सर्वपापक्षयं कृत्वा रक्ष मां परमेश्वर। महादारिद्र्यमग्नस्य महापापहतौजसः। महाशोक विनष्टस्य महारोगातुरस्य च। ऋणभारपरीतस्य दह्यमानस्य कर्मभिः ग्रहैः प्रपीड्यमानस्य प्रसीद परमेश्वर। दरिद्रः प्रार्थयेत् देवमीश्वरं दीर्घमायुः सदारोग्यं कोश वृद्धिर्बलोन्नतिः। ममास्तु नित्यमानन्द प्रसादात्तव शंकर। शत्रवः संक्षयं यान्तु प्रसीदन्तु मम ग्रहाः। नश्यन्तु दस्यवो राष्ट्रे जनाः सन्तु निरामयाः।

दुर्भिक्षमारि संतापाः शमं यान्तु महीतले सर्वसस्य समृद्धिश्च भूयात् सुखमयादिशः। अन्तस्तेजो बहिस्तेजः एकीकृत्यामित प्रभो। आरार्तिकमिदं देव गृहाण मम सिद्धये ॥

प्रार्थना—हाथों में पुष्प लेकर निम्न बोलें—

नमोस्तु स्थाणुरूपाय ज्योतिलिंगामृतात्मने। चतुर्मूर्ति भवस्थाय आसितांगाय शम्भवे। सर्वज्ञ ज्ञान विज्ञान प्रदायक महात्मने। नमस्ते देवदेवेश सर्वभूतहिते रत। अनन्तकान्ति सम्पन्न ह्यनन्तासन संस्थितः। अनन्तशक्तिसंभोग परमेश्वर नमोऽस्तु ते। बहुरूप महारूप सर्वरूपोत्तमोत्तम। व्याघ्रचर्म समासीन दृढव्रत नमोऽस्तु ते। परात्पर परातीत उत्पत्तिस्थितिकारक। सर्वार्थसाधनोपाय विश्वेश्वर नमोऽस्तु ते। स्वभावनिर्मलाकार सर्वव्याधिविनाशन। योगी योगप्रदो यज्ञो योगीश्वर नमोऽस्तु ते।

लिंगस्तवं महापुण्यं यः शृणोति सदा नरः। नोत्पद्यते हि संसारे स्थानं प्राप्नोति शाम्भवम्। तस्मात् सर्वप्रयत्नेन शृणुयात् पार्थिवं स्तवम्। सर्वकंचुकनिर्मुक्तः प्राप्नोति परमं पदम् ॥

आत्मा त्वं गिरिजामतिः सहचराः प्राणाः शरीरं गृहम्। पूजा ते विषयोपभोग रचना निद्राः समाधिस्थितिः। संचारः पदयो प्रदक्षिणविधिः स्तोत्राणि सर्वा गिरो। यद्यत्कर्म करोमि तत्तदखिलं शम्भो तवाराधनम् ॥ शिवो गुरुः शिवो देवः शिवो बन्धुः शरीरिणाम्। शिवः आत्मा शिवो जीवः शिवादन्यन्न किंचन ॥ नमस्ते देवदेवेश नमस्ते धरणीधर। नमस्ते जगतां नाथ त्राहि मां शरणागतम् ॥

ॐ हर भव शिव रुद्रः चन्द्रमौले गिरिश गणेश महेश पार्वतीश। इति मम बदतो दिनानि यान्तु स्मरहर किं बहु जल्पकल्पनाभिः।

भूमौ स्खलितपादानां भूमिरेवावलम्बनम् त्वयि जातापराधानां त्वमेव शरणं प्रभो। अपराधो भवत्येव सेवकस्य पदे पदे। कः परः सहते लोके केवलं स्वामिनं विना ॥

अपराध सहस्राणि क्रियन्तेऽहर्निशं मया। दासोऽयमिति मां मत्वा क्षमस्व परमेश्वर ॥

कोटयो ब्रह्महत्यानाम् अगम्यागम्य कोटयः। सद्यः प्रलयमायान्ति महादेवस्य कीर्तनात् ॥

वयं धन्याः वयं धन्याः वयं धन्याः जगत्पते। शिवे भक्तिः शिवे भक्ति शिवे भक्तिर्भवे सदा। सदा भूयात्सदा भूयात् सदा भूयात् न संशयः॥

मत्समः पातकी नास्ति पापघ्न त्वत्समो नहि। इति संचित्य संचित्य प्राणान् सन्धारयाम्यहम् ॥

मा मतिः परदारेषु परद्रव्येषु मा मतिः। परापवादिनी जिह्वा मा भूत जन्मनि जन्मनि ॥

करचरणकृतं वा कायजं कर्मजं वा श्रवणनयनजं वा मानसं वापराधम्। विहितमविहितं वा सर्वमेतत्क्षमस्व जय जय करुणाब्धे श्री महादेव शम्भो ॥

शिवतत्त्वं न जानामि कीदृशोऽसि महेश्वर। यादृशोऽसि महादेव तादृशाय नमो नमः ॥

ॐ हे चन्द्रचूड मदनान्तक शूलपाणे स्थाणो गिरिश गिरिजेश महेश शम्भो। भूतेश भीतिभव सूदन माम् अनाथं संसार दुःख गहनात् जगदीश रक्ष॥

हे पार्वतीहृदयवल्लभ चन्द्रमौले भूताधिप स्मरहर प्रमथाधिनाथ। हे वामदेव भव रुद्र पिनाक पाणे संसारदुःखगहनात् जगदीश रक्ष ॥

हे विश्वनाथ शिवशंकर देवदेव गंगाधर प्रमथनायक नन्दिकेश। वाणीश्वरान्धकरिपोः हर लोकनाथ संसारदुःखगहनात् जगदीश रक्ष ॥

हे नीलकण्ठ वृषभध्वज पञ्चवक्त्र लोकेश शेषवलय प्रमथेश शर्व्व। हे धूर्जटे पशुपते गिरिजापते मां संसारदुःखगहनात् जगदीश रक्ष ॥

विश्वेश विश्वभुवनाश्रय विश्वरूप विश्वात्मकः त्रिभुवनैक गणाधिवेश। हे विश्ववन्ध करुणामय दीनबन्धो संसारदुःखगहनात् जगदीश रक्ष ॥

पञ्चरत्नमिदं स्तोत्र यः पठेत् प्रयतः शुचिः पुत्रपौत्रादिकं सौख्यं लभते नात्र संशयः ॥

अद्य मे सफलं जन्म अद्य मे सफलं तपः। अद्य मे सफलं ज्ञानं शम्भोः त्वत्पादसेवनात्।

कृतार्थोऽहं कृतार्थोऽहं कृतार्थोऽहं न संशयः। शिवे भक्तिः शिवे भक्तिः शिवे भक्तिः भवे भवेत् ॥

सदा भूयात् सदा भूयात् सदा भूयात् सुनिश्चला। आजन्म मरण यस्य महादेवो न दैवतं ॥

या जनिः स्याद्भवेत्तस्य शिवपूजा विवर्जिता। जातस्य जायमानस्य गर्भस्थस्यापि देहिनः ॥ मा भूत्तास्मिन् कुले जन्म यत्र शम्भोर्न पूजनम्। वयं धन्याः वयं धन्याः वयं धन्याः जगत्पते ॥

आदिदेवो महादेवः स ह्यस्मत्कुलदैवतम्। हरशम्भो महादेव विश्वेशामरवल्लभ ॥

शिव शंकर सवत्मिन् नीलकण्ठ नमोऽस्तु ते। मृत्युञ्जयाय रुद्राय नीलकण्ठाय शम्भवे। अमृतेशाय शर्वाय महादेवाय ते नमः ॥

महादेव महादेव महादेवेति यो ध्वनिः। स एव परमानन्दः संसारगृहवासिनाम्। नीलकण्ठाष्टकमिदं य पठेत् शिवसन्निधौ। शिवलोकमवाप्नोति शिवेन सह मोदते ॥ ओंकाररूपं त्रिगुणात्मकं शिवं सृष्टि स्थिति प्रत्यवहार कारणम्। सुरासुरेशं रविमण्डलस्थं नमः शिवायेति नमस्करोमि ॥

ॐकाररूपाय महेश्वराय नमो नकाराय निरंजनाय। मकाररूपाय महेश्वराय नमः शकाराय शशांकमौलये। वकाररूपाय विरूपचक्षुषे नमो यकाराय यमादितारिणे। षड्क्षर स्तोत्रमिदं शिवात्मकं संपूज्य सम्यग्विधिना गिरीशम्। भक्त्या पठेद्यो मनुजोत्तमः सदा गिरीशम् सायुज्यपदं स याति ॥

ॐ नागेन्द्रहाराय त्रिलोचनाय भस्मांगरागाय महेश्वराय। नित्याय शुद्धाय दिगम्बराय तस्मै नकाराय नमः शिवाय ॥

मंदाकिनी सलिल चन्दनचर्चिताय नन्दीश्वर प्रमथनाथ महेश्वराय। मन्दारपुष्प बहुपुष्पसुपूजिताय तस्मै मकाराय नमः शिवाय ॥

शिवाय गौरी बदनाब्जवृन्द सूर्याय दक्षाध्वरनाशकाय। श्री नीलकण्ठाय वृषध्वजाय तस्मै शकाराय नमः शिवाय ॥

वशिष्ठ कुम्भोद्भव गौतमादि मुनीन्द्र देवार्चित शेखराय। चन्द्रार्क वैश्वानर लोचनाय तस्मै वकाराय नमः शिवाय ॥

यक्षस्वरूपाय जटाधराय पिनाकहस्ताय सनातनाय। दिव्याय देवाय दिगम्बराय तस्मै यकाराय नमः शिवाय ॥

पञ्चाक्षरमिदं पुण्यं यः पठेत् शिवसन्निधौ। शिवलोकमवाप्नोति शिवेन सद् मोदते ॥

प्रदक्षिणा–अपने स्थान पर खड़े चारों ओर घूमें। निम्न पढ़ें–

यानि कानि च पापानि जन्मान्तर कृतानि च। तानि सर्वाणि नश्यन्तु प्रदक्षिण पदे पदे ॥

पापोऽहं पापकर्माऽहं पापात्मा पापसम्भवः। त्राहि मां पार्वतीनाथ शरण्यो मे भवाधुना ॥ सर्वपापक्षयं कृत्वा ह्यभीष्टं कुरु मे प्रभो। ॐ हौं ह्रीं जूं सः शिवाय नमः ॥

अर्घ्यदान–शंख में दुग्ध, जल, फल, तिलादि डाल कर, घण्टी बजाते हुए अर्घ्यजल चढ़ावें। निम्न बोलें–

रक्ष रक्ष महादेव रक्ष त्रैलोक्यरक्षक। भक्तानां अभयं कर्ता त्राता भव भवार्णवात्॥ वरद त्वम् वरं देहि वाञ्छितं वाञ्छितार्थद। अनेन सफलार्घ्येण वरदो भव सर्वदा ॥

दक्षिणा

दक्षिणा संकल्प–दाहिनी अंजुलि में जल, अक्षत, पुष्प, कुशादि डाल कर निम्न संकल्प बोलें और फिर जल छोड़ दें–

ॐ विष्णुः विष्णुः विष्णुः। अद्य इह.....अहम् श्रुतिस्मृति पुराणोक्त फलावाप्तये.....कामनया (जिस कामना से कार्य किया वह बोलें)..... ब्रतांगत्वेन (जो व्रत किया उसे बोलें).....शिवलिंगोपरि (जैसे शिवलिंग बनाए हों–धातु, पत्थर, मिट्टी–वह बोलें) पूजन कर्मणः सांगफलप्राप्तयर्थं न्यूनातिरिक्त परिपूर्णता सिद्धये इदं सुवर्णं/द्रव्यं ब्राह्मणाय विभज्य दास्ये। ॐ तत् सत् न मम ॥

ब्राह्मणार्घ्य दान–ब्राह्मण/ब्राह्मणों के हाथ में अर्घ्य से जल डालें। निम्न बोलें–

भूमिदेवाः अग्रजन्मासि त्वं विप्र पुरुषोत्तम। प्रत्यक्षो यज्ञपुरुषः अर्घ्यं मे प्रतिगृह्यताम् ॥

गन्ध विलेपन–ब्राह्मणों के माथे पर चन्दन, रोली लगाते हुए बोलें

और फिर उन्हें दक्षिणा दें।

नमो ब्राह्मण देवाय गोब्राह्मण हिताय च। जगत् हिताय कृष्णाय गोविन्दाय नमो नमः ॥ अर्चन विधिः सर्वः परिपूर्णोऽस्तु। अस्तु परिपूर्णम्॥

विसर्जन–हाथ जोड़कर शिव जी का विसर्जन करें।

आवाहनं न जानामि न जानामि विसर्जनम्। पूजाञ्चैव न जानामि क्षमस्व परमेश्वर ॥

मंत्रहीनं क्रियाहीनं भक्तिहीनं सुरेश्वर। यत्पूजितो मया देव परिपूर्णं तदस्तु मे ॥

श्री शिवदेव कैलासं यथाभिलषितं वा गच्छ। गच्छ गच्छ सुरश्रेष्ठ स्वस्थानं परमेश्वर। यत्र ब्रह्मादयो देवाः तत्र गच्छ सुरेश्वर ॥ ॐ हर हर महादेव॥

ॐ कायेन वाचा मनसेन्द्रियैः वा बुद्ध्यात्मना वा अनुसृतः स्वभावात्। करोमि यद्यत् सकलं परस्मै नमः शिवायेति समर्पयामि ॥

श्रीसत्यनारायण-पूजा

सत्यरूप से भगवान विष्णु के पूजन को सत्यनारायण पूजा कहते हैं। जो लोग इस प्रसंग में उपवास रखते हैं वे पूर्णमासी अथवा संक्रान्ति को इस पूजन के उपरान्त चढ़ाए पञ्चामृत को पीकर तथा कसार और फल का प्रसाद पाकर उपवास की समाप्ति करते हैं।

इन तिथिगत अवसरों के अतिरिक्त परिवार में कोई शुभकार्य (यज्ञोपवीत, विवाहादि) सम्पन्न हुआ हो या कोई मनौती पूर्ण हुई है, तब भी यह पूजन किया जाता है। ऐसे अवसरों पर पूजन के उपरान्त सत्यनारायण-कथा का श्रवण भी किया जाता है।

इस अवसर पर पूजन के लिए बनी वेदी पर दो ही मूर्तियाँ या चित्र हों–गणेश तथा विष्णु। विष्णु मूर्ति के स्थान पर काला पत्थर (शालग्राम) भी पूजा जाता है।

आवश्यक सामग्री–1. वेदी पर गणेश तथा विष्णु का चित्र या मूर्ति 2. चन्दन, रोली, धुले चावल (अक्षत), 3. कोई कोरा वस्त्र 4. धूप, दीप, बत्ती कपूर, 5. फल विशेषतः केला 6. दूध, दही, शहद (या चीनी), तुलसीदल, तथा घृत मिला कर बनाया पञ्चामृत 7. एक गहरी थाली या तश्तरी, अर्घ्य, पञ्चपात्र, आचमनी, शंख, घण्टी 8. बताशे-मिठाई के अतिरिक्त मुख्य प्रसाद के रूप में गुड़ का चूरा या पिसी चीनी मिला भुना आटा।

पूजन

दीप जलाना

आचमन–आचमनी से अथवा हथेली में तीर बार आचमन करें। स्मार्त

लोग 'ऋग्वेदाय स्वाहा', 'यजुर्वेदाय स्वाहा', 'सामवेदाय स्वाहा' बोल कर आचमन करते हैं। 'अथर्ववेदाय नमः' बोल कर एक आचमनी जल तश्तरी में छोड़ देते हैं। दूसरे सम्प्रदाय (वैष्णव, शैवादि) के लोग अपने-अपने इष्ट के विभिन्न नाम (उदा. रामाय नमः, शिवाय नमः, वासुदेवाय नमः आदि) बोल कर तीन आचमन करते हैं।

प्रार्थना–हाथ में पुष्प लेकर निम्न प्रार्थना बोल कर फूलों को चढ़ा दें–

ॐ शुक्लाम्बरधरं विष्णुं शशिवर्णम् चतुर्भुजम् प्रसन्नवदनं ध्यायेत् सर्व विघ्नोपशान्तये ॥

यं ब्रह्म वेदान्तविदो वदन्ति परं प्रधानं पुरुषं तथान्ये। विश्वोद्गते कारणमीश्वरं वा तस्मै नमो विघ्न विनाशनाय ॥

अभीप्सितार्थ सिद्ध्यर्थं पूजितो यः सुरैपरि। सर्वविघ्नच्छिदे तस्मै श्री गणाधिपतये नमः॥ नवाम्भोजनेत्रं रमाकेलिपात्रं चतुर्बाहु चामीकरं चारुगात्रम्! जगत्त्राण हेतुं रिपौ धूम्रकेतुं सदा सत्यनारायणं स्तौमि देवम् ॥ श्री सत्यनारायण देवाय नमः।

अर्घ्यस्थापन–वेदी के सामने भूमि पर अनामिका नामक अँगुली से रोली लेकर पहले एक त्रिकोण आकृति बनाएँ। इसके बाहर षट्कोण आकृति बनाएँ। इसके बाहर चौकोर तथा उसके बाहर गोल आकृति बनाएँ। इसके ऊपर पुष्प, दूर्वा तथा अक्षत डाल कर अर्घ्यपात्र का आसन बनावें। इस पर अर्घ्यपात्र रखें। अब निम्न मंत्र बोलकर पात्र के ऊपर पवित्र (कुशपत्र या दूर्वा) रखें–

पवित्र–ॐ पवित्रस्थो वैष्णव्यो सवितुर्वः प्रसव उत्पुनामि अछिद्रेण पवित्रेण सूर्य्यस्य रश्मिभिः।

जल–अब अर्घ्यपात्र में निम्न मंत्र बोलते हुए जल डालें–

ॐ शं नो देवी अभिष्टय आपो भवन्तु पीतये शंय्योः अभिस्रवन्तु नः॥ गंगे च यमुने चैव गोदावरि सरस्वती नर्मदे सिन्धु कावेरी जलेस्मिन् सन्निधिं कुरु॥

अर्घ्य के जल में चन्दन, पुष्प तथा अक्षत डालें। एक पुष्प या दूर्वादल से इस जल को समस्त पूजा सामग्री पर तथा अपने शरीर पर छिड़कें। कुछ देर प्राणायाम कर श्वास-प्रश्वास को शान्त, स्थिर बनावें। अन्त में बोलें–

पुण्डरीकाक्षाय नमः। ॐ विष्णवे नमः। विष्णवे नमः। विष्णवे नमः।

सूर्य्य ध्यानम्–हाथ में पुष्प लेकर, आँखें बन्द कर, स्तुति बोलते हुए सूर्य का निम्नरूपेण ध्यान करें–

ध्येयः सदा सवितृमण्डल मध्यवर्ती नारायणः सरसिजासन सन्निविष्टः। केयूरवान मकर-कुण्डलवान किरीटी हारी हिरण्मयवपुः घृत शंखचक्रः। ध्यानम् समर्पयामि–पुष्प चढ़ा दें।

सूर्य्यार्घ्यदान–घण्टी बजाते हुए, निम्न स्तुति बोलते हुए अर्घ्य के पानी को तश्तरी में डाल दें–

एहि सूर्य्य सहस्रांशो तेजोराशे जगत्पते। अनुकम्पय माम् भक्त्या गृहाणार्घ्यं दिवाकर॥
नमोस्तु सूर्य्याय नमोस्तु भानवे नमोस्तु वैश्वानर जातवेदसे। ममैतदर्घ्यं प्रतिगृह्रण देव देवाधिदेवाय नमो नमस्ते।

सूर्य को रोली, चन्दन, अक्षत पुष्प चढ़ावें–

गंधाक्षत पुष्पाणि समर्प्पयामि नमः।

भूतोत्सादन–चारों दिशाओं में सरसों या अक्षत छिड़कते हुए बोलें–

अपसर्पन्तु ते भूताः भुवि संस्थिताः। ये भूताः विघ्न कर्त्ताराः ते नश्यन्तु शिवाज्ञया। अपक्रामन्तु भूतानि पिशाचाः सर्वतो दिशम्। सर्वेषाम् अविरोधेन पूजाकर्म्म समारभेत्॥

पुनः अर्घ्यस्थापन–पूर्वोक्त विधि से फिर से अर्घ्य में जलादि डालें, जल को चारों ओर छिड़कें, प्राणायाम करें और बोलें–

पुण्डरीकाक्षाय नमः। विष्णवे नमः। विष्णवे नमः। विष्णवे नमः।

संकल्प—दाहिने हाथ की आधी बन्द मुट्ठी में जल, रोली, अक्षत तथा पुष्प डालें और निम्न संकल्प बोलें—

ॐ विष्णुः विष्णुः विष्णुः नमः परमात्मने श्री ब्रह्म पुराण पुरुषोत्तमाय अत्र पृथिव्यां जम्बूद्वीपे भरतखण्डे आर्य्यावर्त्ते पुण्यक्षेत्रे...देशे...विष्णु प्रजापति क्षेत्रे...ब्रह्मणो द्वितीये परार्द्धे श्री श्वेतवाराहकल्पे वैवस्वतनाम मन्वन्तरे अष्टाविंशतितमे कलियुगे कलियुगस्य प्रथम चरणे बौद्धावतारे षष्ट्यब्दाना मध्ये...नाम सम्वत्सरे...अयने...ऋतौ...मासे...पक्षे...वासरे...तिथौ...गोत्रात्पन्न ...राशि अहम् श्रुतिस्मृति पुराणोक्त फलावाप्तये सकलमनसेप्सित कामना सिद्धि द्वारा संक्रान्ति/पौर्णमासी श्री सत्यनारायणव्रताङ्गत्वेन सुवर्ण प्रतिमायां/शालग्राम शिलोपरि/लिखित चित्रे/श्री सत्यनारायण देवस्य यथाज्ञानेन यथामिलितोपचारैः पूजनं करिष्ये।

हाथ में लिया जल छोड़ दें।

प्रतिष्ठा—आवाहित किए जाने वाले सत्यनारायण देव को जिस स्थान पर विराजित कराया जाएगा, उस स्थान को पहले पवित्र करके तब देवता को प्रतिष्ठित कराया जाएगा। निम्न बोलते हुए जौ या अक्षत और पुष्प चढ़ाए जाएँगे—

ॐ एतन्तो देव सवितर्य्यज्ञं प्राहुर्वृहस्पतये ब्रह्मणे तेन यज्ञमव तेन यज्ञपतिं तेन मामव मनोजूतिर्जुषताम् आज्यस्य वृहस्पतिर्यज्ञमिमम् तनोतु अरिष्टं यज्ञ ७७ समिमं दधातु विश्वेदेवा स इह मादयन्ताम् ॥ ॐ प्रतिष्ठ ॥

ॐ भूर्भुवः स्वः श्री सुवर्णप्रतिमायां/शालग्रामे/चित्रे श्री सत्यनारायणदेव इहागच्छ इहतिष्ठ सुप्रतिष्ठितो वरदो भव॥

पीठ पूजा—पुष्प चढ़ाते हुए बोलते जावें—

ॐ विमलायै नमः। ॐ उत्तकर्षिण्यै नमः। ॐ ज्ञानायै नमः। ॐ क्रियायै नमः। ॐ योगायै नमः। ॐ प्रह्वयै नमः। ॐ सत्यायै नमः। ॐ ईशानायै नमः। ॐ मध्ये अनुग्रहायै नमः। ॐ नमो भगवते सर्वदेवात्मने श्री

सत्यनारायणाय सर्वात्म संयोगे पीठात्मने नमः ॐ आँ हीं क्लीं यँ रँ लँ वँ शँ षँ सँ हँ सोऽहँ श्री सत्य नारायण देवात्मनि प्राण जीव सर्वेन्द्रियाणि वाङ्मनः चक्षुः श्रोत्रं जिह्वा घ्राण प्राण इहागच्छन्तु इह तिष्ठन्तु सुप्रतिष्ठिता वरदा भवन्तु॥

ध्यानम्–हाथ में पुष्प ले निम्न स्तुति बोल कर श्री सत्यनारायण का ध्यान करें–

ध्यायेत्सत्यं गुणातीतं गुणत्रय समन्वितम्। लोकनाथं त्रिलोकेशं कौस्तुभाभरणं हरिम्। नीलवर्णं पीतवासं श्रीवत्स पद भूषितम्। गोविन्दं गोकुलानन्दं ब्रह्माद्यैरपि पूजितम्। श्री सत्यनारायण देवाय नमः। ध्यानम् समर्पयामि नमः (पुष्प चढ़ा दें)

आवाहनम्–दोनों खुली हथेलियाँ सामने की ओर फैला कर देवता का स्वागत करें। निम्न बोलें–

दामोदर समागच्छ लक्ष्म्या सह जगत्पते। इमां मया कृतां पूजां गृहाण सुरसत्तम्। वरं देहि सुरश्रेष्ठ दासोऽहं तव सर्वदा।

आसनम्–आसन के लिए पुष्प रख दें। निम्न बोलें–

नानारत्नसमायुक्तं कार्तस्वर विभूषितम्। आसनं देवदेवेश गृहाण पुरुषोत्तम॥

पाद्यम्–देवता के पैर धोने के लिए आचमनी से जल दें। निम्न बोलें–

नारायण नमस्तेस्तु नरकार्णव तारक। पाद्यं गृहाण देवेश मम सौख्यं विवर्धय॥

अर्घ्यम्–अर्घ्यपात्र के जल को घण्टी बजाते हुए चढ़ावें। निम्न बोलें–

गंगा च यमुना चैव नर्मदा च सरस्वती। तोयम् एतत्सुखस्पर्शं पाद्यार्थं प्रतिगृह्यताम्॥

आचमनीयम्–आचमनी से एक बार जल चढ़ाते हुए बोलें–

मन्दाकिन्यास्तु यद्वारि सर्वपापहरं शुभं। तदिदं कल्पितं देव सम्यगाचम्यतां त्वया॥

स्नानम्–घण्टी बजाते हुए आचमनी से देवमूर्ति पर अथवा चित्र के सामने जल डालें। निम्न बोलें–

गंगा च यमुना चैव नर्मदा च सरस्वती। कृष्णा च गौतमी वेणी क्षिप्रा सिन्धु तथैव च॥ ताप्ती पयोष्णी रेवा च ताभ्यो नीरं समाहृतम्। प्रसन्नो भव देवेश प्रसीद मधुसूदन॥

पञ्चामृत स्नानम्–निम्न मंत्र बोलते हुए देवमूर्ति पर आचमनी से पंचामृत डालें अथवा उसे पञ्चामृतपात्र में डुबो कर निकालें–

पयो दधि घृतं चैव मधुशर्करयान्वितम्। पंचामृतं मयानीतम् स्नानार्थं प्रतिगृह्यताम्॥

शुद्धोदक स्नानम्–निम्न मंत्र को बोलते हुए मूर्ति को शुद्ध जल से नहलावें।

परमानन्द बोधाब्धि निमग्न निज मूर्तये। सांगोपांगमिदं स्नानं कल्पयामि प्रसीद मे॥

स्नानांग आचमनम्–एक बार आचमनी से जल चढ़ावें।

वस्त्रम्–न पहना कोई वस्त्र अथवा कोरे कपड़े का टुकड़ा मूर्ति पर चढ़ावें। निम्न बोलें–

वेदसूत्र समायुक्तं यज्ञसामसमन्विते। सर्ववर्णप्रदेदेव वाससी ते विनिर्मिते॥

वस्त्रांगाचमनीयम्–एक बार जल चढ़ावें–

यज्ञोपवीत–निम्न बोलते हुए कोरे वस्त्र से सूत का एक टुकड़ा निकाल कर अथवा एक यज्ञोपवीत मूर्ति पर चढ़ावें।

ब्रह्म विष्णु महेशेन निर्मितं ब्रह्मसूत्रकम्। यज्ञोपवीतदानेन प्रीयतां कमलापतिः॥

चन्दनम्–मूर्ति पर अनामिका से चन्दन, अक्षत तथा जौ लगावें। निम्न बोलें–

श्री खण्डं चन्दनं दिव्यं गन्धाढ्‍यं सुमनोहरम्। विलेपनं सुरश्रेष्ठ चन्दनं प्रतिगृह्यताम्॥ अक्षतार्थे यवान् समर्पयामि नमः।

पुष्पाणि–निम्न बोल कर पुष्प चढ़ावें–

सुगंधीनि सुपुष्पाणि देशकालोद्‍भवानि च। मया नीतानि पूजार्थं पुष्पाणि प्रतिगृह्यताम्॥

अंगपूजा–देवस्वरूप के सामने होने की कल्पना कर निम्न मंत्र बोलते हुए उसके विभिन्न अंगों पर पुष्प चढ़ावें–

ॐ दामोदराय नमः पादौ पूजयामि। ॐ माधवाय नमः जानुनी पूजयामि। ॐ कामपतये नमः गुह्यं पूजयामि। ॐ वामन मूर्तये नमः कटिं पूजयामि। ॐ पद्‍मनाभाय नमः नाभिं पूजयामि। ॐ ज्ञानगम्याय नमः हृदयं पूजयामि। ॐ उरगाय नमः ललाटं पूजयामि। ॐ नाकेश्वराय नमः नासिकां पूजयामि। ॐ श्रवणेशाय नमः श्रवणे पूजयामि। ॐ सर्वकामदाय नमः शिखां पूजयामि। ॐ सहस्रशीर्ष्णे नमः शिरः पूजयामि। ॐ सर्वरूपिणे नमः सर्वांगं पूजयामि।

धूपम–धूप जला कर उसकी गन्ध मूर्ति की ओर फैलावें। निम्न बोलें–

वनस्पतिरसो दिव्यो गन्धाढ्‍यः सुमनोहरः। आघ्रेय सर्वदेवानां धूपोऽयं प्रतिगृह्यताम्॥

दीपम्–निम्न बोलते हुए जलते हुए दीप की ओर इशारा करें–

आज्यं च वर्ति संयुक्तं वह्निना योजितं मया। दीपं गृहाण देवेश त्रैलोक्यतिमिरापहा॥

नैवेद्य–प्रसाद के लिए रखे पकवान, कसार तथा बताशे-मिठाई पर

फूल डालें। निम्न बोलें–

अन्नं चतुर्विधं स्वादु रसैः षड्भि समन्वितम्। मया निवेदितं देव नैवेद्यं प्रतिगृह्यताम्॥ सत्पात्रसिद्धम् सुहविर्विविधानन्द लक्षणम्। निवेदयामि भवते सानुगाय जुषाण तत्॥ घृतपक्वं हविष्यान्नं पायसं वासशर्करम। नानाविधं च नैवेद्यं विष्णो मे प्रतिगृह्यताम्॥ नैवेद्यं समर्पयामि नमः।

आचमनीयम्–निम्न बोलते हुए आचमनी से एक बार जल छोड़िए।

सर्वपापहरम् दिव्यम् गांगेयं निर्मलं जलं। आचमनं च मया दत्तं गृह्यतां पुरुषोत्तम॥

तांबूलम्–निम्न बोलते हुए पान का बीड़ा चढ़ावें–

लवंग कर्पूरयुतं ताम्बूलं सुरपूजितम्। प्रीत्या गृहाण देवेश मम सौख्यं विवर्धय॥

फलम्–फलों पर पुष्प डाल दें। निम्न बोलें–

इदं फलं मया देव स्थापितं पुरतस्तव तेनमे सफला वाप्तिर्भवेज्जमनि जन्मनि॥

द्रव्यम्–आभूषण या कुछ पैसा चढ़ावें।

जपम्–कम-से-कम दस बार 'श्री सत्यनारायण देवाय नमः' का मौनरूपेण जाप करें। फिर कहें–

गुह्याति गुह्य गोप्ता त्वम् गृहाणास्मत्कृतं जपं। सिद्धिर्भवतु मे देव त्वत्प्रसादात् सुरेश्वर।

अष्टोत्तरशत नामार्चन

आचमनी से एक बार जल छोड़ कर निम्न संकल्प बोलें–

ॐ अस्य श्री सत्यनारायणाष्टोशत मंत्रस्य नारायण ऋषि अनुष्टुप् छन्दः श्री नारायणो देवता श्री सत्यनारायण प्रीतये अष्टोत्तरशत नामार्चनं करिष्ये।

निम्न 108 नाम बोल कर मूर्ति पर पुष्प और अक्षत चढ़ाते जावें—

1. ॐ वासुदेवाय नमः। 2. ॐ हृषीकेशाय नमः। 3. ॐ वामनाय नमः। 4. ॐ जनशिन्ये नमः। 5. ॐ जनार्दनाय नमः। 6. ॐ हरये नमः। 7. ॐ कृष्णाय नमः। 8. ॐ श्रीवत्साय नमः। 9. ॐ गरुडध्वजाय नमः। 10. ॐ वाराहाय नमः। 11. ॐ पुण्डरीकाक्षाय नमः। 12. ॐ नृसिंहाय नमः। 13. ॐ नरकान्तकाय नमः। 14. ॐ अव्यक्ताय नमः। 15. ॐ शाश्वताय नमः। 16. ॐ विष्णवे नमः। 17. ॐ अनन्ताय नमः। 18. ॐ अजाय नमः। 19. ॐ अव्यक्ताय नमः। 20. ॐ नारायणाय नमः। 21. ॐ जगदाध्यक्षाय नमः। 22. ॐ गोविन्दाय नमः। 23. ॐ कीर्तिभाजनाय नमः। 24. ॐ गोवर्धन धराय नमः। 25. ॐ देवाय नमः। 26. ॐ भूधराय नमः। 27. ॐ भुवनेश्वराय नमः। 28. ॐ वेदविदे नमः। 29. ॐ यज्ञपुरुषाय नमः। 30. ॐ यज्ञेशाय नमः। 31. ॐ यज्ञवाहनाय नमः। 32. ॐ चक्रपाणयै नमः। 33. ॐ गदापाणये नमः। 38. ॐ शंख पाणये नमः। 35. ॐ नरोत्तमाय नमः। 36. ॐ वैकुंठाय नमः। 37. ॐ दुष्टदमनाय नमः। 38. ॐ भूगर्भाय नमः। 39. ॐ पीतवाससे नमः। 40. ॐ त्रिविक्रमाय नमः। 41. ॐ त्रिकालज्ञाय नमः। 42. त्रिमूर्तये नमः। 43. ॐ नन्दिकेश्वराय नमः। 44. ॐ रामाय नमः। 45. ॐ हयग्रीवाय नमः। 46. ॐ भवाय नमः। 47. ॐ रौद्राय नमः। 48. ॐ भवोद्भवाय नमः। 49. ॐ श्रीपतये नमः। 50. श्रीधराय नमः। 51. ॐ श्रीशाय नमः। 52. ॐ मंगलाय नमः। 53. ॐ सर्वमंगलाय नमः। 54. ॐ दामोदराय नमः। 55. ॐ दमोपेताय नमः। 56. ॐ केशवाय नमः। 57. ॐ केशिसूदनाय नमः। 58. ॐ वरेण्याय नमः। 59. ॐ वरदाय नमः। 60. ॐ माधवाय नमः। 61. ॐ वसुदाय नमः। 62. ॐ हिरण्यरेतसे नमः। 63. ॐ दीप्ताय नमः। 64. ॐ पुराणाय नमः। 65. ॐ पुरुषोत्तमाय नमः। 66. ॐ सकलाय नमः। 67. ॐ निष्कलाय नमः। 68. ॐ शुद्धाय नमः। 69. ॐ निर्गुणाय नमः। 70. ॐ गुणसंस्थिताय नमः। 71. ॐ हिरण्यतनुसंकाशाय नमः। 72. ॐ सूर्य्यसुतसमप्रभव नमः। 73. ॐ मेघश्यामाय नमः। 74. ॐ चतुर्वाहवे नमः। 75. ॐ कुशलाय नमः। 76. ॐ कमलेक्षणाय नमः। 77. ॐ ज्योतिरूपाय नमः। 78. ॐ स्वरूपाय नमः। 79. ॐ हरिसंस्थिताय नमः। 80. ॐ ज्ञानकूटस्थाय नमः। 81. ॐअचलाय नमः। 82. ॐ ज्ञानाय नमः। 83. ॐ परमाय नमः। 84. ॐ

प्रभवे नमः। 85. ॐ योगीशाय नमः। 86. ॐ योगनिष्ठाय नमः। 87. ॐ योगिने नमः। 88. ॐ योगरूपिणे नमः। 89. ॐ ईश्वराय नमः। 90. ॐ सर्वभूतसमप्रभाय नमः। 91. ॐ सर्वज्ञाय नमः। 92. ॐ सर्वरूपाय नमः। 93. ॐ अच्युताय नमः। 94. ॐ सर्वतो मुखाय नमः। 95. ॐ सर्वेशाय नमः। 96. ॐ शांताकाराय नमः। 97. ॐ भुजगेशाय नमः। 98. ॐ पद्मनाभाय नमः। 99. ॐ सुरेशाय नमः। 100. ॐ विश्वाधाराय नमः। 101. ॐ गगनसदृशाय नमः। 102. ॐ मेघवर्णाय नमः। 103. ॐ शुभांगाय नमः। 104. ॐ लक्ष्मीकांताय नमः। 105. ॐ कमलनयनाय नमः। 106. ॐ योगिभिर्ध्यानगम्याय नमः। 107. ॐ भवभयहराय नमः। 108. ॐ सर्वलोकैकनाथाय नमः। 109. ॐ श्री सत्यनारायण देवाय नमः।

नीराजन–घी की बत्तियाँ या कपूर जला कर आरती करें। शंख-घण्ट भी बजाएँ। निम्न बोलें–

चतुर्वर्ती समायुक्तं घृतेन च प्रपूरितम्। नीराजनेन संतुष्टो भवत्येव जगत्पतिः॥ अन्तस्तेजो बहिस्तेजः एकीकृत्यामितप्रभम् आरार्तिक मिदं देव गृहाण मदनुग्रहात्॥

अर्घ्यदान–शंख के खाली स्थान में जल डालें। ऊपर से एक फल और पुष्प रखें। इस जल को मूर्ति पर चढ़ावें। निम्न स्तुति बोलें–

नमः कमलनाभाय नमस्ते जलशायिने। नमस्तेऽस्तु ऋषीकेश गृहाणार्घ्यं जगत्पते॥ दामोदर जगन्नाथ भक्तानां भयनाशन। मया निवेदितं भक्त्या अर्घ्यं मे प्रतिगृह्यताम्॥

पुष्पांजलि तथा स्तुति

हाथ में पुष्प लेकर स्तुति बोलें। अन्त में पुष्प चढ़ा दें–

लोकात्मा सर्वभूतात्मा अनिमेषः स्तुतिसम्भवः। जन्ममृत्युजराव्याधि संसार भयनाशनः॥ यन्मया भक्तियुक्तेन पत्रं पुष्पं फलं जलम्। निवेदितं च नैवेद्यं तद् गृहाणानुकम्पया॥ क्षमस्व देव देवेश दामोदर सुरोत्तम्। वरं देहि सुरश्रेष्ठ दासोऽहं तव सर्वदा॥ मंत्रहीनं क्रियाहीनं भक्तिहीनं सुरेश्वर। यत्पूजितं

मया देव परिपूर्णं तदस्तु में॥ अमोघं पुण्डरीकाक्षं नृसिंहं दैत्यसूदनम्। हृषीकेशं जगन्नाथं वागीशं वरदायकं॥ गुणत्रयं गुणातीतं गोविन्द गरुडध्वजम्। जनार्दनं जनातीतं जानकीवल्लभं हरिम्॥ प्रणमामि सदा भक्त्या नारायणमतः परम्॥ दुर्गमे विषमे घोरे शत्रुभिः परिपीडिते॥ नित्यमापत्सु सर्वेषु तथा निष्पाद्यते मया। नामान्येतानि संकीर्त्य ईप्सितं फलमाप्नुयात्॥ सत्यनारायणं देवं वंदेहं कामदं विभुम्। लीलया रचितं विश्वं येन तस्मै नमो नमः॥

प्रदक्षिणा–संभव हो तो मूर्ति को दाहिने तरफ करते हुए उसका एक चक्कर लगावें, अन्यथा अपने स्थान में ही एक चक्कर लगावें। निम्न बोलें–

यानि कानि च पापानि जन्मान्तर कृतानि च। तानि सर्वाणि नश्यन्तु प्रदक्षिण पदे पदे॥ पापोऽहं पापकर्माहं पापात्मा पापसम्भवः। त्राहि मां सर्वपापेभ्यो रक्ष मां परमेश्वर॥ अमोघं पुण्डरीकाक्षं नृसिंहं दैत्यसूदनम। हृषीकेशं जगन्नाथं गोविन्दं गरुडध्वजम्॥ जनार्दनं जनातीत जानकीवल्लभं हरिं। प्रणमामि सदा भक्त्या सत्यदेवमतः परमः॥

ब्राह्मण पूजन–जिस ब्राह्मण ने पूजन कराया है उसका तिलक करें। चरण छुएँ। उसे श्रद्धासहित, सम्मानसहित, सामर्थ्यानुसार दक्षिणा दें। ब्राह्मण यजमान के परिवार के सब सदस्यों को टीका करे तथा आशीर्वाद दे।

प्रसाद ग्रहण–पहले सभी लोग चरणामृत ग्रहण करें। उसके बाद सब फल तथा कसार लें।

जन्मोत्सव

जिसका जन्मदिन है तथा जो कर्म करा रहा है, वे दोनों प्रातः स्नानादि कर नये या धुले वस्त्र पहन कर पूजा स्थान में बैठें।

सबसे पहले दीप जलावें। फिर तीन आचमन करें। अब हाथों में पुष्प लेकर गणेश का पूजन करें।

निम्न स्तुतियाँ बोलें–

सुमुखश्चैकदन्तश्च कपिलो गजकर्णकः। लम्बोदरश्च विकटो विघ्ननाशो विनायक। धूम्रकेतुर्गणाध्यक्षो भालचन्द्रो गजानन। द्वादशैतानि नामानि यः पठेत् शृणुयादपि। विद्यारम्भे विवाहे च प्रवेशे निर्गमेः तथा। संग्रामे संकटे चैव विघ्नः तस्य न जायते। विघ्नवल्लीकुठाराय श्री गणाधिपतये नमः ॥1॥ गणेश को पुष्प चढ़ावें।

शुक्लांबरधरं विष्णुं शशिवर्णं चतुर्भुजम्। प्रसन्नवदनं ध्यायेत् सर्वविघ्नोपशान्तये। लाभस्तेषां जयस्तेषां कुतस्तेषां पराजयः। येषाम् इन्दीवरश्यामो हृदयस्थो जनार्द्दनः ॥2॥ विष्णु प्रतिमा को पुष्प चढ़ावें।

अर्घस्थापनम्–भूमि पर चन्दन या रोली से पहले त्रिकोण, उसके बाहर वृत्त, उसके बाहर चौकोर आकृति का एक यन्त्र बनावें। इस पर चन्दन, रोली और पुष्प रखें। निम्न मंत्रों को बोलते हुए उस अर्घ्य पात्र में जल डालें–

ॐ शं नो देवी अभिष्टय आपो भवन्तु पीतये। शं यो अभिस्रवन्तु नः ॥1॥ गंगे च यमुने चैव गोदावरि सरस्वति। नर्मदे सिन्धु कावेरि जलस्मिन् सन्निधिं कुरु ॥2॥

सूर्य्यध्यानम्–निम्न बोलते हुए सूर्य का ध्यान करें–

अरुणो अरुण पंकजे निषण्णः कमले अभीतिवरैः करैर्दधानः। स्वरुचाहित मण्डलः त्रिनेत्रो रविराकल्पशताकुलोऽवतान्नः।

अर्घ्यदान–अर्घ्यपात्र के जल को चढ़ावें। निम्न बोलें–

एहि सूर्य्य सहस्रांशो तेजोराशे जगत्पते। अनुकम्पय मां भक्त्या गृहाणार्घ्यं दिवाकर॥

भूतोत्सादन–निम्न बोलते हुए चारों दिशाओं में सरसों तथा अक्षत डालें–

ॐ अपसर्पन्तु ते भूताः ये भूताः भुवि संस्थिता। ये भूता विघ्नकर्तारः ते नश्यन्तु शिवाज्ञया॥1॥ पाषण्डकारिणो भूताः भूमौ ये चान्तरिक्षगाः। दिवि लोके स्थिता ये च ते नश्यन्तु शिवाज्ञया॥2॥

घातत्रय–बायीं तरफ तीन बार तालियाँ बजा कर विघ्नकारकों को भगा दें।

आसनपूजनम्–मंत्र बोलकर तथा पुष्पाक्षत चढ़ा कर भूमि पूजन करें–

आधारशक्तये पृथिव्यै नमः। कमलासनाय नमः।

अर्घ्यस्थापन–अर्घ्य पात्र फिर से जलादि से भरें। उस जल को अपने ऊपर तथा पूजा सामग्री पर डालें।

पूजा संकल्प–दाहिनी अंजुलि पर जल, तिल, जौ, कुश लेकर निम्न संकल्प बोले पर जल छोड़ दें–

ॐ विष्णुः विष्णुः विष्णुः। नमः परमात्मने श्री ब्रह्मपुराण पुरुषोत्तमाय ॐ तत्सत् अत्र पृथिव्यां जम्बू-द्वीपे भरतखण्डे आर्य्यावर्त्ते पुण्यक्षेत्रे.....देशे ब्रह्मणो द्वितीय परार्द्धे श्रीश्वेतवाराहकल्पे कृतत्रेताद्वापरान्ते सप्तमे वैवस्वत् मन्वन्तरे अष्टविंशतितमे कलियुगस्य प्रथम चरणे षष्ट्यब्दानां मध्ये.....नाम

सम्वत्सरे.....अयने.....ऋतौ.....मासे.....पक्षे.....वासरे.....तिथौ.....गोत्रोत्पन्न.. ...राशि.....अहम् श्रुतिस्मृति पुराणोक्त फलप्राप्तये करिष्यमाण जन्मोत्सव कर्मणो निर्विघ्नता सिद्धये भगवतो गणेशस्य षोडशोपचारैः पूजनं करिष्ये ॥

पीठ पूजन—देवता के बिराजने के स्थान पर, निम्न मंत्र से, शक्ति के रूपों को नमस्कार करें—

ॐ तीव्रायै नमः। ॐ ज्वालिन्यै नमः। ॐ नन्दायै नमः। ॐ भोगदायै नमः। ॐ कामरूपिण्यै नमः। ॐ सत्यायै नमः। ॐ उग्रायै नमः। ॐ तेजोवत्यै नमः। ॐ मध्येविघ्ननाशिन्यै नमः। ॐ सर्वशक्तिकमलासनाय नमः।

ध्यानम्—**एकदन्तं शूर्पकर्णं गजवक्त्रम् चतुर्भुजम्। पाशांकुशधरं देवं ध्यायेत सिद्धिविनायकम् ॥** गणेश जी को पुष्प चढ़ावें।

आवाहनम्—दोनों चित हथेलियाँ फैला कर देवता को बुलावें—

विनायक नमस्तेस्तु उमामलसमुद्भव। इमां मयां कृतां पूजां गृहाण सुरसत्तम॥

आसनम्—पुष्प चढ़ा कर देवता को आसन दें—

नानारत्न समायुक्तं मुक्ताहार विभूषितम्। स्वर्णसिंहासनं चारु प्रीत्यर्थं प्रतिगृह्यताम ॥

पाद्यम—पैर धोने के हेतु आचमनी से जल दें—

गौरीप्रिय नमस्तेस्तु शंकरप्रिय सर्वदा। भक्त्या पाद्यम् मयादत्तं गृहाण प्रणतिप्रिय ॥

अर्घ्यम्—निम्न बोलते हुए तथा घण्टी बजाते हुए, अर्घ्यपात्र का जल गणेश जी के चरणों में चढ़ावें—

व्रतमुद्दिश्य देवेश गन्धपुष्पाक्षतैर्युतम्। गृहाणार्घ्यं मया दत्तम् सर्वसिद्धिप्रदो भव ॥

स्नानम्–निम्न बोलते हुए आचमनी से पंचामृत अथवा जल चढ़ावें। घण्टी भी बजावें–

स्नानं पंचामृतैः देव गृहाण गणनायक। अनाथनाथ सर्वज्ञ गीर्वाण परिपूजित ॥1॥ ॐ गणानात्वा गणपति ७ हवामहे प्रियाणान्त्वा प्रियपति ७ हवामहे निधीनान्त्वा निधिपति ७ हवामहे व्वसोमम आहमजानिगर्ब्भधमात्वमजासि गर्ब्भधम् ॥2॥

आचमनीयम्–एक बार जल चढ़ा दें।

वस्त्रम्–लाल रंग के दो वस्त्र खण्ड निम्न मंत्र पढ़ कर चढ़ावें–

रक्तवस्त्र युगं देव देवांगसदृशप्रभम्। भक्त्या दत्तं गृहाणेदं लम्बोदर हरप्रिय॥

यज्ञोपवीत–निम्न मंत्र बोलते हुए एक यज्ञोपवीत अथवा धागे का टुकड़ा चढ़ा दें–

राजतं ब्रह्मसूत्रम् च कांचस्योत्तरीयकम्। गृहाण चारु सर्वज्ञ भक्तानां सिद्धिदायकम् ॥

गन्धम्–निम्न बोलते हुए, अनामिका से, मूर्ति पर रोली चन्दन लगाएँ–

गन्धं कर्पूरसंयुक्तं दिव्यं चन्दनमुत्तमम। विलेपनं सुरश्रेष्ठ प्रीत्यर्थं प्रतिगृह्यताम् ॥

अक्षताः–निम्न बोलते हुए अक्षत चढ़ावें–

अक्षतान् धवलानू देव सुरगन्धर्वपूजित। सर्व्वदेव नमस्कार्य्य गृहाण मदनुग्रहात् ॥

पुष्पाणि–निम्न बोलते हुए फूल चढ़ावें–

सुगन्धीनि सुपुष्पाणि मालत्यादीनि वै प्रभो। मयाऽऽनीतानि पूजार्थं पुष्पाणि प्रतिगृह्यताम् ॥

दीपम्–जले हुए दीपक की ओर संकेत कर बोलें–

गृहाण मंगलं दीपं घृतवर्तिसमन्वितम्। दीपं ज्ञानप्रदं देव रुद्रप्रिय नमोस्तुते ॥

नैवेद्यम्–नैवेद्य के लिए बनाए लड्डुओं पर पुष्प डाल कर निम्न बोलें–

सगुडान् सघृतान्श्चैव मोदकान् घृतपाचितान्। नैवेद्यं सफलं दत्तं गृह्यतां विघ्ननाशन ॥

भूषणार्थे द्रव्यम्–देव चरणों में कुछ पैसे रखें।
जपम्–दस बार 'श्री गणेशाय नमः' का जप करें।
ताम्बूलम्–पान का बीड़ा चढ़ाते हुए बोलें–

पूगीफल समायुक्तं नागवल्लीदलान्वितम्। कर्पूरादिसमायुक्तं ताम्बूलं प्रतिगृह्यताम् ॥

मोदक दान संकल्प–दाहिनी अंजुलि में जल, अक्षत, चन्दन लेकर निम्न संकल्प बोलें–

अद्य अहम् जन्मोत्सव कर्म निमित्तकं इमान् दश मोदकान् दक्षिणासहितान् ब्राह्मणाय दास्यो ॐ तत् सत् न मम्।

अब एक लड्डू गणेश को चढ़ा दें। दस लड्डू, निम्न मंत्र बोलते हुए, ब्राह्मण को दें–

मोदक दान–विघ्नेश विप्ररूपेण गृहाण दशमोदकान्। दक्षिणा घृत ताम्बूल गुडयुक्तान् ममेष्टद ॥1॥ दाता विघ्नेश्वरो देवो गृहीता सर्वविघ्नराट्। तस्मादिदं मयादत्तं परिपूर्णं तदस्तु मे ॥2॥ विनायक नमस्तेस्तु सततं मोदकप्रिय। अविघ्नं कुरु मे देव सर्व्वकार्येषु सर्व्वदा ॥3॥

दूर्वांकुर पूजा–निम्न स्तुतियाँ बोलते हुए गणेश प्रतिमा पर दूब का एक पत्र तथा अक्षत् डालते जावें–

ॐ गणाधिप नमस्तेस्तु। ॐ उमापुत्र नमस्तेस्तु। ॐ अघनाशन

नमस्तेस्तु। ॐ विनायक नमस्तेस्तु। ॐ ईशपुत्र नमस्तेस्तु। ॐ सर्वसिद्धिप्रदायक नमस्तेस्तु। ॐ एकदन्त नमस्तेस्तु। ॐ इभवक्त्र नमस्तेस्तु। ॐ मूषकवाहन नमस्तेस्तु। ॐ कुमारगुरो तुभ्यं नमोऽस्तु। ॐ चतुर्थीश नमोऽस्तु ते ॥

ॐ काण्डात् काण्डात् प्ररोहन्ति परुषः परुषस्परि एवा नो दूर्वे प्रतनु सहस्रेण शतेन च ॥

नीराजनं–अब, निम्न बोल कर आरती घुमाएँ–

अन्तस्तेजो बहिस्तेजः एकीकृत्यामितप्रभम्। आरार्तिकमिदं देव गृहाण मदनुग्रहात् ॥1॥ ॐ अग्निर्ज्ज्योतिर्ज्योतिरग्निः स्वाहा सूर्य्यो ज्योतिर्ज्ज्योतिः सूर्य्यः स्वाहा अग्निर्वर्च्चोज्योतिर्वर्च्चः स्वाहा ॥ सूर्य्यो वर्च्चो ज्योतिर्वर्च्चः स्वाहा ज्योतिः सूर्यः सूर्यो ज्योतिः स्वाहा ॥2॥

पुष्पाञ्जलि–निम्न बोल कर गणेश को पुष्प चढ़ावें–

सुमुखश्चैकदन्तश्च कपिलो गजकर्णकः। लम्बोदरश्च विकटो विघ्ननाशो विनायक। धूम्रकेतुर्गणाध्यक्षो भालचन्द्रो गजानन। द्वादशैतानि नामानि यः पठेत् शृणुयादपि। विद्यारम्भे विवाहे च प्रवेशे निर्ममेः तथा। संग्रामे संकटे चैव विघ्नः तस्य न जायते। विघ्नवल्लीकुठाराय श्री गणाधिपतये नमः ॥1॥ पुष्प चढ़ाकर नमस्कार करें।

दक्षिणा–दाहिनी अंजुलि में जलादि लेकर तथा निम्न वाक्य बोल कर संकल्प बोलें और तदुपरान्त ब्राह्मण को दक्षिणा दें–

अद्य.....अहम् जन्मोत्सव कर्मणि निर्विघ्नता सिद्धये भगवतो गणेशस्य पूजाकर्मणः साद्गुण्यार्थम् इमां दक्षिणां ब्राह्मणाय दास्ये ॐ तत्सत् न मम।

पोटलिका प्रतिष्ठा–जिसका जन्मदिन है, उसकी कलाई में बाँधने के लिए पीले वस्त्र की एक पोटली बनाई जावे। उसकी गाँठ में नीम के बीज, गुग्गुल, दूब, पीला चन्दन और साबुत हल्दी रखी जावे। उस पर अक्षत डालते हुए निम्न मंत्र बोलें–

ॐ एतन्ते देवसवितर्य्यज्ञं प्राहुर्वृहस्पतये ब्रह्मणे तेन यज्ञमव तेन

यज्ञपतिम् तेन मामव। मनोजूतिर्जुषतामाज्यस्य वृहस्पतिः यज्ञमिमम् तनोतु अरिष्टं यज्ञ ७ समिमं दधातु विश्वेदेवा स इहमादयन्ताम्। ॐ प्रतिष्ठ।

इस पोटलिका को दाहिनी कलाई में बाँध दें।

कलश स्थापन–भूमि पर एक स्थान पर सप्तधान्य या अक्षत पुष्प डाल कर उस पर मिट्टी या ताँबे की कोई छोटी हँडिया रखिए। उसके बाहर रोली, चन्दन, अक्षत तथा दही लगाइए। उसमें जल भरिए। जल में कुश का बना ब्रह्मा रोली, दूब हल्दी, साबुत सुपारी, दूध, दही, घी, कुछ पैसे डालिए। ऊपर पञ्चपल्लव रखिए तथा एक वस्त्रखण्ड डालिए।

कलशाभिमन्त्रण–निम्न मंत्र बोलिए–

कलशस्य मुखे विष्णुः कण्ठे रुद्र समाश्रितः। मूले तस्य स्थितो ब्रह्मा मध्ये मातृगणः स्थितः। कुक्षो तु सागराः सर्वे सप्त द्वीपा वसुन्धरा। ऋग्वेदोऽथ यजुर्वेदः सामवेदो ह्यथर्वणः। अंगैस्तु सहिताः सर्वे कलशं तु समाश्रिताः ॥1॥

देवदानवसंवादे मथ्यमाने महोदधौ। उत्पन्नोसि तथा कुम्भः विधृतो विष्णुना स्वयम्। त्वत्तोये सर्वतीर्थानि देवाः सर्वे त्वयि स्थिताः। त्वयि तिष्ठन्ति भूतानि त्वयि प्राणाः प्रतिष्ठिताः। शिवः स्वयम् त्वमेवासि विष्णुःत्वम् च प्रजापतिः। आदित्या, वसवो रुद्राः विश्वेदेवाः मरुद्गणाः। त्वयि तिष्ठन्ति सर्व्वेऽपि यतः काम फल प्रदः। त्वत्प्रसादात् इमम यज्ञं कर्तुमीह जलोद्भव। सान्निध्यं कुरु मे देव प्रसन्नो भव सर्वदा ॥

प्रधान संकल्प–दाहिनी अंजुलि में जल-अक्षतादि लेकर, निम्न संकल्प बोल कर, उस जल को छोड़ दें–

अद्य.....गोत्र.....राशि.....अहम् मम/अस्मत् पुत्रस्य/पुत्र्याः आयुष्याभिवृद्धये वर्ष-वृद्धिकर्म करिष्ये तदंगत्वेन दधि अक्षत् पुंजेषु आवाहितानां ब्रह्मवरुणसहिता आदित्यादि नवग्रहाणाम् च पूजनं करिष्ये।

थाली पर सफेद वस्त्र का एक टुकड़ा फैलाए। दही और अक्षत का मिश्रण बनाएँ। निम्न को बोलते हुए वस्त्र पर दधि-अक्षत की चार पंक्तियों में चार-चार एक के बाद एक करके कुल सोलह मुँगौरी जैसी

डालते जाएँ।

1. ॐ भुर्भवः स्वः कुलदेवते इह आगच्छ इह तिष्ठ पूजार्थं त्वामावाहयामि। 2. ॐ भूर्भुवः स्वः.....(बालक/बालिका के जन्म नक्षत्र का नाम) नक्षत्रेश इहागच्छ इहतिष्ठ पूजार्थं त्वाम् आवाहयामि। 3. ॐ भूर्भुवः स्वः प्रकृति पुरुषात्मक मातापितरौ इहागच्छतं इह तिष्ठतं पूजार्थं युवाम् आवाहयामि्। 4. ॐ भूर्भुवः स्वः ब्रह्मन् इहागच्छेहतिष्ठ पूजार्थं त्वां आवाहयामि। 5. ॐ भूर्भुवः स्वः भानो इच्छागच्छेहतिष्ठ पूजार्थं त्वां आवाहयामि। 6. ॐ भूर्भुवः स्वः विघ्नेश इहागच्छ इहतिष्ठ पूजार्थं त्वां आवाहयामि। 7. ॐ भूर्भुवः स्वः मार्कण्डेय इहागच्छेहतिष्ठ पूजार्थं त्वाम् आवाहयामि। 8. ॐ भूर्भुवः स्वः बले इहागच्छेहतिष्ठ पूजार्थं त्वाम् आवाहयामि। 9. ॐ भूर्भुवः स्वः व्यास इहागच्छेहतिष्ठ पूजार्थं त्वाम् आवाहयामि। 10. ॐ भूर्भुवः स्वः जामदग्न्य राम इहागच्छेहतिष्ठ पूजार्थं त्वाम् आवाहयामि। 11. ॐ भूर्भुवः स्वः अश्वत्थामन् इहागच्छेहतिष्ठ पूजार्थं त्वाम् आवाहयामि। 12. ॐ भूर्भुवः स्वः कृपाचार्य्य इहागच्छेहतिष्ठ पूजार्थं त्वाम् आवाहयामि। 13. ॐ भूर्भुवः स्वः प्रह्लाद इहागच्छेहतिष्ठ पूजार्थं त्वाम् आवाहयामि। 14. ॐ भूर्भुवः स्वः हनुमन् इहागच्छेहेतिष्ठ पूजार्थं त्वाम् आवाहयामि। 15. ॐ भूर्भुवः स्वः विभीषण इहागच्छेहतिष्ठ पूजार्थं त्वाम् आवाहयामि। 16. ॐ भूर्भुवः स्वः षष्ठी देवी इहागच्देहतिष्ठ पूजार्थं त्वाम् आवाहयामि।

मार्कण्डेय ध्यानम्—हाथों में पुष्प लेकर ध्यान करें—

ॐ द्विभुजं जटिलं सौम्यं सुवृद्धं चिरजीविनम्। मार्कण्डेयं नरो भक्त्या पूजयेत् प्रयतः शुचिः॥ पुष्प चढ़ा दें।

नाममंत्रेण पूजनम्—पुष्प लेकर एक-एक नाम पर चढ़ाते जाएँ—

ॐ कुलदेवतायै नमः। ॐ जन्मनक्षत्रेशाय (नक्षत्र का नाम लें) नमः। ॐ प्रकृति पुरुषात्मक माता-पितृभ्यां नमः। ॐ ब्रह्मणे नमः। ॐ भानवे नमः। ॐ विघ्नेशाय नमः। ॐ मार्कण्डेयाय नमः। ॐ बलये नमः। ॐ व्यासाय नमः। ॐ अश्वताम्ने नमः। ॐ कृपाचार्याय नमः। ॐ हनुमते नमः।

ॐ विभीषणाय नमः। ॐ षष्ठीदेव्यै नमः।

अब धूप जलाएँ। दीपक के प्रकाश की ओर संकेत करें, पैसा चढ़ाएँ, नैवेद्य पर पुष्प चढ़ाएँ और आरती करें।

नवग्रह पुष्पांजलि–ग्रहों के सम्मानार्थ निम्न स्तुतियाँ बोल कर उन्हें पुष्प चढ़ाएँ–

ब्रह्मा मुरारिः त्रिपुरान्तकारी भानुः शशी भूमिसुतो बुधश्च। गुरुश्च शुक्रः शनिराहुकेतवः सर्वेग्रहा क्षेमकरा भवन्तु ॥1॥ सूर्य्यः शौर्यम् अथेन्दु उच्चपदवीं सन्मंगलं मंगलः। सद्बुद्धिं च बुधो गुरुश्च गुरुतां शुक्रः शुभं शं शनिः। राहुर्बाहुबलं करोतु सततं केतुः कुलस्योन्नतिः। नित्यं प्रीतिकरा भवन्तु मम ते सर्वेऽनुकूला ग्रहाः। आयुश्च वित्तम् च तथा सुखं च धर्मार्थलाभौ बहुपुत्रतां च। शत्रुक्षयं राजसु पूजितां च तुष्टा ग्रहा क्षेमकरा भवन्तु ॥2॥

मार्कण्डेय प्रार्थना–हाथ में पुष्प लेकर मार्कण्डेय के प्रति निम्न प्रार्थना बोलें। अन्त में पुष्प चढ़ा दें। एक पात्र में मार्कण्डेय को दूध, बताशे और तिल का मिश्रण चढ़ावें–

मार्कण्डेय महाभाग सप्तकल्पांत जीवन। आयुरारोग्य सिद्ध्यर्थं अस्माकं वरदो भव ॥1॥ चिरजीवी यथा त्वं भो भविष्यसि तथा मुने। रूपवान् वित्तवान् चैव श्रिया युक्तश्च सर्वदा ॥2॥ चिरजीवी यथा त्वं तु मुनीनां प्रवर द्विज। कुरुष्व मुनिशार्दूल तथा इमं चिरजीविनम् ॥3॥

षष्ठी प्रार्थना–षष्ठी देवी के प्रति निम्न स्तुतियाँ बोलें। अन्त में पुष्प चढ़ावें–

जय देवी जगन्मातर् जगदानन्द कारिणी। प्रसीद मम कल्याणि महाषष्ठि नमोस्तुते ॥1॥ रूपं देहि यशो देहि भगं भगवति देहि मे। पुत्रान् देहि धनं देहि सर्वान् कामांश्च देहि मे ॥2॥ त्रैलोक्ये यानि भूतानि स्थावराणि चराणि च। ब्रह्मविष्णुशिवैः सार्द्धं रक्षां कुर्वन्तु तानि मे ॥3॥

दुग्धपान–अब निम्न मंत्र बोलें और मार्कण्डेय को चढ़ाए दुग्ध को, जिसका जन्मदिन मनाया जा रहा हो, वह पाँच बार पिये–

सतिलं गुडसम्मिश्रम् अंजलि अर्द्धमितं पयः मार्कण्डेयात् वरं लब्ध्वा पिबामि आयुप्रवृद्धये ॥

दक्षिणा संकल्प–अद्य.....राशि.....नाम्ना अहम्.....(जिसका जन्मदिन है उसका नाम) स्य आयु अभिवृद्धये कृताया कुलदेवतादीनाम् आदित्यादि नवग्रहाणां तथा मार्कण्डेयस्य पूजायाः साद्गुण्यार्थमिमां दक्षिणां ब्राह्मणेभ्यो विभज्य दास्ये। ॐ तत् सत्।

संकल्प का जल छोड़ दें। ब्राह्मण को तिलक करें। उसे सादर दक्षिणा दें। ब्राह्मण यजमान को आशीष दें।

विभिन्न देवी-देवताओं की स्तुतियाँ

श्री गणेश स्तोत्र

प्रणम्य शिरसा देवं गौरीपुत्रं विनायकम्।
भक्तावासं स्मरेत् नित्यम् आयुः कामार्थ सिद्धये ॥1॥
प्रथमं वक्रतुण्डं च एकदन्तं द्वितीयकम्।
तृतीयं कृष्णपिंगाक्षं गजवक्त्रं चतुर्थकम् ॥2॥
लम्बोदरं पंचमं च षष्ठं विकटमेव च।
सप्तमं विघ्नराजेन्द्रं धूम्रवर्णं तथाष्टकम् ॥3॥
नवमं भालचन्द्रं च दशमं तु विनायकम्।
एकादशं गणपतिं द्वादशं तु गजाननम् ॥4॥
द्वादशैतानि नामानि त्रिसंध्यं यः पठेन्नरः।
न च विघ्नभयं तस्य सर्वसिद्धिकरं परम् ॥5॥
विद्यार्थी लभते विद्यां धनार्थी लभते धनम्।
पुत्रार्थी लभते पुत्रान् मोक्षार्थी लभते गतिम् ॥6॥
जपेद्गणपतिस्तोत्रं षड्भिर्मासैः फलं लभेत्।
संवत्सरेण सिद्धिं च लभते नात्र संशयः ॥7॥
अष्टभ्यो ब्राह्मणेभ्यश्च लिखित्वा यः समर्पयेत्।
तस्य विद्या भवेत्सर्वा गणेशस्य प्रसादतः ॥8॥

श्रीनवग्रह स्तोत्र

जपाकुसुमसंकाशं काश्यपेयं महाद्युतिम्।
तमोऽरिं सर्वपापघ्नं प्रणतोऽस्मि दिवाकरम् ॥1॥
दधिशंखतुषाराभं क्षीरोदार्णव सम्भवम्।
नमामि शशिनं सोमं शम्भोर्मुकुटभूषणम् ॥2॥

धरणीगर्भ सम्भूतं विद्र्युतकान्ति समप्रभम्।
कुमारं शक्तिहस्तं तं मंगलं प्रणमाम्यहम् ॥3॥
सौम्यं सौम्यगुणोपेतं तं बुधं प्रणाम्यहम् ॥4॥
देवानां च ऋषीणां च गुरुं कांचनसंनिभम्।
बुद्धिभूतं त्रिलोकेशं तं नमामि बृहस्पतिम् ॥5॥
हिमकुन्दमृणालाभं दैत्यानां परमं गुरुम्।
सर्वशास्त्रप्रवक्तारं भार्गवं प्रणमाम्यहम् ॥6॥
नीलांजन समाभासं रविपुत्रं यमाग्रजम्।
छायामार्तण्ड सम्भूतं तं नमामि शनैश्चरम् ॥7॥
अर्द्धकायं महावीर्यं चन्द्रादित्यविमर्दनम्।
सिंहिकागर्भसंभूतं तं राहुं प्रणमाम्यहम् ॥8॥
पलाशपुष्पसंकाशं तारकाग्रहमस्तकम्।
रौद्र रौद्रात्मकं घोरं तं केतुं प्रणमाम्यहम् ॥9॥

शिवपंचाक्षर स्तोत्र

नागेन्द्रहाराय त्रिलोचनाय
भस्मांगरागाय महेश्वराय।
नित्याय शुद्धाय दिगम्बराय
तस्मै 'न' काराय नमः शिवाय ॥1॥
मन्दाकिनी सलिल चन्दन चर्चिताय
नन्दीश्वर प्रमथनाथ महेश्वराय।
मन्दारपुष्प बहुपुष्प सुपूजिताय
तस्मै 'म' काराय नमः शिवाय ॥2॥
शिवाय गौरी वदनाब्ज वृन्द–
सूर्याय दक्षाध्वर नाशकाय।
श्री नीलकण्ठाय वृषध्वजाय
तस्मै 'शि' काराय नमः शिवाय ॥3॥
वसिष्ठ कुम्भोद्भव गौतमार्य
मुनीन्द्र देवार्चित शेखराय।

चन्द्रार्क वैश्वानर लोचनाय
तस्मै 'व' काराय नमः शिवाय ॥4॥
यक्षस्वरूपाय जटाधराय
पिनाकहस्ताय सनातनाय।
दिव्याय देवाय दिगम्बराय
तस्मै 'य' काराय नमः शिवाय ॥5॥

पंचाक्षर मिदं पुण्यं यः पठेत् शिवसन्निधौ।
शिवलोकम् अवाप्नोति शिवेन सह मोदते ॥

शिव-स्तुति

नमामीशमीशान निर्वाणरूपं। विभुं व्यापकं ब्रह्म वेदस्वरूपं ॥
निजं निर्गुणं निर्विकल्पं निरीहं। चिदाकाश माकाश वासंभजेऽहं ॥

निराकार मोंकार मूलं तुरीयं। गिरा ग्यान गोतीतमीशं गिरीशं ॥
करालं महाकाल कालं कृपालं। गुणागार संसारपारं नतोऽहं ॥

तुषाराद्रि संकाश गौरं गभीरं। मनोभूत कोटिप्रभा श्री री ॥
स्फुरन्मौलि कल्लोलिनी चारुगंगा। लसद्भालवालेन्दु कण्ठे भुजंगा ॥

चलत्कुण्डलं भ्रू सुनेत्रं विशालं। प्रसन्नाननं नीलकंठं दयालं ॥
मृगाधीशचर्माम्बरं मुण्डमालं। प्रियं शंकरं सर्वनाथं भजामि ॥

प्रचंडं प्रकृष्टं प्रगल्भं परेशं। अखंडं अजं भानुकोटि प्रकाशं ॥
त्रयःशूल निर्मूलनं शूलपाणिं। भजेऽहं भवानीपतिं भावगम्यं ॥

कलातीत कल्याण कल्पान्तकारी। सदा सज्जनानन्द दाता पुजारी ॥
चिदानंद संदोह मोहापहारी। प्रसीद प्रसीद मनोमन्मथारी ॥

न यावद् उमानाथ पादारविन्दं। भजंतीह लोके परे वा नराणां ॥
न तावत्सुखं शान्ति सन्तापनाशं। प्रसीद प्रभो सर्वभूताधिवासं ॥

न जानामि योगं जपं नैव पूजां। नतोऽहं सदा सर्वदा शंभु तुभ्यम् ॥
जरा जन्म दुःखौघ तातप्यमानं। प्रभो पाहि आपन्नमामीश शंभो ॥

श्रीविष्णु भगवान स्तुतिः

शान्ताकारं भुजगशयनं पद्मनाभं सुरेशं
विश्वाधारं गगनसदृशं मेघवर्णं शुभाङ्गम्॥
लक्ष्मीकान्तं कमलनयनं योगिभिर्ध्यानगम्यम्।
वन्दे विष्णुं भवभयहरं सर्वलोकैकनाथम् ॥

मङ्गलं भगवान विष्णुः मङ्गलं गरुडध्वज।
मङ्गलं पुण्डरीकाक्ष मङ्गलायतनोहरिः ॥
शुक्लाम्बरधरं विष्णुं शशिवर्णं चतुर्भुजम्।
प्रसन्नवदनं ध्यायेत् सर्वविघ्नोपशान्तये ॥

नमस्ते देवनाभाय नमस्ते गरुडध्वज।
शंखचक्र गदापाणे वासुदेव नमोऽस्तुते ॥
नमः पंकजनाभाय नमः पंकजमालिने।
नमः पंकजनेत्राय नमस्ते पंकजांघ्रये ॥
त्राहिमां कमलाकान्त त्राहिमां करुणानिधे।
दीनबन्धोऽति दीनेश करुणासागर प्रभो ॥
सर्वदा सर्व कार्येषु नास्ति तेषाम् अमंगलम्।
येषां हृदिस्थो भगवान मंगलायतनं हरिः ॥

भगवान श्रीरामचन्द्र स्तुति

श्रीरामचन्द्र कृपालु भजु मन हरण भवभय दारुणं।
नवकंज-लोचन, कंज-मुख, कर-कंज, पद कंजारुणं ॥

कंदर्प अगणित अमित छवि नवनील-नीरद सुन्दरं।
पट पीत मानहु तड़ित रुचि शुचि नौमि जनक सुतावरं ॥

भजु दीनबंधु दिनेश दानव-दैत्यवंश-निकंदनं।
रघुनंद आनंदकंद कोशलचंद दशरथ-नंदनं ॥

शिर मुकुट कुण्डल तिलक चारु उदारु अंग विभूषणं।
आजानुभुज शर-चाप-धर, संग्राम-जित-खरदूषणं ॥

इमि वदति तुलसीदास शंकर-शेष मुनि-मन रंजनं।
मम हृदय-कंज निवास करु, कामादि खल-दल-गंजनं ॥

मनु जाहिं-राचेउ मिलिहि सो बरु सहज सुन्दर साँवरो।
करुणा निधान सुजान सीलु सनेहु जानत रावरो ॥

एहि भाँति गौरि असीस सुनि सिय सहित हियँ हरषित अली।
तुलसी भवानिहि पूजि पुनि पुनि मुदित मन मंदिर चली ॥

सोरठा– जानि गौरि अनुकूल सिय हिय हरषु न जाई कहि।
मंजुल मंगल मूल वाम अंग फरकन लगे ॥

राम-स्तुति

जय राम रमारमनं समनं। भव ताप भयाकुल पाहि जनं।
अवधेश सुरेस रमेस बिभो। सरनागत माँगत पाहि प्रभो ॥1॥

दससीस बिनासन बीस भुजा। कृत दूर महामहि भूरि रुजा।
रजनीचर बृंद पतंग रहे। सर पावक तेज प्रचंड दहे ॥2॥

महि मंडल मंडन चारुतरं। धृत सायक चाप निषंग वरं।
मद मोह महा ममता रजनी। तम पुंज दिवाकर तेज अनी ॥3॥

मनजात किरात निपात किये। मृग लोग कुभोग सरेन हिये।
हति नाथ अनाथनि पाहि हरे। बिषया बन पावँर भूलि परे ॥4॥

बहु रोग बियोगन्हि लोग हए। भवदंघ्रि निरादर के फल ए।
भव सिन्धु अगाध परे नर ते। पद पंकज प्रेम न जे करते ॥5॥

अति दीन मलीन दुखी नितहीं। जिन्ह कें पद पंकज प्रीति नहीं।
अवलंब भवंत कथा जिन्ह कें। प्रिय संत अनंत सदा तिन्हके ॥6॥

नहिं राग न लोभ न मान मदा। तिन्ह के सम बैभव वा बिपदा।
एहि ते सब सेवक होत मुदा मुनि त्यागत जोग भरोस सदा ॥7॥

करि प्रेम निरंतर नेम लिएँ। पद पंकज सेवत सुद्ध हिएं।
सन मानि निरादर आदरही। सब संत सुखी विचरन्त मही ॥8॥

मुनि मानस पंकज भृंग भजे। रघुबीर महा रनधीर अजे।
तव नाम जपामि नमामि हरी। भव रोग महागद मान अरी ॥9॥

गुन सील कृपा परमायतनं। प्रणयामि निरंतर श्रीरमनं।
रघुनंद निकंदन द्वंद्वघनं। महिपाल बिलौकय दीन जनं ॥10॥

अच्युताष्टकम्

अच्युतं केशवं रामनारायणं
कृष्णदामोदरं वासुदेवं हरिम्।
श्रीधरं माधवं गोपिकावल्लभं
जानकीनायकं रामचन्द्रं भजे ॥1॥
अच्युतं केशवं सत्यभामाधवं
माधवं श्रीधरं राधिकाराधितम्।
इन्दिरामन्दिरं चेतसा सुन्दरं
देवीकीनन्दनं नन्दजं सन्दधे ॥2॥
विष्णवे जिष्णवे शंखिने चक्रिणे
रुक्मिणी रागिणे जानकीजानये।
वल्लवीवल्लभायार्चितयात्मने
कंसविध्वंसिने वंशिने ते नमः ॥3॥
कृष्ण गोविन्द हे रामनारायण
श्रीपते वासुदेवाजित श्रीनिये।
अच्युतानन्त हे माधवाधोक्षज
द्वारकानायक द्रौपदीरक्षक ॥4॥
राक्षसक्षोभितः सीतया शोभितो
दण्डकारण्यभूपुण्यताकारणः

लक्ष्मणेनान्वितो वानरैः सेवितो–
अगस्त्यसम्पूजितो राघवः पातु माम् ॥5॥
धेनुकारिष्टकानिष्टकृद्द्वेषिहा
केशिहा कंसहृद्वंशिकावादकः ।
पूतनाकोपकः सूरजाखेलनो
बालगोपालकः पातु मां सर्वदा ॥6॥
विद्युदुद्योतवत्प्रस्फुरद्वाससं
प्रावृडम्भोदवत्प्रोल्लसद्विग्रहम् ।
वन्यया मालया शोभितोरःस्थलं
लोहिताङ् घ्रिद्वयं वारिजाक्षं भजे ॥7॥
कुजितैः कुन्तलैर्भ्राजमानाननं
रत्नमौलिं लसत्कुण्डलंगण्डयोः ।
हारकेयूरकं कंकणप्रोज्जवलं
किंकिणीमंजुलं श्यामलं तं भजे ॥8॥
अच्युतस्याष्टकं यः पठेदिष्टदं
प्रेमतः प्रत्यहं पूरुषः सस्पृहम् ।
वृत्ततः सुन्दरं कर्तृविश्म्भर–
स्तस्य वश्यो हरिर्जायते सत्वरम् ॥9॥

श्रीकृष्णाष्टकम्

भजे व्रजैकमण्डनं समस्तपापखण्डनं
स्वभक्तचित्तरञ्जनं सदैव नन्दनन्दनम् ।
सुपिच्छगुच्छमस्तकं सुनादवेणुहस्तकं
अनंगरंगसागरं नमामि कृष्णनागरम्॥1॥

मनोजगर्वमोचनं विशाललोललोचनं
विधूतगोपशोचनं नमामि पद्मलोचनम् ।
करारविन्दभूधरं स्मितावलोकसुन्दरं
महेन्द्रमानदारणं नमामि कृष्णवारणम्॥2॥

कदम्बसूनकुण्डलं सुचारुगण्डमण्डलं
ब्रजांगनैकवल्लभं नमामि कृष्णदुर्लभम्।
यशोदया समोदया सगोपया सनन्दया
युतं सुखैकदायकं नमामि गोपनायकम्॥3॥

सदैव पादपंकजं मदीयमानसे निजं
दधानमुक्तमालकं नमामि नन्दबालकम्।
समस्तदोषशोषणं समस्तलोकपोषणं
समस्तगोपमानसं नमामि नन्दलालसम्॥4॥

भुवो भरावतारकं भवाब्धिकर्णधारकं
यशोमतीकिशोरकं नमामि चित्तचोरक्।
दृगन्तकान्तभंगिनं सदासदालसंगिनं
दिने दिने नवं नवं नमामि नन्दसम्भवम्॥5॥

गुणाकरं सुखाकरं कृपाकरं कृपापरं
सुरद्विषन्निकन्दनं नमामि गोपनन्दनम्।
नवीनगोपनागरं नवीनकेलिलम्पटं
नमामि मेघसुन्दरं तडित्प्रभालसत्पटम्॥6॥

समस्तगोपनन्दनं हृदम्बुजैकमोदनं
नमामि कुञ्जमध्यगं प्रसन्नभानुशोभनम्।
निकामकामदायकं दृगन्तचारुसायकं
रसालवेणुगायकं नमामि कुञ्जनायकम्॥7॥

विदग्धगोपिकामनोमनोज्ञतल्पशायिनं
नमामि कुञ्जकानने प्रवृद्धवह्निपायिनम्।
किशोरकान्ति रञ्जितं दृगञ्जनं सुशोभितं
गजेन्द्रमोक्षकारिणं नमामि श्रीविहारिणम्॥8॥

यदा यदा यथा तथा तथैव कृष्णसत्कथा
मया सदैव गीयतां तथा कृपा विधीयताम्।
प्रमाणिकाष्टकद्वयं जपत्यधीत्य यः पुमान्
भवेत्स नन्दनन्दने भवे भवे सुभक्तिमान्॥9॥

मधुराष्टकम्

अधरं मधुरं वदनं मधुरं नयनं मधुरं हसितं मधुरम्।
हृदयं मधुरं गमनं मधुरं मधुराधिपतेरखिलं मधुरम् ॥1॥
वचनं मधुरं चरितं मधुरं वसनं मधुरं वलितं मधुरम्
चलितं मधुरं भ्रमितं मधुरं मधुराधिपतेरखिलं मधुरम् ॥ 2॥
वेणुर्मधुरो रेणुर्मधुरः पाणिर्मधुरः पादौ मधुरौ
नृत्यं मधुरं सख्यं मधुरं मधुराधिपतेरखिलं मधुरम् ॥ 3 ॥
गीतं मधुरं पीतं मधुरं भुक्त मधुरं सुप्तं मधुरम्
रूपं मधुरं तिलकं मधुरं मधुराधिपतेरखिलं मधुरम् ॥4॥
करुणं मधुरं तरणं मधुरं मधुराधिपतेरखिलं मधुरम्
वमितं मधुरं शमितं मधुरं मधुराधिपतेराखिलं मधुरम् ॥5॥
गुंजा मधुरा माला मधुरा यमुना मधुरा बीची मधुरा।
सलिलं मधुरं कमलं मधुरं मधुराधिपतेरखिलं मधुरम् ॥6॥
गोपी मधुरा लीला मधुरा युक्तं मधुरं मुक्तं मधुरम्
दृष्टं मधुरं शिष्टं मधुरं मधुराधिपतेरखिलं मधुरम् ॥7॥
गोपा मधुरा गावो मधुरा यष्टिर्मधुरा सृष्टिर्मधुरा।
दलितं मधुरं फलितं मधुरं मधुराधिपतेरखिलं मधुरम् ॥8॥

सरस्वती की स्तुति

या कुन्देन्दु तुषारहार धवला या शुभ्र वस्त्रावृता।
या वीणा वरदण्डमण्डितकरा या श्वेत पद्मासना ॥
या ब्रह्माच्युत शंकर प्रभृतिभिर्देवैः सदा वन्दिता।
सा माम् पातु सरस्वती भगवती निःशेष जाड्यापहा ॥

शुक्लां ब्रह्म विचार सार परमां आद्यां जगद्व्यापिनीं।
वीणा पुस्तक धारिणीमभयदां जाड्यांधकारापहाम् ॥
हस्ते स्फाटिक मालिकां च दधतीं पद्मासने संस्थितां।
वन्दे तां परमेश्वरीम् भगवतीं बुद्धिप्रदां शारदाम् ॥

श्वेत पद्मासना देवि श्वेत पुष्पोपशोभिता।
श्वेताम्बरधरा नित्या श्वेतगन्धानुलेपना ॥
श्वेताक्ष सूत्रहस्ता च श्वेतचन्दन चर्चिता।
श्वेत वीणाधरा शुभ्रा श्वेतालंकार भूषिता ॥

वन्दिता सिद्धगन्धर्वैः अर्चिता सुरदानवैः।
पूजिता मुनिभिः सर्वैः ऋषिभिः स्तूयते सदा ॥
स्तोत्रेणानेन तां देवीं जगद्धात्रीं सरस्वतीं।
ये स्मरन्ति त्रिसन्ध्यां सर्वां विद्यां लभन्ति ते ॥

श्रीलक्ष्मी

महालक्ष्मि नमस्तुभ्यं, नमस्तुभ्यं सुरेश्वरि।
हरिप्रिये नमस्तुभ्यं, नमस्तुभ्यं दयानिधे ॥

पद्मालये नमस्तुभ्यं नमस्तुभ्यं च सर्वदे।
सर्व भूत हितार्थाय, वसुसृष्टिं सदाकुरु ॥

जगन्मातर्नमस्तुभ्यं, नमस्तुभ्यं दयानिधे।
दयावति नमस्तुभ्यं, विश्वेश्वरि नमोऽस्तु ते ॥

रक्षत्वं देवदेवेशि, देवदेवस्य वल्लभे।
दरिद्रयात्त्राहिमां लक्ष्मि, कृपाम् कुरु ममोपरि ॥

विष्णुप्रिये नमस्तुभ्यं, नमस्तुभ्यं जगद्धिते।
आर्तिहन्त्रि नमस्तुभ्यं, समृद्धिं कुरु मे सदा ॥

शरण्येत्वां प्रपन्नोस्मि, कमले कमलालये।
त्राहि त्राहि जगन्मातर्दारिद्र्यात्त्राहि वेगतः ॥

लक्ष्मीं क्षीर समुद्रराज तनयां श्रीरङ्गधामेश्वरीं
दासीभूतसमस्तदेववनितां लोकैकदीपांकुराम्।

श्रीमन्मन्दकटाक्षलब्धविभव ब्रह्मेन्द्रगङ्गाधराम् तां
त्रैलोक्यकुटुम्बिनीं सरसिजां वन्दे मुकुन्दप्रियाम् ॥

वन्दे पद्मकरां प्रसन्नवदनां सौभाग्यदां भाग्यदाम्
हस्ताभ्यामभयप्रदां मणिगणैर्नाना विधैर्भूषिताम्।
भक्ताभीष्टफलप्रदां हरिहरब्रह्मादिभिः सेविताम्
पार्श्वे पङ्कजशङ्खपद्मनिधिभिर्युक्तां सदा शक्तिभिः ॥

विष्णुपत्नीं क्षमां देवीं माधवीं माधवप्रियाम्।
लक्ष्मीं प्रियसखीं भूमिं नमाम्यच्युतवल्लभाम् ॥

देवी-सूक्त

नमो देव्यै महादेव्यै शिवायै सततं नमः।
नमः प्रकृत्यै भद्रायै नियताः प्रणताः स्म ताम् ॥1॥

रौद्रायै नमो नित्यायै गौर्यै धात्र्यै नमो नमः।
ज्योत्स्नायै चेन्दुरूपिण्यै सुखायै सततं नमः ॥2॥

कल्याण्यै प्रणतां वृद्ध्यै सिद्ध्यै कुर्मो नमो नमः।
नैर्ऋत्यै भूभृतां लक्ष्म्यै शर्वाण्यै ते नमो नमः ॥3॥

दुर्गायै दुर्गपारायै सारायै सर्वकारिण्यै।
ख्यात्यै तथैव कृष्णायै धूम्रायै सततं नमः ॥4॥

अतिसौम्यातिरौद्रायै नतास्तस्यै नमो नमः।
नमो जगत्प्रतिष्ठायै देव्यै कृत्यै नमो नमः ॥5॥

या देवी सर्वभूतेषु विष्णुमायेति शब्दिता।
नमस्तस्यै नमस्तस्यै नमस्तस्यै नमो नमः ॥6॥

या देवी सर्वभूतेषु चेतनेत्यभिधीयते।
नमस्तस्यै नमस्तस्यै नमस्तस्यै नमो नमः ॥7॥

या देवी सर्वभूतेषु बुद्धिरूपेण संस्थिता।
नमस्तस्यै नमस्तस्यै नमस्तस्यै नमो नमः ॥8॥

या देवी सर्वभूतेषु निद्रारूपेण संस्थिता।
नमस्तस्यै नमस्तस्यै नमस्तस्यै नमो नमः ॥9॥

या देवी सर्वभूतेषु क्षुधारूपेण संस्थिता।
नमस्तस्यै नमस्तस्यै नमस्तस्यै नमो नमः ॥10॥

या देवी सर्वभूतेषु छायारूपेण संस्थिता।
नमस्तस्यै नमस्तस्यै नमस्तस्यै नमो नमः ॥11॥

या देवी सर्वभूतेषु शक्तिरूपेण संस्थिता।
नमस्तस्यै नमस्तस्यै नमस्तस्यै नमो नमः ॥12॥

या देवी सर्वभूतेषु तृष्णारूपेण संस्थिता।
नमस्तस्यै नमस्तस्यै नमस्तस्यै नमो नमः ॥13॥

या देवी सर्वभूतेषु क्षान्तिरूपेण संस्थिता।
नमस्तस्यै नमस्तस्यै नमस्तस्यै नमो नमः ॥14॥

या देवी सर्वभूतेषु जातिरूपेण संस्थिता।
नमस्तस्यै नमस्तस्यै नमस्तस्यै नमो नमः ॥15॥

या देवी सर्वभूतेषु लज्जारूपेण संस्थिता।
नमस्तस्यै नमस्तस्यै नमस्तस्यै नमो नमः ॥16॥

या देवी सर्वभूतेषु शान्तिरूपेण संस्थिता।
नमस्तस्यै नमस्तस्यै नमस्तस्यै नमो नमः ॥17॥

या देवी सर्वभूतेषु श्रद्धारूपेण संस्थिता।
नमस्तस्यै नमस्तस्यै नमस्तस्यै नमो नमः ॥18॥

या देवी सर्वभूतेषु कान्तिरूपेण संस्थिता।
नमस्तस्यै नमस्तस्यै नमस्तस्यै नमो नमः ॥19॥

या देवी सर्वभूतेषु लक्ष्मीरूपेण संस्थिता।
नमस्तस्यै नमस्तस्यै नमस्तस्यै नमो नमः ॥20॥

या देवी सर्वभूतेषु वृत्तिरूपेण संस्थिता।
नमस्तस्यै नमस्तस्यै नमस्तस्यै नमो नमः ॥21॥

या देवी सर्वभूतेषु स्मृतिरूपेण संस्थिता।
नमस्तस्यै नमस्तस्यै नमस्तस्यै नमो नमः ॥22॥

या देवी सर्वभूतेषु दयारूपेण संस्थिता।
नमस्तस्यै नमस्तस्यै नमस्तस्यै नमो नमः ॥23॥

या देवी सर्वभूतेषु तुष्टिरूपेण संस्थिता।
नमस्तस्यै नमस्तस्यै नमस्तस्यै नमो नमः ॥24॥

या देवी सर्वभूतेषु मातृरूपेण संस्थिता।
नमस्तस्यै नमस्तस्यै नमस्तस्यै नमो नमः ॥25॥

या देवी सर्वभूतेषु भ्रान्तिरूपेण संस्थिता।
नमस्तस्यै नमस्तस्यै नमस्तस्यै नमो नमः ॥26॥

इन्द्रियाणामधिष्ठात्री भूतानां चाखिलेषु या।
भूतेषु सततं तस्यै व्याप्तिदेव्यै नमो नमः ॥27॥

चितिरूपेण या कृत्स्नमेतद्व्याप्य स्थिता जगत्।
नमस्तस्यै नमस्तस्यै नमस्तस्यै नमो नमः ॥28॥

स्तुता सुरैः पूर्वमभीष्टसंश्रयात्तथा सुरेन्द्रेण दिनेषु सेविता।
करोतु सा नः शुभहेतुरीश्वरी शुभानि भद्राण्यभिहन्तु चापदः ॥29॥

या साम्प्रतं चोद्धतदैत्यतापितैरस्माभिरीशा च सुरैर्नमस्यते।
या च स्मृता तत्क्षणमेव हन्ति नः सर्वापदो भक्तिविनम्रमूर्तिभिः ॥30॥

भवान्यष्टकम्

न तातो न माता न बन्धुर्न दाता न पुत्रो न पुत्री न भृत्यो न भर्ता।
न जाया न विद्या न वृत्तिर्ममैव गतिस्त्वं गतिस्त्वं त्वमेका भवानि ॥1॥

भवाब्धावपारे महादुःखभीरुः पपात प्रकामी प्रलोभी प्रमत्तः।
कुसंसारपाशप्रबद्धः सदाहं गतिस्त्वं गतिस्त्वं त्वमेका भवानि ॥2॥

न जानामि दानं न च ध्यानयोगं न जानामि तन्त्रं न च स्तोत्रमन्त्रम्।
न जानामि पूजां न च न्यासयोगं गतिस्त्वं गतिस्त्वं त्वमेका भवानि ॥3॥

न जानामि पुण्यं न जानामि तीर्थं न जानामि मुक्तिं लयं वा कदाचित्।
न जानामि भक्तिं व्रतं वापि मातर्गतिस्त्वं गतिस्त्वं त्वमेका भवानि ॥4॥

कुकर्मी कुसङ्गी कुबुद्धिः कुदासः कुलाचारहीनः कदाचारलीनः।
कुदृष्टिः कुवाक्यप्रबन्धः सदाहं गतिस्त्वं गतिस्त्वं त्वमेका भवानि ॥5॥

प्रजेशं रमेशं महेशं सुरेशं दिनेशं निशीथेश्वरं वा कदाचित्।
न जानामि चान्यत् सदाहं शरण्ये गतिस्त्वं गतिस्त्वं त्वमेका भवानि ॥6॥

विवादे विषादे प्रमादे प्रवासे जले चानले पर्वते शत्रुमध्ये।
अरण्ये शरण्ये सदा मां प्रपाहि गतिस्त्वं गतिस्त्वं त्वमेका भवानि ॥7॥

अनाथो दरिद्रो जरारोगयुक्तो महाक्षीणदीनः सदा जाड्यवक्त्रः।
विपत्तौ प्रविष्टः प्रणष्टः सदाहं गतिस्त्वं गतिस्त्वं त्वमेका भवानि ॥8॥

आरतियाँ

श्रीगणनायक

आरति गजवदन विनायक की।
सुरमुनि-पूजित गणनायक की ॥
एकदंत शशिभाल गजानन,
विघ्नविनाशक शुभगुण कानन,
शिवसुत वन्द्यमान चतुरानन,
दुःखविनाशक सुखदायक की ॥सुर.॥

ऋद्धि-सिद्धि-स्वामी समर्थ अति,
विमल बुद्धि दाता सुविमल-मति,.
अघ-वन-दहन, अमल अविगत-गति,
विद्या-विनय-विभव-दायक की ॥सु.॥

पिङ्गलनयन, विशाल शुंडधर,
धूम्रवर्ण शुचि वज्रांकुश-कर,
लम्बोदर बाधा-विपत्ति-हर,
सुरवन्दित सब विधिलायक की ॥सुर.॥

श्रीगणेशजी

ॐ जय गणेश, जय गणेश, जय गणेश देवा।
माता तेरी पारबती, पिता महादेवा ॥
पान चढ़े, फूल चढ़े और चढ़े मेवा।
लड्डुअन को भोग लगे, सन्त करें सेवा॥
ॐ जय गणेश. ॥

एकदन्त दयावन्त चार भुजाधारी।
मस्तक सेंदूर सोहे मूस की सवारी ॥
ऋद्धि-सिद्धि साथ सोहें, कार्तिकेय भ्राता।
दीन जानि शरण राखो, सुफल कीजे सेवा ॥
ॐ जय गणेश. ॥

भगवान् महादेव

ॐ हर हर हर महादेव!
सत्य, सनातन, सुन्दर, शिव! सबके स्वामी।
अविकारी, अविनाशी, अज, अन्तर्यामी ॥
ॐ हर हर हर महादेव ॥1॥

आदि, अनन्त, अनामय, अकल कलाधारी।
अमल, अरूप, अगोचर, अविचल, अघहारी ॥
ॐ हर हर हर महादेव ॥2॥

ब्रह्मा, विष्णु, महेश्वर, तुम त्रिमूर्तिधारी।
कर्ता, भर्ता, धर्ता, तुम ही संहारी ॥
ॐ हर हर हर महादेव ॥3॥

रक्षक, भक्षक, प्रेरक, प्रिय औढरदानी।
साक्षी, परम अकर्ता, कर्ता, अभिमानी ॥
ॐ हर हर हर महादेव ॥4॥

मणिमय-भवन-निवासी अति भोगी, रोगी।
सदा श्मशान-विहारी, योगी बैरागी ॥
ॐ हर हर हर महादेव ॥5॥

छाल-कपाल, गरल-गल, मुण्डमाला, व्याली।
चिताभस्मतन, त्रिनयन, अयनमहाकाली ॥
ॐ हर हर हर महादेव ॥6॥

प्रेतपिशाच-सुसेवित, पीतजटाधारी।
विवसन विकट रूपधर रुद्र प्रलयकारी ॥
ॐ हर हर हर महादेव ॥7॥

शुभ्र, सौम्य, सुरसरिधर, शशिधर-सुखकारी।
अतिकमनीय, शान्तिकर, शिवमुनि-मन-हारी ॥
ॐ हर हर हर महादेव ॥8॥

निर्गुण, सगुण, निरञ्जन, जगमय, नित्य प्रभो।
कालरूप केवल हर! कालातीत विभो ॥
ॐ हर हर हर महादेव ॥9॥

सत्, चित्, आनँद, रसमय, करुणामय धाता।
प्रेम-सुधा-निधि, प्रियतम, अखिल विश्व-त्राता ॥
ॐ हर हर हर महादेव ॥10॥

हम अतिदीन, दयामय! चरण-शरण दीजै।
सब विधि निर्मल मति कर अपना करि लीजै ॥
ॐ हर हर हर महादेव ॥11॥

लक्ष्मीजी

ॐ जय लक्ष्मी माता, (मैया) जय लक्ष्मी माता।
तुमको निशिदिन सेवत हर-विष्णु-धाता ॥ॐ॥

उमा, रमा, ब्रह्माणी, तुम ही जग-माता।
सूर्य-चन्द्रमा ध्यावत, नारद ऋषि गाता ॥ॐ॥
दुर्गारूप निरंजनि, सुख-सम्पति-दाता।
जो कोई तुमको ध्याता, ऋधि-सिधि धन पाता ॥ॐ॥
तुम पाताल-निवासिनि, तुम ही शुभदाता।
कर्म-प्रभाव-प्रकाशिनि, भवनिधि की त्राता ॥ॐ॥
जिस घर तुम रहती, तहँ, सब सद्‌गुण आता।
सब संभव हो जाता, मन नहिं घबराता ॥ॐ॥
तुम बिन यज्ञ न होते, वस्त्र न हो पाता।
खान-पान का वैभव सब तुम से आता ॥ॐ॥
शुभ-गुण-मन्दिर सुन्दर, क्षीरोदधि जाता।
रत्न चतुर्दश तुम बिन कोई नहिं पाता ॥ॐ॥
महालक्ष्मी जी की आरति, जो कोई नर गाता।
उर आनन्द समाता, पाप उतर जाता ॥ॐ॥

श्रीअम्बाजी

ॐ जय अम्बे गौरी मैया जय श्यामागौरी।
तुमको निशिदिन ध्यावत हरि ब्रह्मा शिव री ॥
॥ॐ जय अम्बे. 1॥

माँग सिंदूर बिराजत टीको मृगमद को।
उज्ज्वल से दोउ नैना, चंद्रबदन नीको ॥
॥ॐ जय अम्बे. 2॥

कनक समान कलेवर रक्ताम्बर राजै।
रक्तपुष्प गल माला, कण्ठनपर साजै ॥
॥ॐ जय अम्बे. 3॥

केहरि बाहन राजत, खड्‌ग खपर धारी।
सुर-नर-मुनि-जन सेवत, तिनके दुखहारी ॥
॥ॐ जय अम्बे. 4॥

कानन कुण्डल शोभित, नासाग्रे मोती।
कोटिक चन्द्र दिवाकर सम राजत ज्योती ॥
॥ॐ जय अम्बे. 5॥

शुम्भ निशुम्भ बिदारे, महिषासुर-घाती।
धूम्रविलोचन नैना निशिदिन मदमाती ॥
॥ॐ जय अम्बे. 6॥

चण्ड मुण्ड संहारे, शोणितबीजहरे।
मधु कैटभ दोउ मारे, सुर भयहीन करे ॥
॥ॐ जय अम्बे. 7॥

ब्रह्माणी रुद्राणी, तुम कमलारानी।
आगम-निगम-बखानी, तुम शिव-पटरानी ॥
॥ॐ जय अम्बे. 8॥

चौंसठ योगिनि गावत, नृत्य करत भैरूँ।
बाजत ताल मृदंगा, औ बाजत डमरू ॥
॥ॐ जय अम्बे. 9॥

तुम ही जग की माता, तुम ही हो भरता।
भक्तन की दुख हरता सुख सम्पति करता ॥
॥ॐ जय अम्बे. 10॥

भुजा चार अति शोभित, वर-मुद्रा धारी ॥
मनवाञ्छित फल पावत, सेवत नर-नारी ॥
॥ॐ जय अम्बे. 11॥

कंचन थाल बिराजत अगर कपुर बाती।
(श्री) मालकेतु में राजत कोटिरतन ज्योती ॥
॥ॐ जय अम्बे. 12॥

श्री अम्बेजी की आरति जो कोई नर गावै।
कहत शिवानँद स्वामी, सुख सम्पति पावै ॥
॥ॐ जय अम्बे. 13॥

श्रीसंतोषी माता

जय सन्तोषी माता जय सन्तोषी माता।
अपने सेवक जन की सुख सम्पति दाता ॥
॥ जय सन्तोषी ॥

सुन्दर चीर सुनहरी माँ धारण कीन्हों।
हीरा-पन्ना दमकें तन शृँगार लीन्हों ॥
॥ जय सन्तोषी ॥

गेरू लाल छटा छवि बदन कमल सोहे।
मन्द हँसत कल्याणी त्रिभुवन मन मोहे ॥
॥ जय सन्तोषी ॥

स्वर्ण सिंहासन बैठी चँवर ढुरे प्यारे।
धूप दीप मधु मेवा भोग धरे न्यारे ॥
॥ जय सन्तोषी ॥

गुड़ और चना परम प्रिय तामें सन्तोष किये।
सन्तोषी कहलाई भक्तन विभव दिये ॥
॥ जय सन्तोषी ॥

शुक्रवार प्रिय मानत आज दिवस सोही।
भक्त मंडली छाई कथा सुनत मोही ॥
॥ जय सन्तोषी ॥

मन्दिर जगमग ज्योति मँगल ध्वनि छाई।
विनय करें हम सेवक चरनन सिर नाई ॥
॥ जय सन्तोषी ॥

भक्ति भावमय पूजा अङ्गीकृत कीजै।
जो मन बसै हमारे इच्छा फल दीजै ॥
॥ जय सन्तोषी ॥

माता, दुखी दरिद्र संकट-मुक्त किये।
बहु धन धान्य भरे घर सुख सौभाग्य दिये ॥
॥ जय सन्तोषी ॥

ध्यान जो धरता तेरा वांछित फल पावै।
पूजा कथा श्रवणकर अति आनन्द आवै ॥
॥ जय सन्तोषी ॥

सन्तोषी माता की आरति जो गावै।
ऋद्धि-सिद्धि सुख-सम्पत्ति जी भरकै पावै ॥
॥ जय सन्तोषी ॥

भगवान् जगदीश्वर

ॐ जय जगदीश हरे, प्रभु जय जगदीश हरे।
भक्तजनों के संकट छिनमें दूर करे ॥ॐ॥
जो ध्यावै फल पावै, दुख बिनसै मनका ॥प्रभु.॥
सुख-सम्पति घर आवै, कष्ट मिटै तनका ॥ॐ॥
मात-पिता तुम मेरे, शरण गहूँ किसकी ॥प्र.॥
तुम बिन और न दूजा, आस करूँ जिसकी ॥ॐ॥
तुम पूरण परमात्मा, तुम अन्तर्यामी ॥प्र.॥
पारब्रह्म परमेश्वर, तुम सबके स्वामी ॥ॐ॥
तुम करुणा के सागर, तुम पालन-कर्त्ता ॥प्र.॥
मैं मूरख (सेवक) खलकामी, कृपा करो भर्त्ता ॥ॐ॥
तुम हो एक अगोचर, सबके प्राणपती ॥प्र.॥
किस बिधि मिलूँ दयामय! मैं तुमको कुमती ॥ॐ॥
दीनबन्धु दुखहर्ता, तुम रक्षक मेरे ॥प्र.॥
करुणा-हस्त बढ़ाओ, शरण पड़ा तेरे ॥ॐ॥
विषय-विकार मिटाओ, पाप हरो देवा ॥प्र.॥
श्रद्धा-भक्ति (प्रेम) बढ़ाओ, संतनपद सेवा ॥ॐ॥

भगवान् श्रीसत्यनारायणजी

ॐ जय लक्ष्मीरमणा, प्रभु श्रीलक्ष्मीरमणा।
सत्यनारायण स्वामी जन-पातक-हरणा ॥जय.॥ॐ॥

रत्नजटित सिंहासन अद्‌भुत छवि राजै।
नारद करत निराजन घंटा-ध्वनि बाजै ॥जय.॥

प्रकट भये कलि कारण, द्विजको दरश दियो।
ढ़ोढ़े ब्राह्मण बनकर कञ्चन-महल कियो ॥जय.॥

दुर्बल भील कठारो, जिनपर कृपा करी।
चन्द्रचूड़ एक राजा, जिनकी विपति हरी ॥जय.॥

वैश्य मनोरथ पायो, श्रद्धा तज दीन्हीं।
सो फल भोग्यो, प्रभुजी फिर अस्तुति कीन्ही ॥जय.॥

भाव-भक्ति के कारण छिन-छिन रूप धर्‌यो।
श्रद्धा धारण कीनी, तिनको काज सर्‌यो ॥जय.॥

ग्वाल-बाल सँग राजा बनमें भक्ति करी।
मनवाञ्छित फल दीन्हो दीनदयालु हरी ॥जय.॥

चढ़त प्रसाद सवायो कदलीफल, मेवा।
धूप-दीप-तुलसी से राजी सत्यदेवा ॥जय.॥

(सत्य) नारायणजी की आरति जो कोई नर गावै
कहत शिवानन्द स्वामी मन-वाञ्छित पावै ॥जय.॥

श्रीभगवान् मर्यादापुरुषोत्तम

आरति कीजै श्रीरघुबर की।
सत चित आनंद शिव सुंदर की ॥आ.॥

दशरथ-तनय कौसिला-नन्दन,
सुर-मुनि-रक्षक दैत्य-निकन्दन,
अनुगत-भक्त भक्त-उर-चन्दन,
मर्यादा-पुरुषोत्तम-वर की ॥आ.॥

निर्गुण-सगुण, अरूप-रूपनिधि,
सकल लोक-वन्दित विभिन्न विधि,
हरण शोक-भय, दायक सब सिधि,
मायारहित दिव्य नर-वर की ॥आ.॥

जानकिपति सुराधिपति जगपति,
अखिल लोक पालक त्रिलोक-गति,
विश्ववन्द्य अनवद्य अमित-मति,
एकमात्र गति सचराचर की ॥आ.॥

भगवान् कुंजविहारी

आरती कुंजविहारी की।
श्रीगिरधर कृष्णमुरारी की।

गले में बैजंती माला,
बजावै मुरलि मधुर बाला।
श्रवन में कुंडल झलकाला,
नन्द के आनँद नँदलाला।
श्रीगिरधर कृष्णमुरारी की॥

गगन सम अंग कांति काली,
राधिका चमक रही आली,
लतन में ठाढ़े बनमाली,

भ्रमर-सी अलक कस्तुरी-तिलक,
चंद्र-सी झलक,
ललित छबि स्यामा प्यारी की।
श्रीगिरधर कृष्णमुरारी की ॥

कनकमय मोर-मुकुट बिलसै,
देवता दरसन कों तरसै,
गगन सों सुमन रासि बरसै,
बजे मुरचंग, मधुर मिरदंग,
ग्वालनी संग,

अतुल रति गोपकुमारी की।
श्रीगिरधर कृष्णमुरारी की ॥

जहाँ ते प्रगट भई गंगा,
कलुष कलि हारिणि श्रीगंगा,
स्मरन ते होत मोह-भंगा,
बसी सिव सीस जटा के बीच
हरै अघ-कीच,

चरन छबि श्रीबनवारी की।
श्रीगिरधर कृष्णमुरारी की॥

चमकती उज्ज्वल तट रेनू,
बज रही बृन्दाबन बेनू,
चहूँ दिसि गोपि ग्वाल धेनू,

हँसत मृदु मंद, चाँदनी
चन्द कहत भव फन्द,
टेर सुनु दीन भिखारी की।

श्रीगिरधर कृष्णमुरारी की।
आरती कुंजविहारी की।
श्रीगिरधर कृष्णमुरारी की ॥

भगवान् ब्रह्मा, विष्णु, महेश

ॐ जय शिव ओंकारा, प्रभु भज शिव ओंकारा।
ब्रह्मा विष्णु सदाशिव अर्द्धंगी धारा ॥1॥
ॐ हर हर हर महादेव ॥

एकानन चतुरानन पञ्चानन राजै।
हंसासन गरुडासन वृषवाहन साजै ॥2॥
ॐ हर हर हर महादेव ॥

दो भुज चारु चतुर्भुज दश भुज अति सोहै।
तीनों रूप निरखते त्रिभुवन-जन मोहै ॥3॥
ॐ हर हर हर महादेव ॥

अक्षमाला वनमाला रुंडमाला धारी।
त्रिपुरारी कंसारी करमाला धारी ॥4॥
ॐ हर हर हर महादेव ॥

श्वेताम्बर पीताम्बर बाघाम्बर अंगे।
सनकादिक गरुडादिक भूतादिक संगे ॥5॥
ॐ हर हर हर महादेव ॥

कर मध्ये सुकमण्डलु-चक्र-शूलधारी।
सुखकारी दुखहारी जग-पालनकारी ॥6॥
ॐ हर हर हर महादेव ॥

ब्रह्मा विष्णु सदाशिव जानत अविवेका।
प्रणवाक्षर में शोभित ये तीनों एका ॥7॥
ॐ हर हर हर महादेव ॥

श्रीहनुमान् ललाजी

आरती कीजै हनुमानलला की। दुष्टदलन रघुनाथ कला की ॥
जाके बल से गिरिवर काँपै। रोग दोष जाके निकट न झाँपै ॥
अंजनिपुत्र महा बलदाई। संतन के प्रभु सदा सहाई ॥
दे बीरा रघुनाथ पठाये। लंका जारि सीय सुधि लाये ॥
लंका-सो कोट समुद्र-सी खाई। जात पवनसुत बार न लाई ॥
लंका जारि असुर संहारे। सियारामजी के काज सँवारे ॥
लक्ष्मण मूर्छित पड़े सकारे। आनि सजीवन प्रान उबारे ॥
पैठि पताल तोरि जम-कारे। अहिरावन की भुजा उखारे ॥
बायें भुजा असुर दल मारे। दहिने भुजा संतजन तारे ॥
सुर नर मुनि आरती उतारे। जय जय जय हनुमान उचारे ॥
कंचन थार कपूर लौ छाई। आरति करत अंजना माई ॥
जो हनुमानजी की आरति गावै। बसि बैकुंठ परम पद पावै।

श्रीरामायणजी

आरति श्रीरामायणजी की,
कीरति कलित ललित सिय-पी की ॥
गावत ब्रह्मादिक मुनि नारद,
बालमीक बिग्यान-बिसारद।
सुक सनकादि सेष अरु सारद,
बरनि पवनसुत कीरति नीकी ॥1॥
गावत बेद पुरान अष्टदस,
छहौ सास्त्र सब ग्रंथन को रस।
मुनिजन धन संतन को सरबस,
सार अंस सम्मत सबही की ॥2॥

गावत संतत संभु भवानी,
अरु घटसंभव मुनि बिग्यानी।
ब्यास आदि कबिबर्ज बखानी,
काकभुसुंडि गरुड़ के हिय की ॥3॥
कलि-मल-हरनि बिषय-रस फीकी,
सुभग सिंगार मुक्ति जुबती की।
हरनि रोग भव भूरि अमी की,
तात मात सब बिधि तुलसी की ॥4॥

श्रीसूक्त

श्री और लक्ष्मी की स्तुति करने वाला 'श्रीसूक्त' ऋग्वेद के खिल सूक्तों में मिलता है। वैसे हर वेद में 'श्रीसूक्त' हैं और वे एक-दूसरे से भिन्न हैं। इनमें मंत्र संख्या भी भिन्न है—पन्द्रह से उन्तीस तक। सामान्यतः केवल निम्न पन्द्रह मंत्रों को मूल तथा अक्षिप्त माना जाता है। यह भी ध्यानार्ह है कि 'श्रीसूक्त' वैदिक मूल के हैं, जबकि 'लक्ष्मी सूक्त' इनसे भिन्न हैं। वह पौराणिक मूल के हैं और बहुत बाद में लिखे गए हैं।

ॐ हिरण्यवर्णां हरिणीं सुवर्ण रजतस्रजाम्।
चन्द्रां हिरण्यमयीं लक्ष्मीं जातवेदोमऽआवह ॥1॥

हे जातवेद (वेदों को प्रकट करने वाले अग्निदेव), सुवर्ण के सदृश कान्ति वाली, हरित वर्ण वाली या हरिणी का रूप धारण करने वाली, सोने और चाँदी की माला धारण करने वाली, चन्द्रमा के समान प्रकाशमान, स्वर्णरूपा लक्ष्मी को म = मेरे लिए आह्वान कीजिए ॥1॥

तां मऽआवह जातवेदो लक्ष्मीं अनपगामिनीम्।
यस्यां हिरण्यं विन्देयं गामश्वं पुरुषानहम् ॥2॥

हे जातवेद, उस अनपगामिनी—कभी दूर न होने वाली लक्ष्मी का म = मेरे लिए आवह = आह्वान कीजिए। यस्याम् = जिसके आने पर मैं सुवर्ण, पशु, अश्व और पुरुषान् = पुत्र मित्रादि को विन्देयं = प्राप्त करूँ ॥2॥

अश्वपूर्वां रथमध्यां हस्तिनादप्रबोधिनीम्।
श्रियम् देवीमुपह्वये श्रीर्मा देवी जुषताम् ॥3॥

अश्व जिसके अग्र भाग में हों, रथ जिसके मध्य भाग में हों, हाथियों की चिंघाड़ से जो सबको बोधित करती हो (ऐसी) श्रियम् = श्री देवी का मैं उपह्वये = आह्वान करता हूँ (वह देवी) मुझे जुषताम् = सेवित करे ॥3॥

कां सोस्मिताम् हिरण्य प्राकारामार्द्रां ज्वलन्तीं तृप्ता तर्पयन्तीम्।
पद्मे स्थितां पद्मवर्णां तामिहोपह्वये श्रियम् ॥4॥

काम् = ब्रह्मरूपा (या कौन? = अवर्णनीय) सोस्मिताम् = मन्द हास्य से युक्त, सुवर्ण के प्राकार = आवरण वाली, आर्द्रा = जलयुक्त (या शीतल प्रकृति) ज्योतिस्वरूपा, जिसकी सब कामनाएँ पूर्ण हो चुकी हैं (भक्तों को) तृप्त करने वाली, कमल पर स्थित, कमल तुल्य आकृति वाली ताम् श्रियम् = उस श्री देवी को इह = यहाँ आह्वान करता हूँ ॥4॥

चन्द्रां प्रभासां यशसा ज्वलन्तीम् श्रियं लोके देवाजुष्टामुदाराम्।
तां पद्मनीमिं शरणं प्रपद्ये अलक्ष्मीर्मे नश्यतां त्वां वृणामि ॥5॥

चन्द्रमा की तरह (आह्लादकारिणी), अत्यन्त कान्तिवाली, लोके = संसार में, यशसा = कीर्ति से ज्वलन्तीम् = प्रकाशमान, देवजुष्टाम = देवताओं से सेवित, उदार पद्मिनीमिं = कमलाकृति ईम् = ईकार से कही जाने वाली, उस श्रियं = श्रीदेवी को मैं अपनी शरणम् = रक्षा के लिए, प्रपद्ये = प्राप्त होता हूँ तथा मेरी अलक्ष्मी नष्ट हो, इसलिए त्वाम् = तुम्हें वृणोमि = स्वीकार करता हूँ ॥5॥

आदित्यवर्णे तपसोऽधिजातो वनस्पतिस्तव वृक्षोऽथ बिल्वः।
तस्य फलानि तपसा नुदन्तु मायान्तरा याश्च बाह्याऽअलक्ष्मी ॥6॥

सूर्य के समान कान्ति वाली, तव = तुम्हारी तपसा = तपस्या से उ = ही अथ = मङ्गलरूप बेल का वृक्ष अधिजातः = उत्पन्न हुआ। तस्य = उस बिल्व के फल तपसा = तपश्चर्या के द्वारा मायान्तराया = अज्ञान और विघ्नों को बाह्याः = बहिरिंद्रिय से उत्पन्न अलक्ष्मियों को नुदन्तु = दूर करें ॥6॥

अपैतु मां देवसखः कीर्तिश्च मणिना सह।
प्रादुर्भूतोऽस्मि राष्ट्रऽस्मिन् कीर्तिमृद्धिं ददातु मे ॥7॥

देवसखः = महादेव के या कुबेर के या देवताओं के मित्र मणिना सह = मणि के साथ माम् = मुझे कीर्ति उपैतु = यश प्राप्त हो। मैं इस राष्ट्र में उत्पन्न हुआ हूँ। मे = मुझे कीर्ति और ऋद्धि = समृद्धि ददातु = प्रदान करे ॥7॥

क्षुत्पिपासामलां ज्येष्ठामलक्ष्मीं नाशयाम्यहम्।
अभूतिमसमृद्धिम् च सर्वान्निर्णुद मे गृहात् ॥8॥

भूख और प्यास से मलिन, ज्येष्ठा = लक्ष्मी की बड़ी बहन अलक्ष्मी को मैं नष्ट करता हूँ। सब प्रकार के अनैश्वर्य और असमृद्धि को म = मेरे घर से निर्णुद = दूर करो ॥8॥

गन्ध द्वारां दुराधर्षां नित्यपुष्टां करीषिणीम्।
ईश्वरीं सर्वभूतानां तामिहोपह्वये श्रियम् ॥9॥

सुगन्धवती, दुःसहा, सर्वदा पुष्टा = समृद्धिशालिनी, करीषिणीम् = सूखे गोबर से भरी हुई, सब प्राणियों की प्रभु उस लक्ष्मी को मैं इस प्रदेश में बुलाता हूँ ॥9॥

मनसः काममाकूतिं वाचः सत्यमशीमहि।
पशूनां रूपमन्नस्य मयि श्री श्रयतां यशः ॥10॥

हम मनसः = मन की, कामम् = कामनाओं को, आकूतिम् = संकल्पों को, वाचःसत्यम् = वाणी की यथार्थता को, पशुओं के तथा अन्न के रूपों को अशीमहि = प्राप्त करें। श्री = सम्पत्ति, यशः कीर्ति मयि श्रयतां = मुझे प्राप्त हो ॥10॥

कर्दमेन प्रजा भूता मयि सम्भव कर्दमः।
श्रियं वासय मे कुले मातरं पद्‌ममालिनीम् ॥11॥

श्री = लक्ष्मी कर्दमेन = कर्दम नामक ऋषि से (या कीचड़ से) प्रजाभूता = सन्तानवती है। हे कर्दम ऋषि मयि = मुझमें = मेरे घर में

सम्भव = उत्पन्न होओ। कमलों की माला धारण करने वाली मातरम् श्रियम् माता लक्ष्मी को मे = मेरे कुल में वासय = निवास कराओ ॥11॥

आपः सृजन्तु स्निग्धानि चिक्लीत वस मे गृहे।
नि च देवीम् मातरम् श्रियम् वासय मे कुले ॥12॥

आपः = जल से म = मेरे लिए स्निग्धानि = स्नेह (घृत) युक्त पदार्थों को सृजन्तु = उत्पन्न करें। हे चिक्लीत, (1. एक ऋषि, 2. लक्ष्मी का तीसरा पुत्र, 3. घना कीचड़) आप मेरे घर में निवास कीजिए और माता देवी श्री को भी मेरे कुल में निवास कराइए ॥12॥

आर्द्रां पुष्करिणीं पुष्टिम् पिङ्गलां पद्ममालिनीम्।
चन्द्रां हिरण्मयीं लक्ष्मीं जातवेदो मऽआवह ॥13॥

हे जातवेद (अग्ने), आर्द्राम् (जलयुक्ता, शीतल हृदया), पुष्करिणीं (कमलस्वरूपा), पुष्टिम् = स्वयम् पुष्टि स्वरूपा, पिङ्गलाम् = पीतवर्णा, कमल की माला धारण करने वाली, चन्द्राम् = आह्लादिनी, सुवर्णयुक्ता लक्ष्मी का मेरे लिए आह्वान कीजिए ॥13॥

आर्द्रां यष्करिणीं यष्टिं सुवर्णां हेममालिनीम्।
सूर्य्यां हिरण्मयी लक्ष्मीं जातवेदो म आवह ॥14॥

हे जातवेद, आर्द्रां = स्नेहपूर्णा, यष्करिणी = यश को बढ़ाने वाली, यष्टिम् = दण्डस्वरूपा, सुन्दर कान्ति वाली, सुवर्णमय माला धारिणी सूर्य्याम् = ऐश्वर्यरूपा, स्वर्णमयी, लक्ष्मी को मेरे लिए आह्वान कीजिए ॥14॥

तां म आवह जातवेदो लक्ष्मी मनपगामिनीम्।
यस्यां हिरण्यं प्रभूतं गावो दास्योऽश्वान्विन्दे यं पुरुषानहम् ॥15॥

हे जातवेद, अनपगामिनीम् = निवृत्ति रहिता या सदा स्थिर रहने वाली ताम् = उस लक्ष्मी को म आवह = मेरे लिए आह्वान कीजिए जिस लक्ष्मी के (आने पर) मैं प्रचुर सुवर्ण, पशु तथा दासियाँ प्राप्त करूँ ॥15॥

स्वस्तिवाचन

किसी भी मंगलकार्य के प्रारम्भ में स्वस्तिवाचन करना चाहिए। इस समय तो इसे केवल पुरोहित बोलते हैं पर मंत्रों में प्रयुक्त बहुवचनात्मक क्रिया का प्रयोग यह इंगित करता है कि इन मंत्रों को सभी उपस्थित लोगों को समवेत रूप से बोलना चाहिए।

ऋक् अ. 4-3/7

ॐ स्वस्ति नो मिमीतामश्विना भगः स्वस्ति देव्यदितिरनर्वणः स्वस्ति पूषा असुरो दधातु नः स्वस्ति द्यावापृथिवी सुचेतुना ॥1॥

[ॐ। दोनों अश्विनीकुमार हमारा क्षेम करें। भग देवता हमारा क्षेम करें। सबसे अपराजित देवी अदिति हमारा क्षेम करें। प्राण तथा बल का दाता पूषा हमारा क्षेम करें।]

स्वस्तये वायुमुपब्रवामहै सोमं स्वस्ति भुवनस्य यस्पतिः वृहस्पतिं सर्वगणं स्वस्तये आदित्यासो भवन्तु नः ॥2॥

[हम स्वस्ति के लिए वायु से प्रार्थना करते हैं। भुवनों के पति सोम हमारा क्षेम करें। सब देवगण सहित वृहस्पति हमारा क्षेम करें। अदिति के पुत्र आदित्यगण हमारे लिए क्षेमकारक होवें।]

विश्वेदेवानो अद्या स्वस्तये वैश्वानरो वसुरग्निः स्वस्तये, देवाः अवन्तु ऋभवः स्वस्तये स्वस्ति नो रुद्रः पात्वंहसः ॥3॥

[आज यज्ञ के दिन समस्त देवता क्षेम के लिए आवें। वैश्वानर अग्नि

तथा वसुगण क्षेम के लिए आवें। ऋभु देवतागण क्षेम के लिए आवें। रुद्र भी हमारा पाप से क्षेम करें।]

स्वस्ति मित्रावरुणा स्वस्ति पथ्ये रेवति। स्वस्ति न इन्द्रश्चाग्निश्च स्वस्ति नो अदिते कृधि ॥4॥

[अहोरात्र के देवता मित्र और वरुण हमारा स्वस्ति करें। अन्तरिक्ष पथ की देवी रेवती हमारा स्वस्ति करें। इन्द्र, अग्नि तथा अदिति हमारा स्वस्ति करें।]

स्वस्ति पन्थामनुचरेम सूर्य्याचन्द्रमसाविव। पुनर्ददताऽघ्नता जानता सङ्गमेमहि॥5॥

[सूर्य और चन्द्रमा जैसे अपने मार्ग में क्षेम से विचरण करते हैं, वैसे ही हम भी करें। हम हमारे हृदयानुकूल, हिंसा न करते हुए तथा जो भुलाए न जा सकें ऐसे गुणों से युक्त बन्धुजनों के साथ चलें।]

(यजु.अ. 25 म. 14 से 23)

**ॐ आ नो भदद्राः क्रतवो यन्तु विश्वतोऽदब्धासोऽअपरीतासऽउद्भिद्ः।
देवा नो यथा सदमिद् वृधेऽ असन्नप्रायुवो रक्षितारो दिवे दिवे ॥1॥**

[कल्याणकारी तथा सर्वतः निर्विघ्नतायुक्त यज्ञ या संकल्प हमारे लिए आवें (याने हम करें)। वे यज्ञ किसी को ज्ञात नहीं, वे उनके फलों से ही ज्ञात हैं जो यज्ञ के अन्तराल में ही प्रगट होते हैं। जैसे देवतागण हमारी वृद्धि के लिए सदा सहायक होते हैं, वैसे ही यह यज्ञ भी होवें। वे देवता कदाचित् ही प्रमाद करते हैं। वे दिन-प्रतिदिन हमारे रक्षक होवें।]

देवानाम्भद्रा सुमतिर्ऋजूयतान्देवानाꣳरातिरभिनो निवर्त्तताम ॥ देवानाꣳ सख्यमुपसेदिमा व्यन्देवा ना ऽ आयुः प्रतिरन्तु जीवसे ॥2॥

[जो देवता ऋजु याने साधु यजमान की कामना करते हैं ऐसे देवताओं की कल्याणकारिणी शुभ बुद्धि तथा उनका दानभाव हमारे प्रति अभिमुख हो। हम देवगण की मैत्री प्राप्त करें। देवगण जीवन के लिए हमारी आयु बढ़ावें।]

तानपूर्व्वया निविदाहूमहे व्वयम्भगम्मित्रमदितिन्दक्षमस्त्रिधम। अर्य्यमणँ व्वरुणँ सोममश्विना सरस्वती नः सुभगा मयस्करत् ॥3॥

[हम उन प्रसिद्ध देवगण याने भग, मित्र, देवमाता अदिति, दक्ष प्रजापति, अर्यमा, वरुण, सोम, अश्विन आदि अच्युत सद्भाव वालों का प्राचीन वेदवाणी से आवाहन करते हैं। शोभन भाग्य युक्त सरस्वती हमारे लिए सुखकर हो।]

तन्नो व्वातो मयोभुव्वातु भेषजन् तन्माता पृथिवी तत्पिता द्यौः तद ग्रावाणः सोम सुतो मयोभुवः तदश्विना शृणुतं धिष्णया युवम् ॥4॥

[वह वायु हमारे लिए हितयुक्त बहे; वह हित हमारे लिए सुखकारी हो। वह जगन्माता पृथिवी, वह जगत्पिता द्यौ, वे सोमसुत, वे सुख देने वाले ग्रावाण (सिलबट्टे) हमें हित दें। हे अश्विनीकुमारो! हित के लिए की गई उस प्रार्थना को तुम सुनो; तुम घर की तरह धारण, पालन करने वाले हो।]

तमीशानम् जगतः तस्थुषस्प्पतिं धियन् । म् अवसे हूमहे व्वयम् पूषा नो यथा वेदसामसद्वृधे रक्षिता पायुः अदब्धः स्वस्तये ॥5॥

[हम उस ईशान (यान सूर्य रूप में रुद्र) का आवाहन करते हैं जो स्थावर और जंगम सृष्टि का पति याने पालक है, जो बुद्धि को सन्तोष देता है। हम उसका आवाहन इसलिए करते हैं कि वह तृप्त हो। ज्ञान और धन का देवता पूषा, जो पुत्रादि का पालक है, जिसके कार्य में कोई बाधा नहीं डाल सकता हमारी बुद्धि और कल्याण करे।]

स्वस्ति नऽइन्द्रो व्वृद्धश्रवाः स्वस्ति नः पूषा व्विश्ववेदाः। स्वस्ति नः तार्क्ष्यो ऽअरिष्टनेमिः स्वस्ति नो वृहस्पतिर्दधातु ॥6॥

[महती कीर्ति वाले इन्द्र हमारा स्वस्ति करें। सर्वज्ञ पूषा हमारा स्वस्ति करें। जिसकी नेमि (चक्रधारा) बाधा रहित है ऐसे रथ वाला प्रभु (अथवा जिसके पंख बाधारहित हैं ऐसा गरुड़) हमारा स्वस्ति करे। वृहस्पति हमारा स्वस्ति करें।]

पृषदश्वा मरुतः पृश्निमातरः शुभँय्यावानो व्विदथेषु जग्मयः। अग्निजिह्वा मनवः सूरचक्षसो व्विश्वे नो देवाऽअवसागमन्न् इह ॥7॥

[पृषती नामक अश्व जिनके वाहन हैं ऐसे मरुत, पृश्नि (द्यौ, गौ अथवा दिति) जिनकी माता है, जो शुभ को प्राप्त कराते हैं, जो यज्ञगृह में जाया करते हैं, अग्नि जिनकी जीभ है, जो सर्वज्ञ हैं, सूर्य जिनके चक्षु हैं ऐसे समस्त देवता हवि ग्रहण करने इस यज्ञ में आवें।]

भद्रं कर्णेभिः शृणुयाम देवा भद्रं पश्येम अक्षभियजत्राः स्थिरैः अंगैः तृष्टुवांसः तनूभिः व्यशेमहि देवहितं य्यदायुः ॥8॥

[हे देवतागण! हम कानों से कल्याण को सुनें। हे यज्ञकर्ताओं की रक्षा करने वाले! हम नेत्रों से कल्याण देखें। दृढ़ अंगों द्वारा, शरीर अथवा पुत्रादि से युक्त आपकी स्तुति करते हुए देवताओं के हित में अथवा देवोपासना योग्य जो आयु (जीवन) है, वह हमें प्राप्त हो।]

शतमिन्नुशरदोऽअन्ति देवा यत्रा नश्चक्रा जरसं तनूनाम। पुत्रासो यत्रपितरो अदितिः द्यौः अदितिः अन्तरिक्षम् अदितिः माता स पिता स पुत्रः ॥9॥

[हे देवगण! सौ वर्षों तक आप हमारे निकट होवें। सौ वर्षों तक तथा हमारे शरीरों के वृद्ध होने तक आप हमें अपने निकट रखें। यहाँ हमारे बुढ़ापे में हमारे पुत्र पितर बनें याने वे पुत्रवान होवें। इस मध्य में हमारी गमनशील आयु की हिंसा न करो।]

अदितिः द्यौः अदितिः अन्तरिक्षम् अदितिः माता स पिता स पुत्रः व्विश्वेदेवाऽअदितिः पञ्चजनाः अदितिः जातम् अदितिः जनित्वम् ॥10॥

[द्यौ अदिति है। अन्तरिक्ष अदिति है। माता, पिता और पुत्र भी वह अदिति ही है। समस्त देवगण अदिति हैं। समस्त (ब्राह्मण, क्षत्रिय, वैश्व शूद्र तथा पंचजन याने अंत्यज) भी अदिति हैं। उत्पन्न हुए तथा उत्पन्न होने वाले सब प्राणी अदिति ही हैं।]

। इति स्वस्तिवाचनम्।

पूजाओं में प्रयुक्त कुछ शब्दों के अर्थ

दैनिक और वार्षिक पूजाओं में आने वाले श्लोकों में ज्यादातर ऐसे ही शब्द प्रयुक्त होते हैं, जिन्हें हिन्दी जाननेवाला हर व्यक्ति आसानी से समझ सकता है। इसीलिए मैंने श्लोकों के शब्दार्थ नहीं दिये हैं। जो चन्द कठिन अल्प-परिचित शब्द इन श्लोकों में आये हैं, उनके अर्थ आपकी सुविधा के लिए यहाँ दिये जा रहे हैं।

(अ)

अर्क : सूर्य

अर्घ : मूल्य। अर्घ्य

अर्घ्य : देवता, आचार्य, राजा, वर, प्रिय स्नातक जैसे सम्माननीयों को पात्र विशेष से दिया जाने वाला जल। अर्घ भी प्रयुक्त।

अर्ह : योग्य

अव : बचाना, प्रसन्न करना, इच्छा करना, कृपा करना, बढ़ना।

अघ : पाप

अमोघ : पापहीन

अवतात : पालन करे

अनिमेष : जो पलक न झपकावें या देवता।

अपमृत्यु : अकाल मृत्यु

अभीतिवर : अभयदान

अभीतिकर : हाथ की मुद्रा जिसमें दाहिने हाथ की हथेली सीधी खड़ी होती है। इस मुद्रा द्वारा देवता 'डरो मत' कहते हैं।

अनघ : पापहीन

अनपगामिनी : बुरे मार्ग पर या अन्यत्र न जाने वाली।

अशीमहि : प्राप्त हों

अंघ्रि : चरण

अक्षत : न टूटे हुए चावल।

अशन : भोजन

(आ)

आढ्य : युक्त, भरपूर

आघ्रेय : सूँघने योग्य

आरार्ति : आरती

आविधात् : जाने, सूचित करे

आदर्श : आइना

आकुलित : भरा हुआ

आवह : बुलाओ

आकूति : संकल्प सिद्धि

आपो देवता : जल का देवता

आवाहन : मूर्ति में देवता को बुलाना, मूर्ति में देवता नहीं होता। वह हमारे बुलाने पर आता है अतः स्तुतिसम्भव।

(इ)

इभ : हाथी

ईशान : उत्तरपूर्व

(उ)

उपैतु : प्राप्त होवे

अपह्वये : समीप बुलाता हूँ
उरु : विशाल, विस्तृत
ऊशीर : चन्दन

(ए)

एककृत्य : साथ मिला कर

(ऋ)

ऋद्धि : बढ़ती, सफलता, धन-दौलत, अलौकिक शक्ति।

(क)

कल्प : 432 + सात शून्य वर्ष।
करीषिणी : शुष्क गोबर युक्ता
क्लीं : कामशक्ति
कर्दम : 1/कीचड़ 2/लक्ष्मी का दूसरा पुत्र 3/सत्रह प्रजापतियों में प्रथम 4/एक ऋषि
काश्मीर : केसर
काण्ड : भूमि के अन्दर का दूब का पौधा
काम् : 1. कौन? याने अवर्णनीय/2. ब्रह्मरूपा
कार्तस्वर : स्वर्ण
कृत्ति : पशुचर्म
कटि : कमर
कुलिश : वज्र
कौशेय : रेशम
ककुत : कूबड़
करवीर : कनेर

(ख)

खिद्‌यते : दुःखित होता है।

(ग)

गुल्फ : टखना

(घ)

घनध्वान्त : घना अँधेरा

(च)

चिक्लीत : 1/घना कीचड़ 2/लक्ष्मी का तीसरा पुत्र
चिबुक : ठुड्डी
चामीकर : सुवर्ण

(ज)

जातवेद : अग्नि, सूर्य
जानु : घुटना
जूति : तेज गति, प्रवृत्ति
जुषाण : निकट आओ, आनन्द लो।
जाती, जाति : चमेली

(त)

तमालपत्र : ललाट पर लगाया जाने वाला सम्प्रदाय सूचक टीका

(द)

दर्भ : कुशपत्र
दधातु : ग्रहण करे, स्वीकार करे
दधान : धारण करते हुए
दिगम्बर : दिशाएँ ही जिसके वस्त्र हैं। वस्त्रहीन।
देवजुष्टाम् : देवताओं द्वारा पूजित या सेवित।
दिविज : देवता

(ध)

धूर्जटि : शिव

(न)

नागवल्ली : पान
निकर : समूह
निर्णुद : दूर करे
निघृष्ट : घिसा हुआ
निषण्ण : बैठा हुआ
नुदन्तु : दूर करे
नैऋत्य : दक्षिण पश्चिम
न्यास : डालना, अपने किसी अंग में किसी देवता के विशेष अंग को डालना।

(प)

पनस : कटहल
पञ्चोपचार : पूजा में प्रयुक्त गन्ध, पुष्प, धूप, दीप, नैवेद्य
परादुर्ध : बाद वाला आधा भाग
पदुम नीमि : कमल के बीच रहने वाली
प्रणाशन : नाशकर्ता
पवित्र : मूल अर्थ छन्ना अब जलपात्र में डाला जाने वाला कुशपत्र।
प्रयत : संयमयुक्त होकर
प्रह्व : झुका हुआ
परुष : भूमि के ऊपर वाला दूब का भाग
प्रचोदयात् : प्रेरित करे
पाद्य : पाँव धोने का जल
पातु : रक्षण करे
पुरन्दर : इन्द्र

पूगीफल : सुपारी
पिनाक : धनुष

(भ)

भीति : भय

(म)

मेंढ्र : पुरुष शिश्न
मधुपर्क : शहद, घी, और दही मिलाकर बना अल्पाहार।

(य)

यष्टी : सबको सहारा देने वाली अथवा दुष्टों को दण्ड देने वाली।

(र)

रौप्य : चाँदी का

(व)

वर्ति : बत्ती
वल्लि : बेल
विश्रुत : प्रसिद्ध
वक्त्र : मुख
विभावसु : सूर्य भगवान का एक नाम; अग्नि का एक नाम
विशिख : वाण
विन्देयं : प्राप्त करूँ
विद्‌महे : जानते हैं
वैवस्वत : सूर्य
वैनतेय : गरुड़
वैश्वानर : अग्नि, सूर्य
व्यपोहतु : नाश करे, भगाए, रोकें

विसर्जन : मूर्ति में देवता पूजक की प्रार्थना से आता है अतः पूजोपरान्त उसे कहा जाता है "अब आप जाइए।" पूजनोपरान्त मूर्ति अथवा चढ़ाए पुष्पादि को बहा देना।

वायव्य : उत्तर पश्चिम

वक्षोरुह : स्तन

(श)

शक्र : इन्द्र

शकल : टुकड़ा

(ष)

षोडशोपचार : 1. आवाहन 2. आसन 3. पाद्य 4. अर्घ्य 5. आचमनीय 6. स्नान 7. वस्त्र 8. उपवीत 9. गन्ध, चन्दन 10. पुष्प 11. धूप 12. दीप 13. नैवेद्य 14. प्रणाम 15. प्रदक्षिणा 16. विसर्जन।

(स)

सन्निधि : निकटता, आधार

संकाश : समान

सर्पि : घी

सर्पिष् : घी

स्रक्, स्रज् : माला

सम्वत्सर : एक वर्ष। चान्द्र अथवा सौर वर्ष अलग-अलग दिन प्रारम्भ होते हैं। चान्द्र वर्ष चैत्र शुक्ल प्रतिपदा से आरम्भ होता है। सौर वर्ष सूर्य के मेष राशि पर प्रविष्ट होने पर प्रारम्भ होता है। यह सामान्यतः चान्द्र वैशाख की किसी तिथि में होता है।

साठ सम्वत्सरों के नाम कल्पित किए गए हैं। यही

साठ दुहराते रहते हैं। भारत में विभिन्न समाजों में अलग-अलग सम्वत् मान्य हैं। दो अधिक मान्य हैं—विक्रम तथा शक। ईस्वी सन् + 57 = विक्रम ई. सन् 78 = शक।

स्वाहा : यह सुहुत होवे—देवताओं को दी गई आहुति के साथ बोले जाने वाला शब्द

स्थाणु : शिवजी, लकड़ी का मोटा बोटा

स्वधा : पितरों को दी जाने वाली आहुति के साथ बोले जाने वाला शब्द। अर्थ—भली प्रकार धारित होवे।

सिताभ : चीनी, चमेली

सर्षप : सरसों

सितवर्ति : सफेद रंग की बत्तियाँ

सपर्या : पूजा

(ह)

हिरण्य : सोना

ह्रीं : मायाशक्ति

हाटक : सोना

वैदिक संस्कृत में रचे कुछ मंत्रों के अर्थ

वेदों की संस्कृत साधारण संस्कृत से भिन्न होती है, इसलिए केवल हिन्दी के ज्ञान के बूते वैदिक मन्त्रों के अर्थ समझ पाना बहुत कठिन है। साधारण पूजाओं में प्रयुक्त होने वाले वैदिक मन्त्रों के अर्थ यहाँ आपकी सुविधा के लिए दे रहा हूँ। स्वस्तिवाचन और श्री सूक्त के अर्थ पहले ही दिये जा चुके हैं।

1. ॐ पवित्रस्थो वैष्णव्यो सवितुर्वः प्रसव उत्पुनामि अछिद्रेण पवित्रेण सूर्य्यस्य रश्मिभिः।

यजु. 1/12.

श्री विष्णु पवित्र (कुशपत्र) में स्थित हैं। सविता (सृष्टि का सर्जक) देवता की सृष्टि में छिद्र रहित शुद्धता (करने वाले साधनों के साथ) और सूर्य की किरणों के द्वारा तुम सबको पवित्र करता हूँ।

2. ॐ शं नो देवी अभीष्टयऽआपो भवन्तु पीतये। शंय्यो अभिस्रवन्तु नः।

यजु. 36/23

हे जल देवियो! हमारे अभिषेक के लिए अथवा अभीष्ट की प्राप्ति के लिए आप सुखरूप होओ। आप हमारे रोगों की शान्ति के लिए तथा भयों को दूर करने के लिए बहो।

3. ॐ एतन्ते देव सवितर्य्यज्ञं प्राहुर्वृहस्पतये ब्रह्मणे तेन यज्ञमव तेन यज्ञपतिं तेन मामव मनोजूतिर्जुष्तामाज्यस्य वृहस्पतिर्य्यज्ञमिमं तनोत्वरिष्टं यज्ञ ७ँ समिमं दधातु विश्वेर्देवा स इहमादयन्ताम्। ॐ प्रतिष्ठ।

यजु. 2/12.13

हे सविता देवता! इस यज्ञ को तेरे द्वारा प्रेरित होकर वृहस्पति और ब्रह्म के लिए कहते (करते) हैं। इस कारण तू इस यज्ञ की रक्षा कर। (इसी कारण) मुझ यजमान की रक्षा कर। भूत, भविष्य और वर्तमान में जो वेग से जाता है, ऐसा मन घृत के अपने अंश का सेवन करे। वृहस्पति इस यज्ञ को विस्तार दें। इस यज्ञ को अविनष्ट कर धारण करें। समस्त देवतागण इस यज्ञ में तृप्त होवें। इस प्रकार प्रार्थित होने पर विश्वेदेवता 'ओं प्रतिष्ठ' (= हाँ, अच्छी तरह बैठता हूँ) ऐसी अनुमति दें।

4. ॐ भद्रं कर्णेभिः शृणुयाम देवा भद्रं पश येम अक्षभियजत्त्रा। स्थिरैः अंगै तुष्टुवांसः तनूभिः व्यशेमहि देवहितंय्यदायुः।

यजु. 28/23.

हे देवतागण! हम इन कानों से कल्याण को सुनें। हे यज्ञकर्ताओं की रक्षा करने वालो! हम नेत्रों से कल्याण देखें। दृढ़ अंगों द्वारा शरीर अथवा पुत्रादि से युक्त आपकी स्तुति करते हुए देवताओं के हित में अथवा देवोपासना योग्य जो आयु (जीवन) है, वह हमें प्राप्त हो।

5. ॐ आकृष्णेन रजसा वर्तमानो निवेशन्नमृतं मर्तञ्च। हिरण्येयन सविता रथेना देवो याति भुवनानि पश्यन्।

यजु. 34/31

सविता देवता सुवर्णमय रथ से कृष्ण वर्ण रात्रि से युक्त अन्तरिक्ष पथ में पुनः पुनः आवर्तन करके भ्रमण करता हुआ अमर तथा मरणधर्माओं को अपने स्थान में रखने वाला तथा सम्पूर्ण भुवनों को देखता हुआ आगमन करता है।

6. ॐ मही द्यौः पृथिवी च नऽइमं मिमिक्षताम् पितृतान्नो भरीमभिः।

हे पृथ्वी, द्युलोक तथा भूलोक, हमारे इस यज्ञ को अपने-अपने भाग से पूर्ण करो। (स्वर्ण, पशु, धान्य आदि) भरी जाने वाली वस्तुओं से हमारे घरों को पूरित करो।

7. ॐ आजिघ्र कलशं मह्या त्वा विशन्तु इन्दवः। पुनरूर्जा नि वर्तस्व

सा नः सहस्त्रं धुक्ष्वोरुधारा पयस्वती पुनर्मा विशताद्रयि।

यजु. 8/42

हे पृथ्वी! इस कलशपात्र को सूँघ (धारण कर)। सोमरस के समान रस तुझमें प्रवेश करे। दूध बने हुए विशिष्ट रसों से सहित ऊर्जा (इस जल में) प्रविष्ट करे। इस प्रकार मेरे द्वारा स्तुति की हुई तू हजार गुना धन दे। हे पृथ्वी! मेरी कृपा से बहुत दूध वाली गायें तथा धन मुझे पुनः प्राप्त हो।

8. ॐ या ओषधीः पूर्वा जाता देवेभ्यस्त्रियुगं पुरा। मनै नु बभ्रूणामह ꣳ शतं धामानि सप्त च।

यजु. 12/75

जो वनस्पतियाँ पहले तीन ऋतु—वसन्त, वर्षा तथा शरद तथा तीन युगों में हुई, जो जगत की उत्पत्ति, पालन में समर्थ तथा पक कर पीली हैं, ऐसी सौ और सात घरों (=नामों) वाली को मैं जानता हूँ।

(ऐसी वनस्पति इस कलश जल में प्रविष्ट करें।)

9. काण्डात्काण्डात्प्ररोहन्ति परुषः परुषस्परि एवानो दूर्वे प्रतनु सहस्रेण शतेन च।

यजु. 13/20

हे दूर्वा! काण्ड (भूमि के अन्दर जड़ सहित दूब का पौधा) से काण्ड तथा परु (भूमि के ऊपर का दूर्वा भाग) से परु जैसे सब ओर बढ़ते हैं वैसे ही हजारों पुत्र-पौत्रों से हमारा विस्तार करो।

10. ॐ या फलिनी या ऽअफला अपुष्पा याश्च पुष्पिणीः। वृहस्पति प्रसूतास्ता नो मुञ्चन्त्व ꣳ हसः।

जो फलयुक्त हैं अथवा फलरहित हैं, पुष्परहित हैं या पुष्पयुक्त हैं वे सब वृहस्पति से जन्म प्राप्त औषधियाँ (वनस्पति) हमें रोगरूप पापों से मुक्त करें।

11. ॐ अश्वत्थे वो निषदनं पर्णे वो व्वसतिष्कृताः। गोभाज इत्किलासथ

यत्सनवथ पूरुषम्।

यजु. 12/79.

हे वनस्पतियो! तुम्हारी स्थिति पीपल तथा पलाश के पत्तों में होती है। हे हविर्भूत औषधियो, तुम निश्चय ही गो (वाणी, आदित्य) की सेवा करने वाली हो। इस कारण तुम यजमान को अन्नादि से युक्त करो।

12. ॐ स्योना पृथिवी नो भवानृक्षरा निवेशनी यच्छा नः शर्म्म सप्रथा।

यजु. 35/21

हे सुखरूप पृथिवी! तुम काँटों से हीन हो। प्रतिष्ठित होने का तुम अच्छा स्थान हो। विस्तार सहित स्थित तू हमें शरण दे।

13. ॐ पयः पृथिव्यां पयऽओषधीषु पयो दिव्यन्तरिक्षे पयोधाः पयस्वती प्रदिशः सन्तु मह्यम्।

यजु. 18/36

हे दुग्ध! तू ही पृथ्वी में, वनस्पतियों में, स्वर्ग में, अन्तरिक्ष में स्थित जीवों को धारण करता है। अतः तेरे अनुग्रह से मेरी सभी दिशाएँ दुग्धयुक्त (रसवती) होवें।

14. ॐ दधिक्राव्णोऽअकारिषं जिष्णोः अश्वस्य व्याजिनः सुरभि नो मुखाकरत्प्रणऽआयूꣳषि तारिषत्।

यजु. 23/32

सबको अतिक्रमण करके जो स्थित रहता है तथा जो (असुरों को) कम्पायमान करता है, ऐसे अश्व को जय करने वाले विष्णु को जो दही निवेदित कर रहा हूँ वह हमारे मुखों को सुरभित करे और हमारी आयुओं को बढ़ावें।

15. ॐ घृतवती भुवनानाम् अभिश्रियोर्व्वी पृथ्वी मधुदुधे सुपेशसा। द्यावा पृथिवी व्वरुणस्य धर्म्मणा व्विष्कभितेऽअजरे भूरिरेतसा

यजु. 34/45

जो द्युलोक और पृथिवी में घृत शब्द से तेजो-भागविशेष कहा जाता है, जो समस्त प्राणियों का आश्रय स्वरूप है, जो विस्तीर्ण और पृथुल (मोटा) दो विशेषणों से कहा जाता है, जो मधु को दुहने वाला है, जो सुरूप है, जरा रहित है तथा जो बहुवीर्ययुक्त है, वह (घृत) वरुण द्वारा धारित होने के कारण दृढ़ है।

16. ॐ हिरण्यगर्भः समवर्तताग्रे भूतस्य जातः पतिरेक ऽआसीत सदाधार पृथिवी द्यामुतेमां कस्मै देवाय हविषा विधेम।

यजु. 13/4

हिरण्य पुरुष रूप ब्रह्माण्ड में गर्भ रूप में अवस्थित प्रजापति समस्त सृष्टि के प्रारम्भ में हुआ। वह इस समस्त जगत का पति (पालनकर्ता) है। वह पृथ्वी, अन्तरिक्ष एवं द्युलोक का धारयिता है। उसी प्रजापति देव को हम हवि देते हैं। (क इति प्रजापतिः)।

17. ॐ यदश्वाय व्वासऽउपस्तृन्त्यधीवासं या हिरण्यान्यस्मै। सन्दानमर्व्वन्तं पड्वीशं प्रिया देवेषु आयामयन्ति।

यजु. 25/39

अश्व के लिए जो ऊपर से पहिनने का लम्बा वस्त्र है, (उसे सजाने को) जो सुवर्णादि हैं, जो शिरोबन्धन और पादबन्धन उसे धारण कराते हैं वे सब प्रिय वस्तुएँ श्रेष्ठ पुरुषों में आती हैं (को प्राप्त होती हैं)।

18. ॐ युवाः सुवासाः परिवीतऽआगात्सऽउश्रयान् भवति जायमानः। तन्धीरासः कवयऽउन्नयन्ति साध्यो मनसा देवयन्तः।

शोभन वस्त्रों वाला, ढका हुआ, गुणवान युवा आ गया है। वही शुद्ध श्री-सम्पन्न पैदा हो रहा है। इसी को स्थितप्रज्ञ वेदज्ञ शुद्धि बुद्धि मन से वेदार्थ बतलाते हुए उत्कर्ष की ओर ले जा रहे हैं।

19. ॐ आ ब्रह्मन् ब्राह्मणे ब्रह्मवर्च्चसी जायतामाराष्ट्रे राजन्यः शूरऽइष व्योतिव्याधि महारथो जायतान्दोग्ध्री धेनुर्व्वोढानड्वानाशुः सप्तिः पुरन्धिर्य्योशा जिष्णूरथेष्ठाः सभेयो युवास्य यजमानस्य व्वीरो जायतान् निकामे निकामे नः

पर्ज्जन्योऽभिवर्षतु फलवत्यो नऽओषधयः पच्च्यतां योगक्षेमो नः कल्पंताम् ।

यजु. 22/22

हे ब्रह्म! हमारे यजमान के राष्ट्र (देशभाग) में ब्राह्मणों में ब्रह्म की शक्ति हो। इस राष्ट्र में राजन्य (क्षत्रिय) शूर, वाण चलाने में कुशल, बहुतों को मारने वाले, महारथी (एक सहस्र शत्रुओं को जीतने वाले) हों। गायें दूध से भर देने वाली हों। बैल (भारी बोझ को) वहन करने वाले हों। अश्व शीघ्रगामी हों। स्त्रियाँ शरीर में सब गुण धारण करने वाली हों। रथों में बैठने वाले वीर जयशील हों। इस यजमान के (परिवार के) युवक सभा के योग्य तथा वीर हों। हमारे राष्ट्र पर वर्षा कामना-भर बरसे। हमारी वनस्पतियाँ फलयुक्त तथा स्वयम् पकने वाली हों। वह हमारा योगक्षेम करें।

20. ॐ व्वसो पवित्रमसि शतधारं व्वसोः पवित्रमसि सहस्रधारं देवस्त्वा सविता पुनातु व्वसोः पवित्रेण शतधारेण सुप्वाःकामधुक्ष्व।

यजु. 1/3

हे जीवनहेतु घृत! तुम अन्न को पवित्र करने वाले हो। इस घृत में सौ तथा हजार धाराएँ हैं। देव सविता शतधार घृत को पवित्र करे। यह घृत भली प्रकार पवित्र करने वाला तथा इच्छाओं की पूर्ति करने वाला है। हे दुहने वाले अध्वर्यु! तुमने किस गाय को दुहा है?

21. ॐ व्वरुणस्योत्तम्भनमसि वरुणस्य स्कम्भसर्जनी स्थो व्वरुणस्य ऋतसदन्यसि वरुणस्य ऋतसदनमसि वरुणस्य ऋतसदनमासीद।

यजु. 4/36

हे जलधारा! तुम वरुणदेव की अवलम्बन (अथवा उत्कर्ष) हो। तुम भी वरुणदेव को अवरोध की साधनभूता हो। तुम वरुणदेव के यज्ञ के लिए उपवेशनी (आसन) हो। वरुणदेव के यज्ञ की स्थानभूमि हो। अतः वरुण देव के यज्ञ के लिए आसन बने इस कलश में व्याप्त होकर बैठो।

22. ॐ पूर्णादर्विपरापत सुपूर्णा पुनरापत। व्वस्नेव व्विक्रीणावहाऽइषमूर्ज ᳬ शतक्रतो।

यजु. 3/49

हे अन्न से भरी कलछी! पूर्ण होने के कारण उत्कृष्ट हुई तुम (इन्द्र के निकट) जाओ और (कर्मफल से सुपूर्ण होकर) वापस आओ। दर्वी (कलछी) ने इन्द्र से कहा, "हे सौ यज्ञ करने वाले! हम दोनों मूल्य ले-देकर ही (इन्द्र हवि स्वरूप अन्न को देकर और हम हविर्दान फल को लेकर) परस्पर विनिमय करेंगे।

23. ॐ तत्वायामि ब्रह्मणाव्वन्दमानः तदाशास्ते यजमानो हविर्भिः। अहेडमानो व्वरुणेह बोधि उरुशंस मा न आयुः प्रमोषीः।

यजु. 3/49

हे वरुण! हवि देकर यजमान को तुमसे धन पुत्रादि की आशा करता मैं, तुमसे याचना करता हूँ। तुम उन्हें यजमान को दो। मैं समस्त वेदों से वन्दना करता हुआ तुम्हारी स्तुति करता हूँ। हे महान स्तुति वाले! अब इस स्थान में, बिना क्रोधित हुए तुम (मेरी स्तुति को) जानो और मेरी आयु की चोरी न करो (मुझे दीर्घायु दो)।

24. समख्ये देव्याधिया संदक्षिण्योरुचक्षसा। मा म आयुः प्रमोषीर्मो अहं तव। वीरं विदेय तव देवि संदृशि॥

यजु. 4/23

हे सोमक्रयणि! दिव्य बुद्धिवाली तेरे द्वारा मैं बुद्धि से देखा गया। दक्षिणा प्राप्ति करने वाली योग्यता वाली अथवा अनुकूल आचरण वाली और विस्तीर्ण दर्शन वाली तुम मेरी पत्नी की आयु को कम न करना। मैं तुम्हारी आयु को कम न करूँगा। हे देवि गौ! तुझे देखने से मैं वीर पुत्र प्राप्त करूँ।

25. ॐ अम्बेऽअम्बिके अम्बालिके न मा नयति कश्चन। ससस्त्यश्वः सुभद्रिकां काम्पील वासिनीम्॥

यजु. 23/18

हे अम्बे, अम्बिके, अम्बालिके! कोई व्यक्ति मुझे न ले जावे (तब क्यों जाती हो?) कुत्सित अश्व अकुत्सित स्वामी से द्वेष करता है। वहाँ काम्पिल्य (दक्षिण पांचाल की राजधानी) में मेरा पति वहाँ की चतुरा (सुरूपा

तथा कामिनी) नारियों पर आसक्त होकर उनके साथ सोता है। कोई मुझे चाहे न ले जावे पर मैं जाती हूँ जिससे मेरा स्वामी काम्पिल्य की नारियों से अलग हो।

प्रसंगार्थ–मेरे द्वारा पूजित अम्बा, अम्बिका, अम्बालिका देवियाँ मेरे स्वामी की अन्य नारियों के प्रति आसक्ति को दूर कर उन्हें मेरे प्रति अभिमुख करें।

27. मधुश्च माधवश्च वासन्तिकावृतू अग्नेरन्तःश्लेषोसि कल्पेतां द्यावा पृथिवी कल्पन्तामाप ओषधयः कल्पन्तामग्नयः पृथङ्मम ज्यैष्ठाय सव्रताः। ये अग्नयः समनसोऽन्तरा द्यावा पृथिवी इमे। वासन्तिकावृतू अभिकल्पमाना इन्द्रमिव देवा अभिसंविशन्तु तया देवतया आंगिरसद्ध्रुवे सीदतम् ॥

यजु. 13/25.

चैत्र, वैसाख दोनों वसन्त ॠतु के भाग हैं। हे वसन्त ॠतु, तुम अग्नि के अन्दर छिपी हुई हो। तुम हमारा उपकार सम्पादित करो। द्यौ, पृथ्वी और वनस्पति मुझे यजमान की ज्येष्ठता के कारण तथा सव्रत होने के कारण उसका मेरा उपकार सम्पादित करें। इस द्यौ और पृथ्वी के मध्य में जो समान मन वाली अग्नियाँ उपस्थित हैं, वे भी वसन्त ॠतु आदि का उपकार सम्पादित करें। जैसे देवता इन्द्र का परिचरण करने के लिए होते हैं, वैसे ही तुम भी अंगिरस के इस कर्म में स्थिररूपेण प्रविष्ट होओ।

28. आप्यायस्व समेतु ते विश्वतः सोम वृष्ण्यम्।
भवा वाजस्य संगथे ॥

यजु. 12/113.

हे सोम! समस्त भूतों की उत्पत्ति करने वाला बीज तेरे साथ आवे। उस वीर्य से तुम सब और वृद्धि को प्राप्त होओ। तुम अन्न की हमारे लिए प्राप्ति का निमित्त बनो।

29. ॐ गणानान्त्वा गणपति ঌ हवामहे प्रियाणान्त्वा प्रियपति ঌ हवामहे निधीनान्त्वा निधिपति ঌ हवामहे व्वसोमम आहमजानि गर्ब्भधमात्वमजासि गर्ब्भधम्॥

यजु. 23/19.

हे गणों के गणपति! अर्थात स्त्रीगण के मध्य पालक, गण के स्वामी! प्रियों के मध्य में प्रिय के पालक! निधियों के निधिपति! हम तुम्हारा आह्वान करते हैं। हे वसुरूप अश्व, तुम हमारे पति हो। गर्भ धारण करने वाले रेत को मैं छोड़ती हूँ। तुम भी गर्भ धारण करने वाले रेत को छोड़ो।

शिवार्चन में अर्घ्यदान के अन्तर्गत यजुर्वेद की सत्रह कण्डिकाएँ (मंत्र) एक साथ दी गई हैं। पूरा मंत्र लिखने के बजाय यहाँ मंत्रों के प्रारम्भिक शब्द ही तथा उनके अर्थ दिए जा रहे हैं। यजु. 16/1 से 16/16 तक।

30. नमस्ते रुद्र मन्यव....................उतते नमः।

हे रुद्र! तुम्हारे क्रोधों को नमस्कार, तुम्हारे वाणों को नमस्कार, तुम्हारी दोनों बाहों को नमस्कार।

31. याने रुद्रशिवातनू...................चाकशीहि।

हे रुद्र! तुम्हारा जो शरीर कल्याणरूप, कल्याणदायक, पुण्यस्वरूप और सौम्यदर्शन है, हे गिरिशन्त! उससे ही हमें देखो।

32. यामिषुंगि....................पुरुषञ्जगत।

हे गिरिशन्त! जगत अस्त करने के लिए तुम्हारे हाथ में जो वाण है, हे गिरित्र! अब इसे शान्तिमूर्ति वाला कर रखो। अकाल में इस जगत को नष्ट न करो।

33. शिव्वेन वचसा....................सुमनाऽअसत्।

हे गिरीश! अत्यन्त विनीत वचनों के द्वारा तुम्हारे निकट प्रार्थना करता हूँ कि हमारा यह जगत स्वस्थ-चित्त और रोगरहित होवे।

34. अद्ध्यवो...................परासुव।

हे रुद्र! तुम अत्यन्त वक्ता (गर्जन में प्रसिद्ध) हो, अतएव प्रार्थना है कि विशेष रूप से आदेश करो कि देव विद्याविशारद, प्रथम श्रेणी के वैद्य

को मानो हम प्राप्त करें। समस्त सर्पों का नाश करो। नीच प्रवृत्ति वाली राक्षसिनियों को हमसे दूर करो॥

35. असौयस्ताम्रो....................ईमहे।

जो यह देवता जगत के मंगलार्थ कभी ताँबई (सायंकाल को), कभी पिंगलवर्ण (मध्याह्न को) होते हैं और जो सहस्त्रों देवतागण (नक्षत्र मण्डल में) दशों दिशाओं में प्रकाशमान हो रहे हैं, हम इन सबके क्रोध को (आपकी भक्ति से) दूर भगाते हैं।

36. असौयोवसर्प्पति....................मृडयाति नः।

विशेष रक्तवर्ण और नीलकण्ठ जो देवता हैं, ऐसा सूर्य सदा गमन करने में प्रवृत्त है तथा जिनकी ऐसी मूर्ति जल से पूर्ण कलश ले जाने वाली स्त्रियाँ तथा ग्वाले सदा देखते हैं, वही देवता हमें सुखी करें।

37. नमोस्तु नीलग्रीवाय....................करन्नमः।

सृष्टि के कारणस्वरूप सहस्राक्ष इन नीलकण्ठ देवता को नमस्कार है और जो इनके अनुचर हैं, उनको मैं नमस्कार करता हूँ।

38. प्रमुञ्चधन्वनः....................भगवोव्वप।

हे भगवन्! अपने धनुष की दोनों कोटियों से ज्या (डोरी) को दूर करो और जो वाण तुम्हारे हाथ में है, उनको दूर पटको।

39. विज्जयन्धनुः....................निषंगधिः।

इन जटाधारी रुद्र का धनुष ज्या (डोरी) रहित होवे, वाण शल्य (नोक का भाग) से हीन हों, तरकश वाणों से रहित हों और तलवार की म्यान खड्ग रहित होवे।

40. याते हेति....................परिभुज।

आपके जिस अस्त्र के प्रभाव से वर्षा होती है, हे रुद्र! केवल वही अस्त्र हाथ में धारण करो, परन्तु उससे भी किसी प्रकार का उपद्रव न हो।

41. परितेधन्न्व..................न्निधेहितम्।

हे धनुर्धारी! तुम्हारा धनुष हमें छोड़ कर अन्यत्र प्रवृत्त होवे और तुम्हारा तरकश हमसे दूर रहे।

42. अवतत्य धनुष्ट्वं....................सुमनाभव।

हे सहस्राक्ष! हे शतायुध! तुम अपने धनुष को मौर्वी रहित करते हुए और समस्त वाणों के फलकों को निकाल कर हमारे निकट स्वस्थचित्त और सौम्यदर्शन होओ।

43. नमस्त..................धन्वने।

धनुष पर न चढ़े हुए अति प्रचण्ड और अमोघ तुम्हारे समस्त शस्त्रों को नमस्कार। तुम्हारी दोनों बाहुओं को नमस्कार।

44. मानो महान्त...................रीरिषः।

हे रुद्र! हमारे वृद्धों का वध मत करना। हमारे बालकों का वध मत करना। हमारे सहायकों का वध मत करना। जिन्होंने हमारी सहायता की है, उन्हें भी न मारना। पिता का वध न करना। माता का वध न करना। पत्नियों का वध न करना। हमारे शरीर को मत मारना।

45. मानस्तोके....................सदमित्वा हवामहे।

हे रुद्र पुत्र के, पौत्रों के, आयु के, गाय के, अश्व के, हमारे अपराधी कुटुम्बियों के विषय में हमारा कल्याण करो। हम तुम्हारी प्रसन्नता के लिए हवि लेकर सदा ही तुम्हें बुलाया करते हैं।

46. नमः शम्भवाय..................शिवतरापच। यजु. 16/41.

जो शम्भु (ऐहिक कल्याण के आकर), जो मयोभव (पारलौकिक कल्याण के आकर), जो शंकर (ऐहिक कल्याणकारी), जो मयस्कर (पारलौकिक कल्याणकारी), जो शिव (कल्याण स्वरूप), जो शिवतर (कल्याणस्वरूप करने में भी समर्थ) हैं, उसे नमस्कार!

47. ॐ भुर्भुवः स्वर्द्यौरिव भूम्ना पृथिवीव वरिम्णा। तस्यास्ते पृथिवी देवयजनि पृष्ठेऽग्नि मन्नाद्यायादधे ॥

यजु. 3/5

वह परमात्मा पृथिवी, अन्तरिक्ष और स्वर्ग तीनों लोकों में विद्यमान है। वह अपनी चमक से आकाश की तरह और महिमा से पृथिवी के समान है। जिस पर देवजन नित्य यज्ञ करते हैं उस पृथिवी की पीठ पर भक्षण करने योग्य अन्न की प्राप्ति के लिए, अन्नों का भक्षण करने वाली अग्नि को स्थापित करता हूँ।

48. ॐ उद्‌बुध्यस्याग्ने प्रति जागृहि त्वमिष्टा पूर्ते संसृजेथामयं च। अस्मिन्त्सधस्थे अध्युत्तरस्मिन् विश्वे देवा यजमानश्च सीदत ॥

यजु. 18/61

हे अग्नि! तू प्रदीप्त हो। खूब जाग्रत हो। तू और यह यजमान इष्ट (यज्ञादि) और पूर्त (कूप, तड़ाग, पाठशाला बनवाना) कार्यों को मिलकर सम्पादन करो। सब देवता और यजमान इस श्रेष्ठ स्थान पर बैठें।

49. ॐ अयन्त इध्म आत्मा जातवेदस्तेनेध्यस्व वर्द्धस्व चास्मान् प्रजया पशुभि र्ब्रह्मवर्चसेनान्नाद्येन समेधय स्वाहा। इदमग्नये जातवेदसे इदं न मम ॥

हे जातवेद! यह ईंधन तेरी आत्मा है। इसके द्वारा प्रदीप्त हो और बढ़। निश्चय ही हमें बढ़ा और सन्तान से, पशुओं से, ब्रह्मतेज से और खाने योग्य अन्नादि पदार्थों से समृद्ध कर। हमारा कथन सुहुत हो। यह हवि सब पदार्थों में विद्यमान अग्नि के लिए है। यह मेरी नहीं है।

50. ॐ समिद्धाग्निं दुवस्यत घृतैर्बोधयतातिथिम् अस्मिन् हव्या जुहोतन स्वाहा। इदमग्नये न मम ॥

यजु. 12/30

ईंधन और घी से अग्नि को चेताओ। अतिथि की तरह उसकी पूजा करो। इस अग्नि में हवन सामग्री की आहुतियाँ दो। यह अग्नि के लिए

है, मेरे लिए नहीं।

51. ॐ सुसमिद्धाय शोचिषे घृतं तीव्रं जुहोतन। अग्नये जातवेदसे स्वाहा ॥

यजु. 3/2

अच्छी तरह प्रदीप्त कान्तिमान सब पदार्थों में विद्यमान अग्नि के लिए तपाये हुए घी की आहुति दो। यह अग्नि के लिए है, मेरी नहीं।

52. ॐ तन्त्वा समिद्भिरंगिरो घृतेन वर्द्धयामसि। वृहच्छोचा यविष्ठ्य स्वाहा। इदमग्नयेऽङ्गिरसे। इदं न मम ॥

यजु. 3/3

सर्वत्र प्राप्त होने वाले पदार्थों का संश्लेषण और विश्लेषण करने वाले तुझे समिधाओं से और घी से हम बढ़ाते हैं। तुम बहुत प्रकाशित होओ। यह अङ्गिरा के लिए है, यह मेरा नहीं।

53. ॐ देव सवितुः प्र सुव यज्ञं प्रसुव यज्ञपतिं भगाय। दिव्यो गन्धर्वः केतपूः केतं नः पुनातु वाचस्पतिर्वाचः नः स्वदतु ॥

यजु. 9/1

प्रकाशस्वरूप सविता! (सबके उत्पादक) आप यज्ञ को भली प्रकार आगे बढ़ाइए। यज्ञकर्ता यजमान को ऐश्वर्य के लिए आगे बढ़ाइए। दिव्य वेदवाणी का धारक, बुद्धि को पवित्र करने वाला ईश्वर हमारी बुद्धि को पवित्र करे। वाणी का रक्षक हमारी वाणी को मीठा बनावे।

54. ॐ सजूर्देवेन सवित्रा सजूदात्र्येन्द्रवत्या। जुषाणो अग्निर्वेतु स्वाहा।

यजु. 3/10

प्रकाशमय सविता (सृष्टि के उत्पादक) के साथ और इन्द्र के साथ रहने वाली रात्रि के साथ प्रीति करती हुई अग्नि जगत को प्रकाशित करे। यह आहुति सुहुत होवे।

55. ॐ यां मेधां देवगणाः पितरश्चोपासते तया मामद्य मेधयाऽग्ने

मेधाविनं कुरु स्वाहा।

यजु. 32/14

जिस बुद्धि का देवगण और पितर लोग आसरा लेते हैं, उस बुद्धि से हे अग्नि! तू मुझे आज बुद्धिमान कर। यह आहुति सुहुत होवे।

56. ॐ यदस्य कर्मणोऽत्यरीरिच यद्वा न्यूनमिहाकरम्। अग्निष्टत्स्विष्टकृत विद्यात् सर्वं स्विष्टं सुहोतुं करोतु मे। अग्नये स्विष्टकृते सुहुतहुते सर्वप्रायश्चित्ताहुतीनां कामनां समर्द्धयित्रे सर्वान्नः कामान्समर्द्धय स्वाहा। इदम् अग्नये स्विष्टकृते। इदं न मम ॥

जो इस कर्म के सम्बन्ध में विधि से अधिक किया गया हो या कम किया हो, शुभ इच्छाओं को पूर्ण करने वाला अग्नि मेरी सब मनोकामनाओं को जानता है। वह मेरे लिए कर्म को सुहुत करे। सुहुत को ग्रहण करने वाले, सब पाप की प्रतिकार रूपी आहुतियों की कामनाओं को पूर्ण करने वाले अग्नि देव को यह आहुति दे रहा हूँ। हे अग्ने! हमारी सारी कामनाओं को पूर्ण कीजिये। यह आहुति शोभन इष्ट करने वाली अग्नि के लिए है। यह मेरी नहीं है।

57. ॐ अग्निर्ऋषिः पवमानः पाञ्चजन्यः पुरोहितः तमीमहे महागयं स्वाहा। इदमग्नये पवमानाय इदन्न मम ॥

यजु. 26/9

अग्नि सर्वद्रष्टा, पवित्र करने वाला, पाँचों वर्णों के लोगों का हितकारक, सबका अगुवा तथा बहुत प्रशंसा के योग्य है। हम उसे प्राप्त होते हैं। यह आहुति अग्नि के लिए है। यह मेरी नहीं।

58. ॐ अग्ने पवस्व स्वपा अस्मे वर्चः सुवीर्यम। दधद्रयिं मयि पौषं स्वाहा। इदमग्नये पवमानाय। इदन्न मम ॥

यजु. 8/38

हे अग्नि! अच्छे कर्मों के अधिष्ठाता आप हमें बल और पराक्रम प्राप्त कराओ। मुझमें धनादि और शरीरपुष्टि को धारण कराओ। यह

आहुति पवित्र करने वाली अग्नि के लिए है। यह मेरी नहीं।

59. ॐ प्रजापते न त्वदेतान्यन्यो विश्वा जातानि परिता बभूव। यत्कामास्ते जुहुमस्तन्नो अस्तु वयं स्याम पतयो रयीणां स्वाहा। इदमग्नये पवमानाय। इदन्न मभ।

यजु. 10/20

हे प्रजापति! तेरे अतिरिक्त अन्य कोई देवता इतने सब नाना प्रकार के प्राणियों की सृष्टि और संहार करने में समर्थ नहीं है। जिन कामनाओं से हम तुम्हारा पूजन कर रहे हैं वे फल हमें प्राप्त हों। हम सब धनों के स्वामी हों। यह पवित्र करने वाले अग्नि के लिए है। यह सुहुत हो। यह मेरा नहीं।

60. ॐ त्वं नोऽअग्ने वरुणस्य विद्वान् देवस्य हेडो अवया सिसीष्ठाः। यजिष्ठो वह्नितमः शोशुचानो विश्वा द्वेषांसि प्रमुमुग्ध्यस्मत् ॥

यजु. 21/3

हे अग्नि! तू सबकुछ जानने वाला है, इसलिए हमें वरुणदेव के अनादर से अलग रख। तू यजनीयों में सर्वश्रेष्ठ, आहुति और गन्ध वहन करने वालों में श्रेष्ठ और दीप्ति देने वालों में श्रेष्ठ है। इसलिए तू हमारे अन्दर से सब द्वेषभावों को नष्ट कर।

पौराणिक भूगोल और कालगणना

हमारे यहाँ हर पूजा में सबसे पहले संकल्प लिया जाता है, जिसमें पूजा करने वाला यह बताता है कि मैं किस देशकाल में स्थित हूँ। इस सम्बन्ध में वह पौराणिक भूगोल और कालगणना का उपयोग करता है। पहले पौराणिक भूगोल पर नजर डालें।

द्वीप : सुमेरु पर्वत अर्थात् वर्तमान पामीर के पठार को केन्द्र मानकर सात वृत्त खींचने पर पृथ्वी सात हिस्सों में बँटती है, जिन्हें द्वीप कहा जाता है। इन द्वीपों के नाम हैं–जम्बू, प्लक्ष, शाल्मली, कुश, क्रोंच, शाक और पुष्कर। हमारा भारत जम्बू द्वीप में आता है। अमेरिका क्रोंच में।

वर्ष : हर द्वीप का विभाजन जिस इकाई में किया जाता है, उसका नाम है वर्ष। वर्ष आठ हैं–भद्राश्व, हयग्रीव, केतुमाल, रम्यक, हिरण्यमय, उत्तरकुरु, किम्पुरुष और भारत। इसी नाते हमारा देश भारतवर्ष कहलाता है।

आवर्त : हर वर्ष आवर्तों में बाँटा जाता है। जैसे भारतवर्ष में दो आवर्त हैं। आर्यावर्त और दक्षिणावर्त। मोटे तौर पर विंध्याचल के उत्तर का भाग आर्यावर्त और उससे दक्षिण का भाग दक्षिणावर्त कहलाता है।

प्रदेश : हर आवर्त प्रदेशों में बँटा होता है। पूजा करते समय आसपास के किसी प्रसिद्ध तीर्थ या नगर का पुराना नाम लेने की परम्परा है। जैसे दिल्ली के आसपास के इलाके के लोग संकल्प में इन्द्रप्रस्थ प्रदेश बोलते हैं।

अब एक नजर कालचक्र पर डालें–

युग : ये चार हैं–सतयुग, त्रेतायुग, द्वापर युग और कलियुग। हिन्दू लोग महाभारत के युद्ध के बाद के समयखण्ड को कलियुग कहते हैं।

मन्वन्तर : 10 युग चतुष्टय एक देवयुग के और 72 देवयुग एक मन्वतन्तर के बराबर होते हैं। जिस काल में एक मनु द्वारा उत्पादित मानव समूह पृथ्वी में जीवित रहता है उसे एक मन्वन्तर कहते हैं। आजकल वैवस्वत नाम का मन्वन्तर है। विवस्वान माने सूर्य।

सम्वत्सर : एक वर्ष। सूर्य का (सौर) वर्ष करीब 365 दिनों का और चन्द्रमा का करीब 358 दिनों का होता है। सौर वर्ष तब से प्रारम्भ होता है जब सूर्य मेष राशि पर प्रविष्ट होता है। चान्द्र वर्ष चैत्र शुक्ल प्रतिपदा से आरम्भ होता है। हिन्दुओं ने यह कल्पना की है कि साठ नामों वाला एक संत्वत्सर-चक्र पुनः पुनः चलता जाता है। ये सम्वत्सर इस क्रम से आते हैं—

1. प्रभव	21. सर्वजित	41. प्लवंग
2. विभव	22. सर्वधारी	42. कीलक
3. शुक्ल	23. विरोधी	43. सौम्य
4. प्रमोद	24. विकृति	44. साधारण
5. प्रजापति	25. खर	45. विरोधकृत
6. अङ्गिरा	26. नन्दन	46. परिधावी
7. श्रीमुख	27. विजय	47. प्रमादी
8. भाव	28. जय	48. आनन्द
9. युवा	29. मन्मथ	49. राक्षस
10. धाता	30. दुर्मुख	50. नल
11. ईश्वर	31. हेमलम्ब	51. पिंगल
12. बहुधान्य	32. विलम्ब	52. कालयुक्त
13. प्रमाथी	33. विकारी	53. सिद्धार्थ
14. विक्रम	34. शर्वरी	54. रौद्र
15. वृष	35. प्लव	55. दुर्भति
16. चित्रभानु	36. शुभकृत्	56. दुन्दुभि
17. सुभानु	37. शोभन	57. रुधिरोद्गारी
18. तारण	38. क्रोधी	58. रक्ताक्ष
19. पार्थिव	39. विश्वावसु	59. क्रोधन
20. व्यय	40. पराभव	60. क्षय

ई. 2001-2002 के सम्वत् 2058 का नाम जय (संख्या 28) है। इसी हिसाब से आगे के सम्वत्सरों के नाम पता कर सकते हैं।

हिन्दुओं में अलग-अलग समाज में अलग-अलग सम्वत् चलते हैं। इनमें दो प्रमुख हैं—विक्रम और शक। ईस्वी सन् में 57 जोड़ने पर विक्रम सम्वत् और 78 घटाने पर शक सम्वत् हो जाता है।

अयन : दो होते हैं। एक उत्तरायण या सौम्यायन और दूसरा दक्षिणायन या याम्यायन। जब पृथ्वी का उत्तरी गोलार्द्ध सूर्य के अपेक्षतया निकट होता है तब उत्तरायण होता है। जब सूर्य की निकटता दक्षिणी गोलार्द्ध की ओर होती है तब दक्षिणायन कहलाता है। उत्तरायण में सूर्य मकर, कुम्भ, मीन, मेष, वृष तथा मिथुन राशियों में होता है। दक्षिणायन में सूर्य कर्क, सिंह, कन्या, तुला, वृश्चिक और धनु राशियों में होता है। मोटे तौर पर माघ शुक्लपक्ष, फाल्गुन, चैत्र, वैशाख, ज्येष्ठ, आषाढ़ तथा श्रावण कृष्ण पक्ष उत्तरायण में आते हैं। श्रावण शुक्ल पक्ष, भाद्रपद, आश्विन, कार्तिक मार्गशीर्ष, पौष तथा माघ कृष्ण पक्ष दक्षिणायण में आता है।

मास : वैदिक काल में प्रचलित मासों के नाम थे—मधु, माधव, शुक्र, शुचि, नभ, नभस्य, इष, ऊर्ज, सह, सहस्य, तपस, तपस्य। पौराणिक काल से निम्न नाम प्रचलित हो गए—चैत्र (चैत), बैसाख, ज्येष्ठ (जेठ), आषाढ़ (असाड़), श्रावण (सावन), भाद्रपद (भादो), आश्विन (क्वार), कार्तिक (कातिक), अग्रहायन (अगहन), पौष (पूस), माघ, फाल्गुन (फागुन)।

ऋतु : ऋतु छः मानी जाती हैं, चैत्र, बैसाख—वसन्त, ज्येष्ठ, आषाढ़—ग्रीष्म, श्रावण, भाद्रपद—वर्षा, आश्विन, कार्तिक—शरद, अग्रहायण और पौष—हेमन्त, माघ, फाल्गुन—शिशिर।

पक्ष : जिन पन्द्रह दिनों में चन्द्रमा की कला बढ़ती दीखती है वे शुक्ल पक्ष और जिन पन्द्रह दिनों में यह घटती दीखती है वे कृष्ण पक्ष कहलाते हैं। पूर्ण अन्धकार केवल अमावस्या को होता है। शुक्लपक्ष में चन्द्रमा का प्रकाश पूर्वार्द्ध में तथा कृष्ण पक्ष में उत्तरार्द्ध में दीखता है।

तिथि : हिन्दुओं में तारीख दो प्रकार की है। सूर्य के अनुसार तिथि को सौर और चंद्रमा के अनुसार चलनेवाली तारीख को तिथि या चान्द्र कहते हैं। विवाहादि के कार्य चान्द्र तिथि के अनुसार होते हैं।

चन्द्रमा के कला के अनुसार शुक्ल पक्ष की पन्द्रह तथा कृष्ण पक्ष की पन्द्रह तिथि होती हैं। तारीख या वार सदा चौबीस घण्टों का होता है पर तिथि के समय मान में घट-बढ़ होती रहती है। तिथि किसी निश्चित समय में प्रारम्भ या अन्त नहीं होती। चन्द्रमा का दिन करीब 24½ घण्टों का, मास 29½ दिनों का, तथा वर्ष 354 दिनों का होता है। इसी कारण पश्चिमी तारीख, सौर तारीख (गते) और तिथि में अन्तर होता रहता है। तिथि का एक और अर्थ पृथ्वी के चतुर्दिक चन्द्रमा के यात्रा का तीसवाँ भाग या 12° का भाग है। पूर्णिमा के व्रत की पूजा के अतिरिक्त अन्य उत्सवों के लिए सूर्योदय के समय की तिथि मान्य होती है।

पश्चिमी तिथि सदा ठीक बारह बजे रात प्रारम्भ होकर चौबीस घण्टे चलती है। चान्द्र तिथि के समयमान में घट-बढ़ होती रहती है। पूजनकार्यों के लिए सूर्योदय के समय की तिथि मान्य होती है, तथापि पंचांग देखकर ही जाना जा सकता है कि कितने बजे तक कौन-सी तिथि है?

वार्षिक पूजाओं का समय-क्रम

क्रम	नाम पूजन	अयन	ऋतु	मास	पक्ष	तिथि
1.	रामनवमी	उत्तर	वसन्त	चैत्र	शुक्ल	नवमी
2.	वट सावित्री	उत्तर	ग्रीष्म	ज्येष्ठ	कृष्ण	अमावस्या
3.	कृष्ण जन्माष्टमी	दक्षिण	वर्षा	भाद्रपद	कृष्ण	अष्टमी
4.	हरतालिका	दक्षिण	वर्षा	भाद्रपद	शुक्ल	तृतीया
5.	अनन्त चतुर्दशी	दक्षिण	शरद	भाद्रपद	शुक्ल	चतुर्दशी
6.	दुर्गाष्टमी	दक्षिण	शरद	आश्विन	शुक्ल	अष्टमी
7.	दुर्गाष्टमी	उत्तर	वसन्त	चैत्र	शुक्ल	अष्टमी
8.	महालक्ष्मीपूजन	दक्षिण	शरद	कार्तिक	कृष्ण	अमावस्या
9.	प्रतिहार षष्टी (छठ)	दक्षिण	शरद	कार्तिक	शुक्ल	षष्ठी
10.	महाशिवरात्रि	दक्षिण	शिशिर	फाल्गुन	कृष्ण	चतुर्दशी

□□□